U0877611

完美咨询

咨询顾问的圣经

原书第3版

[美] 彼得·布洛克（Peter Block）著
黄晓亮 译

Flawless Consulting

A Guide to Getting Your Expertise Used

机械工业出版社
China Machine Press

图书在版编目（CIP）数据

完美咨询：咨询顾问的圣经（原书第3版）/（美）布洛克（Block, P.）著；黄晓亮译. —北京：机械工业出版社，2013.1（2024.7重印）

书名原文：Flawless Consulting: A Guide to Getting Your Expertise Used, 3rd Edition

ISBN 978-7-111-40675-4

Ⅰ.完… Ⅱ.①布… ②黄… Ⅲ.企业管理－咨询 Ⅳ.F270

中国版本图书馆CIP数据核字（2012）第290584号

北京市版权局著作权合同登记 图字：01-2011-3941号。

机械工业出版社（北京市西城区百万庄大街22号 邮政编码 100037）

责任编辑：岳晓月 版式设计：刘永青

固安县铭成印刷有限公司印刷

2024年7月第1版第22次印刷

170mm×242mm・22印张

标准书号：ISBN 978-7-111-40675-4

定 价：59.00元

客服电话：（010）88361066 68326294

献给我的爱人多萝西

赞 誉 Flawless Consulting

《完美咨询》并不仅仅是一本针对从业人员的书，更是一本实用、有益且引人入胜的书。它同时涵盖了向组织提供咨询服务时所要面对的最困难的问题：抵触情绪、真实、怀疑、脆弱性以及责任。如果你发现自己正身处为他人做决策提供建议的位置，那本书对你来说绝对是本必读书。今日购买阅读，才能确保明日咨询无患。

——詹姆斯·库泽斯

圣塔克拉拉大学李维商学院领导力院长执行教授

获奖著作《领导力挑战》与《领导力真相》的合著者

最佳的咨询是行为与互动相结合、关系与结果相结合的体现。本书简明易读、富有激情又不乏实践，彼得·布洛克通过一套实践检验的方法，让咨询顾问与其客户一起携手面对未来。

——塞缪尔 R. 斯特里克兰

博思艾伦咨询公司首席财务与行政官

本书前两版内容紧凑、简明且富含智慧，而这一版又超越了前面的几版。无论你的咨询生涯是 5 年还是 50 年，本书新版的大量内容依旧能启发你反思自己的实践及与同僚间的交流。

——罗杰·哈里森

独立咨询顾问、《咨询之旅》

《工作与精神的轮舞》《罗杰·哈里森作品集》作者

彼得·布洛克用娴熟的笔法再次演绎了《完美咨询》这本名作的第 3 版。在前两版中逐渐浮出水面的强有力观点在本版得到了清晰的诠释。更重要的是，本版加上了以能力为导向战略的内容，很多人刚刚开始尝试运用这一方法。本书还展示了该方法是如何在看似棘手的医疗保健与其他行业解决具体问题的。这些内容主要在第 12 章中，同时也构成了这本开创性著作的主线之一。

——乔恩 C. 劳埃德

正向偏差发起机构高级合伙人、

神经丛学会临床顾问

阅读本书后，你就能明白为什么之前的版本能受到读者的高度评价。在本版的更新中，作者全面地展示了本书的前提。《完美咨询》是那些希望掌握咨询这门复杂技艺者的顶级读本。

——拉里·布朗宁

得克萨斯州立大学奥斯汀分校传媒研究学院教授、

挪威博德大学商学院研究生院客座教授

我的公司将本书作为咨询技巧的首选指南。有意思的是，我们经验最丰富的咨询顾问对本书的评价恰恰最高。本书彻底改变了我们与客户协作的思考方式。

——托内斯·英格布里森

记忆术集团首席执行官

《完美咨询》第3版中的所有新案例与新观念都饱含智慧，本书会使正在学习非授权式影响力的人们受益匪浅。彼得像一位值得信赖的老朋友，语重心长地指导、叮咛并启迪着我们。

——阿尔温德尔·德斯

英杰华集团天赋小组负责人

《完美咨询》的新版与那些致力于教育改革的人有着千丝万缕的联系。教师与学生可以摒弃自己的传统角色，以探究与对话的方式了解彼此的期望，从而实现真诚相处。彼得也在本书中提醒我们对已有认知应用保持清醒的头脑。我向我在教育领域的同行强烈推荐本书。

——戴维 W. 考克斯

阿肯色州立大学教育学教授

彼得·布洛克再次用这本新版《完美咨询》启发了全世界数百万致力于变革的领导者。得益于彼得的教诲，我们的实践中充满了冲击。

——路易斯·范·瑞恩

南非变革活动家与国家建设者

本书对我来说非同寻常，有了它的武装，我成了转型的促成者。它教会我如何与客户像真正的合作伙伴一样共事，而这有助于实现我们双方股东的福祉。

——阿尼尔·塞奇戴夫

印度古尔冈市天赋培育公司以及领导力启发学院创始人兼首席执行官

彼得·布洛克的名作《完美咨询》1980年版教会了我如何审视组织的发展，而本版则是布洛克思想的顶峰，不容错过！

——菲尔·哈金斯

Linage公司首席执行官

本书观点的演进与实用性堪称无价之宝。在这本实践指南中，有一处令我印象深刻，那就是彼得强调从问题的视角转向潜能的视角来看待咨询。

——玛西亚·门德斯－德阿布鲁

“安大略湖”教师福利计划人力资源部副总监

目 录 Flawless Consulting

前 言 Flawless Consulting

本书的上一次修订是在1999年，当时大家都在关注千禧年的临近。一方面，我们都担心全球计算机系统因为拒绝向前再走一年而集体当机；而另一方面，我们又坚信千禧年将成为实现人类和平与福祉的新里程碑。

然而，这两种预期都落空了，我们对计算机技术的依存反而与日俱增。如今，在我们跨入千禧年后的第十个门槛时，我们的世界依然饱受战火摧残，我们仍然沉迷于对石油能源的依赖不能自拔；同时，还在继续为我们以往所应用的政策能否维系我们的经济体系而忧心忡忡。这意味着生活的脆弱现实与未来的不确定性仍将一成不变地持续下去。

这样的现实决定了咨询工作仍有机会继续大显身手。我们所处的环境越难以应对，我们就会越发意识到，仅凭以往的经验在新的形势下难以化险为夷。因此，人们对帮助与建议的需求也依然会持续地增长。

环境的不确定性体现在两个方面：个人生活与工作环境。这导致越来越多的人选择以咨询的视角看待问题。而咨询这一视角的重要性就在于：人们总是想对自己无法直接控制的事物施加影响。所要应对这一挑战的可不仅仅是咨询顾问，所有对具体事物负责的人都将面对同样的挑战：公司老板、教师、传道者、医生、军官、市长，当然还有我们每个人都有可能扮演的角色——父母，所有这些角色都要面对同样的问题。现实的永久脆弱性与不确定性要求人们在一定程度上做到耐心聆听、诚信待人，并且不带有先入为主的偏见，而这加速了传统的指挥–控制行为方法的过时。尽管不是所有人都认识到了这一点，但是我们迟早都需要具备这样的能力：对概念的深度关联能力以及人际交往中的深度参与能力，否则我们可能就无法再胜任以往的任何岗位了。

为了应对这一对咨询视角的更全面的需求，我在本次修订中加入了两个新案例，以揭示咨询技巧是如何起到作用并给现实工作带来转机的，而这两个案例所发生的行业并不是传统的辅助与咨询行业。我挑选了两个特殊的行业，这两个行业的共同点在于，几十年间要改革它们的呼声一直不绝于耳，但现实依然如死水一潭。这两个行业就是医疗保健与教育。同时，这两个行业又恰好都属于服务业，是我们当中大多数人所服务的行业。

这两个行业都在改革的呼声中挣扎着，但大多数改革都集中于对表面问题的改善，而不是对基本问题的重新思索。医疗保健行业的“改革”大多数着眼于成本控制、由谁支付费用、强化标准化的层面。这其实根本不是改革，只不过是一种更好或仅仅是不同的管理方式而已。真正的医疗保健行业改革应当能带来医疗服务提供者与使用者间关系的根本变化，用咨询的术语来说，我们需要更为平衡的合约、更多的联合调研以及新的对话方法。而这一切正在现实中发生，在本书第 12 章，我将向读者呈现这个令人耳目一新的案例，它源自一位独一无二的外科医生——保罗•乌利希。

与医疗保健领域相似，当下所讨论的教育改革，其实也不是真正意义上的改革，只不过是在该领域加入更多的控制因素和貌似改革的标准而已。真正的改革应当是能颠覆我们对课堂文化、学习者职责、师生关系看法的行动。该案例取自一位令人惊讶的高中老师沃德•梅利亚德，他的故事将出现在第18章。

审视这两个领域的变革有助于我们发掘如何实现其他领域变革的线索，我们可以将这些发现应用到政府、宗教以及服务于大众上。

如前所述，我们将永久性地处于不确定的环境中，而对今天处于虚拟世界中的我们来说，这种不确定性是如此深刻。我们日常生活中的大量人际交往是通过远距离线上交流实现的，我们往往是某个虚拟小组的一员，小组成员遍布世界各地，几乎很难将他们召集到同一屋檐下。我们越来越依赖于电子工具来进行互动交流，我们通过电子留言板与朋友对话，我们用线上会议取代日常座谈会。也许有一天，我们就将拥有一样设备，集交流、娱乐于一体，我们通过该设备寻觅终身伴侣，并用其随时随地与家人进行可视通话。

尽管虚拟世界的扩张咄咄逼人，但我们还是要经常与真实生活中的人打交道，而当我们与他人同处一室，我们就需要设法了解与对方对话的要点，并将这些要点贯彻执行。每当我们在进行面对面交流时，就可以调动我们的所有感官充分交流，然而装模作样、闪烁其词、泛泛而谈、会前临时抱佛脚的行为白白浪费了这样的直接交流机会。我们希望充分利用线下的实体会议去建立彼此间的人际关系网，而这些会议完全可以弥补距离远、彼此孤立的线上交流的先天不足。因此，希望在应对本书所提到的敏感问题时诚实可信、直截了当的实际需求与日俱增。本书在第6章讨论了如何尽可能地使虚拟关系更实用的方法。

本书的另一个重要修订是调整了有关反馈与实施阶段的章节。提供反馈是所有咨询工作以及辅助性工作的一个重要部分，而几乎所有会议都是为了达成某种改进或实现某种转变而做的理念与分析展示。我们依然把大把的时间花费在组织观点上，特别是花在如何将这些观点呈现在 PPT 上。**我们没有意识到会议的最主要目的并不是呈现观点或表达观念，也不是试图推销什么，会议的最主要目的是推进工作的进程**。这就是我拓宽反馈会议概念的原因所在，我将涉及生产行为意图的会议也加了进去，因为在讨论这类问题的会议中，如果只是一个人在台上夸夸其谈，其他人干巴巴地听着，是不可能推进任何生产工作的开展的。反馈会议应当是一个互动性的对话，在这种对话中，质疑与相互间的承诺使具体措施得以向前推进。这听起来非常容易，但能真正实现这种氛围的会议并不多，我在第 15 章和第 17 章中讨论了很多这类问题的细节。

另一处重要修订是基于当今组织领域中所出现的现实问题。**组织首要关注的问题不再是各种各样的缺陷与不足，而是更关注组织自身的天赋、可能性以及潜力**。这种转变基于这样一种信念，当我们着眼于自身的能力与未来时，就能比停留在过去与当下和过度关注哪里出了问题创造更多的改变。在第 12 章中我将举一些具体案例，并讨论它们对于咨询工作有什么实际意义。

章节设置

对于会议的细节安排我总是有点神经过敏，我精心布置会议室，斟酌灯光、颜色、艺术品和活动设置，而所有这些因素能使整个会议充满活力。出于同样的考虑，我认为图书的章节设置与各章的内容同样至关重要。各种理念必须能有效地传递到读者脑海中，需要用可读懂的日常用语书写。同时，需要读者参与设计书的版式，让行距字号能满足年纪较大的读者的阅读。而图表与绘画也要时常出现在正文间，以帮助读者更好地理解本书内容。

在这一版中，我去掉了所有与书中内容联系不是特别紧密的内容，并将它们都放到了完美咨询网站（www.flawlessconulting.com）上。这种方法也能让我与时俱进，随着方法的发展及时在网上更新相关内容。我希望这种做法能起到预期的效果，如果这种方法对你不起作用，或是你无法登录相应的网站，请直接告知我，我会向你提供我的备份材料。如果读者要求的备份材料过多时，我可能就要考虑再写一本书了，所以这个方法也不算太坏。

依然有用的内容

我在这一版中再次强调小组与个人的关系对技术和商务成功的重要性。如今，小组与人际关系的价值至少在知识阶层得到了比以往更广泛的接受。尽管我们也许并不知道该如何让协作天衣无缝地开展，但是至少我们已经意识到协作本身的重要性，并设法营造更利于形成协作的虚拟或实际的工作场所。

本书之所以能够经久不衰，并不是因为其所呈现的具体咨询技巧如何细致，而是因为本书对我们所处的工作环境的情感与人际关系方面的描绘。**即便在充斥着对关系、人际技巧拓展甚至灵修的夸张介绍的今天，对于组织来说，最为重要的依然是战略、结构与技术本身**。

人际关系将继续扮演“必要之恶”的角色，无论我们是否采用自动交易或者通过电子手段沟通，只要我们还要和人打交道，就需要面对人际关系问题。在 21 世纪的今天，大多数的沟通是通过电子渠道实现的，我们有多种沟通介质可供选择，如短信、电子邮件以及社交网络，如 Facebook 与 LinkedIn 及其后继者。此外，我们还鼓励人们在家工作，以远离尘嚣、保持生活平衡之名尽可能地减少人际交往。

而问题的关键是，管理人际关系需要一种技术与电子沟通手段所无法满足的因素：了解我们自己以及诚实可信。诚实可信要求我们真诚面对自己与他人，并在与他人沟通时直截了当。由于各种各样的原因，真实可信这一美德依然在我们的工作环境中极为鲜见。大多数的人际互动都要涵盖诸如所扮演角色、定位与策略等因素，而这些都是基于我们希望控制我们所处的环境以及在环境中生活的人。

从某种程度来说，本书就是一部对诚实可信前景的冗长而细致的描述。本书真正久经考验的一点恐怕就在于诚实可信不仅有益于心灵，而且在工作中也同样切实有效。做诚实可信的咨询顾问并不是一种自相矛盾的说辞，它是一种受人关注的竞争优势，然而不幸的是，很少有人具备这样的优势。

而对诚实可信来说，最困难的问题在于它依然是一种高成本的策略。在一种大多数组织都强调控制的文化中，这么做无异于逆流而上。同时，诚实可信还需要我们对自己充满信心。我们必须在与他人沟通时考虑对方的感受。在业余时间，我们大多强调脑力的开发，而对自己的身体与感受不闻不问。因此，对大多数人来说，即便我们甘于冒险，在工作中表现得诚实可信，但我们仍然苦于不知从何下手。

重视咨询顾问与客户、教师与学生、服务供应商与客户的关系，定义如何管理人际关系是本书的特色所在。本次修订的目的就在于，深化并扩展战略、结构以及技术这些关系因素间的空白内容。

彼得•布洛克

2010年10月于俄亥俄州

致　谢 Flawless Consulting

能有机会正式向对本书理念有所贡献的人表达诚挚的谢意是我莫大的荣幸。

从概念上来说，对组织中的人际技巧与诚实可信的重要作用探讨的先驱非克里斯·阿吉里斯（Chris Argyris）莫属。作为他的学生，我在 20 世纪 60 年代从他那里学到的知识仍然适用于今天的现实。

我们中的大多数人是通过身边从事咨询工作者的言传身教学会开展咨询工作的。我很荣幸，在我的咨询职业生涯早期能先后与 Barry Oshry、Roger Harrison 与 Dick Walton 共事。他们给予我的支持与帮助远远超越了其对下属应尽的职责。

我最初在犯罪研究领域的伙伴 Tony Petrella 以及 Marv Weisbord，在对于如何理解咨询工作上都曾给予我深刻的启示。我对咨询思想最初的认识大多都来源于他们，在此，我对他们作为合作伙伴的无价支持与耐心表示感激。

Neale Clapp 在两个方面让我受益匪浅。一方面，作为一名老朋友，他曾给了我无尽的支持；另一方面，他远在我之前便意识到了咨询技能研讨会与理论的价值。在早期举办研讨会的过程中，Neale 以辅助人员的角色，为本书前半部分的理念探讨做出了极大的贡献。直至今日，他仍然是我的一位挚友。

Jim Maselko 帮我精练了有关抵触情绪的章节。通过热情与写作能力，他赋予了本书所呈现的管理咨询方法以生命。

在最初，是 Mike Hill 与我一起断断续续地尝试撰写本书原稿。尽管最终本书的内容与最初的设想大不相同，但是 Mike 确实是本书发起的关键人物。在本书的前半部分，我们仍然能看见他所留下的痕迹。

签约过程的基本原理源自格式塔心理学。这些在我曾参与的由 Claire Reiker 与 Mike Reiker 的研讨会上进行了澄清。他们以简单而有力的形式呈现复杂关系的能力，实在令人叹为观止。

本书的插图由 Janis Nowlan 绘制。在写作本书第 1 版时，我将最初的手稿发给她，希望她能为这些内容配上栩栩如生的插图。当时我以为这是一个不可能完成的任务，而 Janis 发回的手稿质量之高却令人难以置信。在很多讲述概念的地方，她的生花妙笔所传递的信息要远超过我所有文字的描述。这并不奇怪，因为她自己就是一位经验丰富的组织问题发展的实践者（Janis 在高等教育领域担任主管）。Janis 一直在为本书更新改版的内容提供绘图，并且不断地为本书添加新术语与梳理旧词汇。30 年来，她的卓越天赋为本书持续贡献了全新的视角与创造性的内容。

感谢本书最初的出版人 Ray Bard，在我仅有为咨询研讨会参加者所整理的工作手册的要点时，他就相信我一定能将这些内容集结成书出版。感谢本书的组稿编辑 Matt Davis 以及 Jossey-Bass、Pfeiffer 和 Wiley 出版社对我的耐心，他们的支持与鼓励直接促成了本书的面世。

接下来还要感谢 Phil Grosnick、Bill Brewer 以及 Designed Learning 的员工。是他们赋予了完美咨询技能研讨会以生命，如今由我组织的这一研讨会活动已经在世界范围开花结果。本书大块的内容都来自我们在这些研讨会上所呈现的理论，其中的很多概念都是在解答咨询课程学员问题的时候诞生的。

感谢这些研讨会的参与者们，感谢他们的耐心，特别是当我们最初的回答含混不清时，是他们心甘情愿地以自己的工作经验为例，帮我们将这些咨询流程以流畅的语言呈现出来。

从最初的版本开始，Leslie Stephen 就帮助我编辑本书。这是她帮我编辑的第 8 本书了。她支持我的声音，并赋予这些声音以框架，使它们简单而明确，同时她对自己所接触的每个领域都有深刻的理解。同样还要感谢 Maggie Rogers 每次的工作，她总是能促成事情顺利地推进，简直没人比她做得更好了。同样要感谢 Beverly Miller 对本书文字的编辑和 Paula Goldstein 对本书所做的版式设计，还要感谢 Susan Geraghty，她负责本版本的印制生产。

我对于沟通力量的理解总是受到 Joel Henning 的影响。我们曾一起举办过多场研讨会，而我此刻依然非常地想念他。在本版有关项目实施的章节中，以往与质量协会以及管理与引领改变学院的合作对我产生了极大的影响，而学院本身就是验证新咨询理论的试验场。设计组体验的概念受到了 Jill Janov 的影响，我观察了她的工作，真的是非常出色。我还要特别感谢 Kathie Dannemiller 以及她在 Dannemiller-Tyson 协会的合作伙伴的帮助。他们都理解大型组装工作频率的重要性。还要感谢 Dick Axelrod 以及 Emily Axelrod 的会议模型的建议。Dick 是好几本书的作者，而他书中的内容促成了我与他的几次长谈，而这些长谈彻底改变了我的意识。

今天，所有从事咨询工作的人都应当感激 Ed Schein。他是这个行业中的一盏指路明灯，是他给予了我们这些成天盘算如何在组织变革领域工作的人以方向与深刻的见解，是他使咨询工作的流程明确易懂，而他的这些方法成了咨询顾问工作的核心，我对此一直心存感激。在最后，本书中加入了新的声音：保罗·乌利希和沃德·梅利亚德。他们都是出色的朋友，也是医疗保健与教育行业的大胆创新者。每当我与他们在一起的时候，总能学到新的知识。

Flawless Consulting

第 1 章

咨询顾问的各种其他称谓

“咨询顾问”这个词总是被人恶意中伤，并臭名昭著：

任何形式的幽默或讽刺画背后都有一定的道理。而在当下盛行的对咨询的怀疑论调中，有一点千真万确：传统的咨询顾问总是试图扮演管理者代言人的单一角色，咨询顾问做的事往往要么技术含量较高，管理者不能胜任或者做得一塌糊涂，要么过于枯燥乏味，管理者不愿亲历亲为。最典型的例子就是咨询顾问总会在有人要被开除或者部门要被撤销的时候扮演管理者的角色，替管理者背黑锅。

当有人在车上向你问路，然后你告诉他在你前面两站下车，你就是在做一项咨询工作。每当你向需要进行选择的人提供建议时，你就是在提供咨询。当你不能直接控制某人，而你希望他们能够倾听你的建议并对你的忠告多加留意时，你所面对的就是所谓的“咨询顾问困境”。对有些人来说，这可能是职业生涯中的家常便饭，有的人可能只会偶尔面对这样的局面，时而充当管理者的角色（拥有直接控制权），时而扮演咨询顾问（渴望施加影响，但缺乏控制的授权）。

一些定义与差异

咨询顾问是指身处这样位置的人：他们对某个人、某个群体或某个组织拥有一定影响力，但是没有直接做出改变或实施项目的权力。管理者则是指对某事的执行负有直接责任的人，也就是说当你在对某事直接负责的时候，你就是在扮演管理者的角色。

尽管很多在公司中从事辅助性工作的职员从来不会称自己为咨询顾问，但其实他们就是在扮演咨询顾问的角色。辅助性人员在各类组织中发挥计划、推荐、协同或者提供如下面所列的各种建议的作用：

- 人力资源或人事；

- 财务分析；
- 审计；
- 系统分析；
- 市场调研；
- 产品设计；
- 远期规划；
- 组织绩效；
- 安全工作；
- 培训；
- 很多其他工作。

而接受以上各种建议的人们被称为“客户”，有时客户是一个具体的个人，而有时客户有可能是一整个工作组或者一个部门，甚至整个组织。因此，客户是指咨询顾问渴望对其施加影响的个人或群体。[⊖]

在组织中，接受辅助性人员所提供咨询服务的客户被称为部门经理。部门经理无论愿意接受与否，都要在辅助性人员的建议下工作。但根据之前的定义，任何辅助性部门除了对自己的时间、自己内部的人员以及所提供的服务内容负责以外，没有任何直接控制权。拥有直接控制权的部门经理（或客户）与没有直接控制权的辅助性人员（或咨询顾问）之间的紧张关系，是本书要探讨的主题之一。

理解咨询顾问角色的关键，就在于明白咨询顾问与管理者之间有什么不同。

⊖ **咨询顾问**和**客户**这两个术语将贯穿全书。

来看看阿尔弗雷德的观点：

在一个为期4个月的项目中，我负责管理一个管理服务小组，为公司安装新的管理信息系统。我们评估问题、设计系统，然后再找到部门经理艾利斯，让她同意我们自上而下地安装整个系统。

阿尔弗雷德肯定非常满意，他并不是在扮演咨询顾问的角色，只不过是在整整4个月的时间里行使了部分部门经理的职权而已，但是部门经理就不一定了。

这些差异非常重要。因为咨询顾问必须要与管理者发挥不同的作用，这既是出于咨询顾问的本分，也是为了满足客户进行学习的目标。尽管我们大多数人不愿意承认，但是我们都希望能够对事务有直接控制权。尽管如此，我们必须意识到我们所扮演的角色什么时候应该有控制权，什么时候不该有控制权，这一点非常重要。

对“咨询”这一名词的偏见大多源于那些明明在行使代理部门经理职能，却还称自己为咨询顾问的人。当咨询顾问在做管理者应当从事的工作或者处于管理者的位置时，咨询顾问就在代理管理者的角色。当客户要求咨询顾问执行“帮我完成这份报告”“帮我雇这个人”“替我设计这个系统”“代我向雇员提建议”，或者是“指出哪些岗位应当保留、哪些应当被裁减”等工作时，管理者就是在要求咨询顾问行使代理管理者的职能。代理管理者的角色听起来很诱人，因为至少在此刻你拥有了管理者的权力，实际上在做管理者的工作，并非在尽咨询顾问的本分。

任何形式的咨询工作的目标或最终产品都是为了实现某种程度的改变。改变可分为两种：一种改变是通过咨询实现直线组织在结构、政策或程序上的变化，如新的薪酬机制、报告流程或安全项目；另一种改变的最终结果是直线组织中的成员能学会一些新的知识，这些知识可能是员工会议中的具体规范，也可能是低水平的人员如何在重要岗位进行决策，或是如何直接与他人一起设定共同目标，甚至是如何更好地开展绩效评估。

咨询通常被描述为对任何并不隶属于自己的体系所采取的措施。例如，对寻求帮助者的专访就是一项咨询工作。对问题的观察、项目培训、评估以及调研，所有这些都旨在通过咨询来实现原有体系在某种程度上的改变。**可以说咨询人员的目的就在于促进组织或个人完成自身的改变。**

我认为参谋、辅助性工作与咨询工作这几个概念是等同的，因为我坚信，无论身处什么领域（金融、规划、工程、人事、系统设计或者法律相关工作），从事辅助性工作的人员都需要一定的咨询技巧才能卓有成效地开展其本职工作。每当你向需要做出决策的人提供建议时，你就是在向对方进行咨询。在这样的场合，如果你想要顺利完成工作，就必须掌握三种技巧：专业技能（technical skill）、人际交往技能（interpersonal skill）与咨询技巧（consulting skill）。

专业技能

首先，我们必须要明白需要咨询的客户在说些什么，因此我们必须是客户所咨询领域的专家。从上大学到从事第一份工作，我们都一直在接受自己所处专业领域的培训，如工程、销售、会计、咨询，不一而足。专业技能是基础培训，只有在我们拥有了一定的专业背景之后，才能开始从事相关领域的咨询工作。人们是不会向没有专业背景的人寻求咨询帮助的。无论你从事的是科学领域（如焦炭标准制定）还是非科学领域（如管理或组织拓展）的咨询，专业背景都是咨询工作的前提。在本书中，我们假设读者已经具备了一定程度的专业背景。

人际交往技能

为了能与他人进行协作，我们需要一定的人际交往技能，这包括将理念转化为语言的能力、倾听对方诉求的能力、给予支持的能力、适度地与他人争论的能力、与对方维系关系的能力，等等。市面上有很多书籍与专业的课程都在帮助人们提高这些能力，实际上，针对改善人际关系技巧的培训已经形成了一个产业。与专业技能一样，人际交往技能对有效开展咨询工作也是至关重要的。

咨询技巧

无论是花费 10 分钟还是持续数月之久，所有的咨询项目都包含 5 个步骤。各个步骤都是连续的，忽略其中任何一个步骤或是对某一步骤掉以轻心，都会给咨询工作带来很大的困扰。熟练的咨询要求咨询顾问能够把握以下 5 个步骤的程序。如何成功地完成这几个步骤，是本书首先要关注的内容。

咨询技巧预览

下面就简要地概括一下咨询的 5 大步骤。

步骤 1：进入与签约

在该步骤，咨询顾问要与客户开始就项目进行接洽。通常需要召开项目启动会，以探讨具体要解决的问题是什么，现有咨询顾问是否能胜任该问题的咨询工作，客户的期望目标是什么，咨询顾问的期望又是什么以及如何开始咨询工作。当咨询顾问说起其悲惨的咨询经历时，往往就是在项目签约阶段出了问题。

步骤 2：调研与对话

咨询顾问必须要充分了解具体问题及客户所拥有的资源与能力。了解这些情况是咨询的最根本工作。同时，咨询顾问还必须要有能力将其掌握的情况告知客户。在这一阶段所要注意的重点是：在发现问题与了解情况的过程中，应当向谁获取信息？应当采用什么方法？应当收集哪些数据？这一过程需要多长时间？对具体问题的发掘是由咨询顾问来做还是由客户自己来做？

步骤 3：分析与决策

必须对垂询与对话的结果进行整理并以一定形式向客户呈现。咨询顾问的重要职责就是尽量向客户呈现精简的数据与具有代表性的问题，咨询顾问还需要在处理信息的过程中决定客户所扮演的角色。通常在向组织型客户反馈信息时，客户内部总会存在对数据质疑的声音（如果数据涉及重要问题），咨询顾问必须设法打消这些质疑，这样客户才能做出适当的决定，并将咨询工作向前推进。很多人将这一阶段称为计划阶段。该阶段的主要工作是为项目设定最终目标选择最优的实施步骤或进行改变。

步骤 4：参与和实施

该阶段是对步骤 3 中的计划的实施。在很多情况下，具体计划会在整个直线组织中自上而下地得到实施。为了实现更大的变革，咨询顾问必须深入组织内部。某些项目的实施是从项目培训开始的。这可能是一系列的会议，介绍组织将要做出哪些改变；也可能是一次集合组织中各部门的会议，以集中讨论解决具体问题；或者举办一段时间的内部培训。在这些情况下，咨询顾问通常会参与非常复杂的培训设计工作，并负责主办会议与开展培训。

步骤 5：项目扩展、项目重启或项目终止

步骤 5 是对项目参与的分析。分析结果将决定是否将其扩展到组织中的其他部门。有时客户会在项目实施了一段时间、真正的问题浮出水面之后才做出决定。这种情况涉及项目重启，同时也需要讨论重新签约的问题。如果项目实施获得了巨大成功，或者导致了某种程度的失败，就可以

考虑终止项目，停止合作。咨询顾问可以采取不同方式结束与客户的关系，而项目的终止也应当被视为咨询工作的一个合理而重要的组成部分。如果项目终止得当，就能从该客户那里总结出重要的经验，同时也使今后继续为该客户服务成为可能。

图 1-1 向读者预先展示了一些指导项目参与和项目实施的“准备活动”，这些准备活动涵盖了许多技巧与主题。咨询技巧大致可分为 4 部分：签约、调研、反馈与决策。它们包括最初签约、项目启动会、访谈与分析、反馈以及制定会议决策。

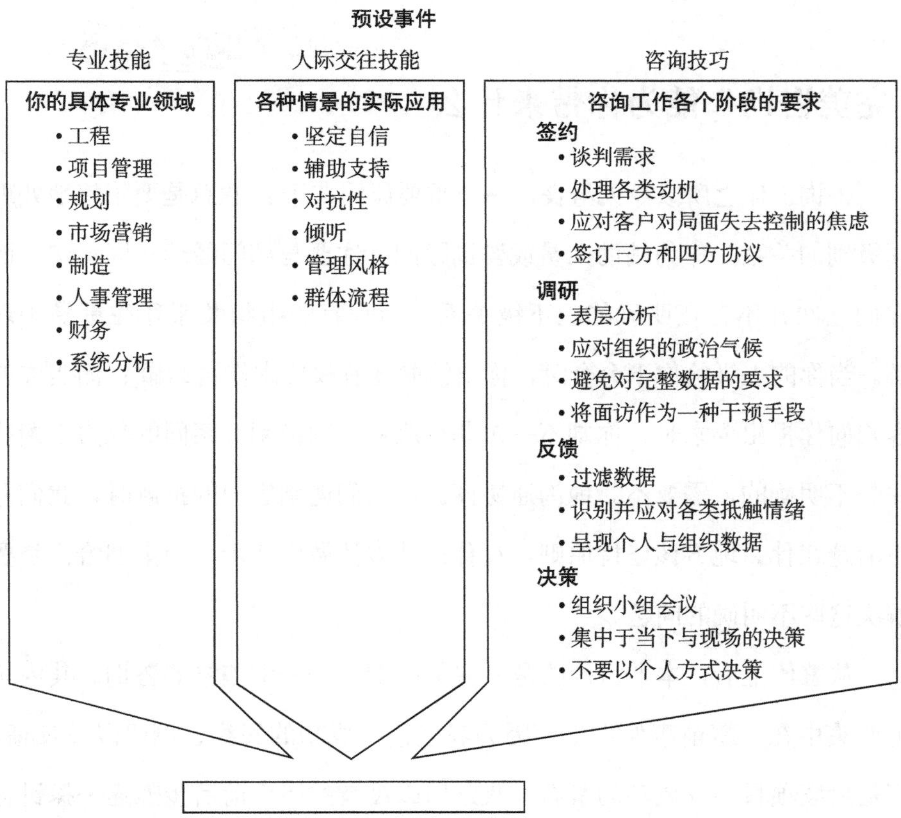

图 1-1　咨询技巧概览

项目参与和实施是指这样一种工作，当咨询顾问最终通过施加足够的影响而受到组织中的大多数人关注后，受影响的人群就会因这些具体工作而期望出现变革或得到学习。在我看来：项目的成功与否，“准备活动”在很大程度上要比“项目参与”重要得多。因此，要想理解咨询技巧，首先就必须要理解“准备活动”。

“完美咨询”能为你带来什么

咨询工作之所以令人沮丧，一个重要原因在于：它总是要不停地处理同级别的关系。作为辅助人员或咨询顾问，你要与部门经理一同工作，而你们之间并不存在明确的上下级关系，而垂直的组织关系往往更易于理解。当你的上级给你下命令时，你很清楚他有权要求你这么做；而当你的客户向你提出要求时，你却不一定非得服从。同级别关系间的权力平衡往往是不明确的，需要不断地沟通协商。当我们遇到客户的抵触时，我们并不清楚在什么地方该坚持原则，在什么地方该做出让步，而本书恰恰是要解决这些不明确的问题。

从整体上看，本书讨论的是“完美咨询”——零差错的咨询。其内容主要集中在“事前事件”上，因为我坚信，成功的签约、调研以及反馈，将是后续项目实施成功的基石。我之所以没有按咨询前后步骤逐一探讨咨询技巧的方式安排章节，就是因为一些观念和能力要求贯穿于整个咨询工作。因此我将“咨询诊断假设、咨询关系目标以及咨询角色选择”这些内容和“完美咨询在实践中意味着什么”分布在各个章节中，而这些章节是按照具体说明各种“准备活动”所需要的技巧这一结构安排的。此外，我还将客户抵触、内部咨询角色的特殊考虑等内容拿出来独立成章，以说明我的理念：**仅仅有条不紊、按部就班地贯彻专业理念，对成功的咨询来说是远远不够的。**

如果你能按照本书所描述的方法开展咨询工作，你就能实现真正意义的完美咨询，并且能够实现：

- 更好地利用你的专业技能；
- 你的建议将被更多地采纳并得到实施；
- 与你的客户之间不仅仅是简单的合作关系；
- 避免双输的咨询局面；
- 开拓客户的内部承诺；
- 获得客户支持；
- 提高你对客户的影响力；
- 与客户建立起更为坚固的信任关系。

使用“完美咨询”这个词来命名本书可能显得有些狂妄自大，但这并不是随意而为。因为本书的一个基本理念就是，我们每个人都有可能做到完美。咨询的专业性因子存在于我们每个人的身上，而我们要做的就是发掘这种“完美咨询”的潜力。从表面上看，这是一本讲咨询方法与技巧的书，但实际上，贯穿本书始终的理念远远重于任何方法：**所有基于对我们自己以及自身经验信任的行为，总是在沿着正确的道路前行，而所有世故而狂妄自大的行为都将把我们引向自我毁灭。**

处于组织之中意味着我们不得不饱受各种压力的摧残，这些压力强迫我们要变得精明、迂回，并在工作的场合忽略自身的感受。而完美咨询则给予我们一种可能，即保持我们自身行为与自身感受的一致性，同时还能与客户融洽地合作。本书中所关注的咨询技巧与技术是帮助我们做出高度自信抉择的简易工具，而这种高度自信存在于每一个为组织而工作的人的身上。从我们工作的第一天起，我们就在自我和雇主与客户对我的期望的冲突中挣扎着，对成功的渴望使我们参与到具体的工作中，并使我们选择与自身格格不入的方式待人接物，这意味着在某种程度上我们都迷失了自己。

而作为满足客户需求的咨询顾问来说，面对这种冲突时就显得更为脆弱。我们与客户的合作往往都是短期的，并总是致力于取悦客户。终止与咨询顾问或辅助人员的合作往往都要比裁掉一个下属机构容易得多。在艰难的时候，管理者与咨询顾问总会在裁员前拟订方案。这种脆弱无助感使咨询顾问否定自身的需求与感受，变得不真实的情况显得合情合理。

而本书则向读者展示了一种不同的选择。本书认为，**相信我们自身，是实现有效服务于客户的必由之路，只有这样，才能使我们的技能反复为人所用。**

Flawless Consulting

第 2 章

仅有技术是不够的

为了提高咨询效率，咨询顾问可能会采用各种特殊的方法，但是无论咨询顾问拥有什么样的技术专长，仅有某一领域的技术专长对胜任咨询工作来说却是远远不够的。咨询活动的一大独特而迷人之处就在于，咨询不是简单地将技术专长应用于其他方面，它需要顾问某种程度的亲自参与。顾问如何应对客户、讨论过程中的自我感受以及向客户征求反馈意见等能力，都是咨询活动的重要方面。

作为一个咨询顾问，你通常在两个层面上开展工作。一个层面是基本层次，即你和客户之间讨论的认知部分。客户提出某些组织中存在的问题：为了改善员工技巧而提出的培训需求，组织如何制定决策，或是关于系统设计或财务控制方面的问题。基本层次是分析、推理或明确有争议的问题的部分，我称这个环节为技术或业务问题。与此同时，在另一个层面上，无论你感受到的是什么，赞同或抵触、高调或消沉，或者支持与抵抗，你和客户所做的都是交流并体会彼此的感受。因此，咨询活动的每个阶段、咨询顾问与客户的关系是我们需要注意的第二个层面，这与第一层面一样至关重要。

超越基本层次

客户与咨询顾问之间的关系远远超出了咨询顾问致力于解决的简单基本层面问题或项目。顾问与客户讨论时，那些实际担心以及对建立良好友谊的可能性建议都是客户的情感表达，而这些资料对咨询顾问来说是非常重要的信息来源。

任何一项咨询活动的主要目的都是激励咨询顾问重点关注并评估其与客户的情感沟通和人际关系。大多数咨询顾问在处理认知或者基本层面的讨论经验颇丰。顾问带着专业技能与客户会谈，可以得心应手地与客户讨论自己谙熟的问题，但是，顾问不但要注意到基本层面的问题，还要关注与客户交流过程中所体验到的相互作用的感情，两者之间应该保持平衡。

一旦你做到了将客户与咨询顾问关系的情感层面作为关注的一个重要方面，第二步就是你自己如何更自如地运用语言来表达与客户交流的感受。第三步则是如何更娴熟地将你与客户的交流情感用语言表达出来。这样做也会减少客户的防御心理。

实际工作中常见的咨询顾问与客户互动关系的情感层面包括 4 种因素：责任、感觉、信任和个人需求。

责任

咨询顾问要与客户签订一份适宜的合同，必须为规划和实施责任进行权衡——各自承担 50% 的责任。多数情况下，客户带着对解决问题的期盼而来，他们希望一旦你了解问题所在，就能够提出解决问题的方案。你的目标就是巧妙地阐述这一事实：双方需要各自承担 50% 的责任。

下面举个例子。当你准备启动一个项目时，通常需要沟通项目的有关内容。那么在启动项目之前要自问，项目具体的安排是什么？你为什么要执行这个项目？此时最重要的是，客户要负责与组织沟通这些问题，这并不是因为此项任务只有客户才可以执行，这些事情如果由咨询顾问来安排或许会更好，然而这样做是明确地向组织传达一个信息，即客户至少为项目承担 50% 的责任。

如果客户希望咨询顾问安排具体沟通并考虑所有管理的细节问题，这就意味着他只想承担有限的责任。作为咨询顾问，偶尔拒绝承担这类责任也是合乎情理的。事实上，这不过是个小问题而已，但是这对于咨询顾问判断双方责任的承担是否均等提供了一点思考。

感觉

第二种经常出现问题的要素是，客户能够在多大程度上掌握自己的感觉。从某种意义上讲，这也会对双方责任均衡产生影响。咨询顾问需要始终牢记，客户能够掌握自己的情感，而不要仅仅认为自己只是在与组织的旁观者进行交流；同时，咨询顾问也要时刻谨记自己对客户的感觉，比如顾问感觉客户防御性强，或者有较强的控制意识，不愿意采纳意见或者不愿承担责任，这些都是顾问要了解的重要信息。

不管咨询顾问与客户交流时有什么感觉，组织中客户在与顾问交流时也会有同感。同样地，尤其是在咨询过程的早期阶段，密切注意自我感受也至关重要。这些信息是反映组织如何运作和客户如何管理的重要信息。

信任

第三种要素是信任。当顾问为客户提供咨询服务时，客户眼中的咨询顾问都是专家级的人物，并且还会小心提防。这时，你不妨问问客户是否相信你的保密性，是否相信你绝不会控制或者接管他们的工作，你还可以询问客户与你共事是否心存疑虑。通过这样的方式接触，你就是在培养自己的诚信。**将疑虑表达出来得越多，很可能建立起来的信任就越多。**

个人需求

满足咨询顾问与客户之间建立良好情感沟通的第四个要素是，顾问有权利通过这种关系满足自己的需求。

全心投入咨询服务是件很容易的事情。咨询顾问认为自己有责任解决客户的问题并为客户的需求提供服务，但正是因为咨询顾问这样的心理而显得顾问没有了任何自己的需求。事实上，咨询顾问确有需求。这可能是拥有客户的组织性需求，这样，你所在的组织会认为你所做的咨询工作很有意义；你需要得到客户的接受和认同；对你提供的咨询和有价值的信息的认可也是顾问的重要需求之一。

从实践的层面上说，你需要进入这样的组织与客户交流，向客户提问；同时，你需要得到管理者的支持，与管理者组织的其他人员会谈，并处理你可能会遇到的客户抵触行为。你完全有权满足自己的需求。

总结

我的这些观点概括起来即**密切注意你自己的风格和感受，并将此作为你咨询关系的一个重要方面**，这些观点是阅读本书剩余部分的基础。咨询技巧不仅仅是针对客户需求提供规划、制定方法和步骤，还包括确认并表达出有关责任、感觉、信任和个人需求的技巧。

咨询顾问的假设

咨询顾问会将有效组织的相关假设直接应用到咨询活动中，任何有效的咨询活动，在很大程度上都依赖于这些假设。咨询顾问会在推荐时隐含或明确地采用这些假设。

每个从事咨询活动的人都应当十分清楚自己的观点。我们自己的咨询行为应该与我们致力于服务的客户管理风格一致。如果我们建议客户加强控制、行事果断、目标明确，而同时我们在工作中缺乏控制、犹豫不决或者思路混乱，这就是在削弱自己的信誉。如果我们认为客户应该更富于合作精神，相反对自己的咨询项目却严加控制，不与客户合作行事，也会损害自己所努力倡导的形象。

你可以从“什么是优秀的管理”的假设开始入手，这里有大量模型可以参考。比如，当前多数组织都按照类似传统军队或教堂的模式运作。从结构上看，特别强调金字塔式的等级制度以及权力和责任的明确分离。等级式管理的基础就是强有力的领导力，这类领导在制订工作计划、组织开展工作、管理员工、维持业绩发展以及向正确的人授权等方面的个人能力表现突出。这些以领导为中心假设的结果就是，就每个人的角色而言，对上要保持一致，对下要掌控发展大局。

在过去的 30 年里，传统上对控制和领导能力的强调已经转向组织中更多对合作和参与的提倡（至少在有关著作中是这样）。参与管理和授权已经成为当前贯穿大部分关于有效组织假设的主题。

你对组织的有关假设不知不觉地决定了你从事咨询活动的风格和你将采用的技巧。下面列举的就是基于所讨论的咨询方法的一系列假设。

解决问题需要有效资料

使用有效资料能够避免产生混乱和不确定性，这些都是解决问题时缺乏效率的主要根源。有效资料包含两种：①客观存在的资料：有关想法、事件或者是每个人所认可的事实；②个人资料：个人资料也是“事实”，但是它们涉及的是个人对他们经历的事情以及个人对他们周围事情的感觉。如果人们感到他们无法得到公平的待遇，这样的感觉就是一个“事实”。这种想法将直接影响他们的行为，这也是一个“事实”。如果顾问对这些“事实”不予理睬，那就是对任何努力解决问题的重要资料的忽视。

有效决策的制定需要自由和公开的选择

制定决策不是难事，可是制定出得到客户支持的决策就不那么容易了。如果组织中客户能够有机会对那些直接影响他们工作的决策施加影响，组织似乎会运作得更好。如果客户感觉到事情的重要并且知道能够对其施加控制，那么他们会更有动力推动事情的发展。如果客户觉得重要的事情无须插手，他们反而会变得更加谨慎或者具备防御心理。正因为他们做事求稳、隐瞒信息，才能够保证自己不受指责。

有效实施需要内部承诺

客户乐意投入到有利于自己的事情当中去。**如果让客户违背自己的意愿做事情，那么他们全力以赴的可能性就变得微乎其微了。**你可以命令客户去做事，通常情况下，客户会遵从命令，至少在监督期间他们会如此。然而，如果你希望客户全身心地投入其中，内部承诺是非常有必要的。

咨询顾问的目标

我们所提出的有关有效咨询活动和管理绩效假设的结果是：每一项咨询工作都有一套首选的目标。我们并不一定总是能够实现这些目标，但是必须要对首选目标做到心中有数。

目标 1：建立合作关系

咨询顾问要努力与客户建立合作关系的原因有二。第一个原因在于合作关系意味着能够最大限度地利用咨询顾问和客户的人力资源。合作关系意味着双方都要对合作的成败和实施负起责任，同时这也是一种良好的工作方式。第二个原因是不管你是否意识到，咨询顾问通常被人们看作解决问题的榜样，咨询顾问的行为方式所传达的信息远比他们的言语更有影响力。口头上倡导合作，行动上与此大相径庭，这是言行不一、自欺欺人的表现。

目标 2：解决问题重在治本

人们解决问题往往仅仅就事论事，治标不治本。比如，要解决一个员工经常上班迟到的问题，我们可以采取措施制止——早晨记录其出席情况，每天开始工作之前例行检查办公室，就有关迟到问题发布规定或者开会讨论员工按时上班的问题。这些方法都有可能减少员工的迟到问题。内部（或外部）咨询顾问参与并提出这些建议，有可能会提高组织效率。然而，这并不意味着管理者已经学会了如何解决类似的问题并因此显得非常能干。

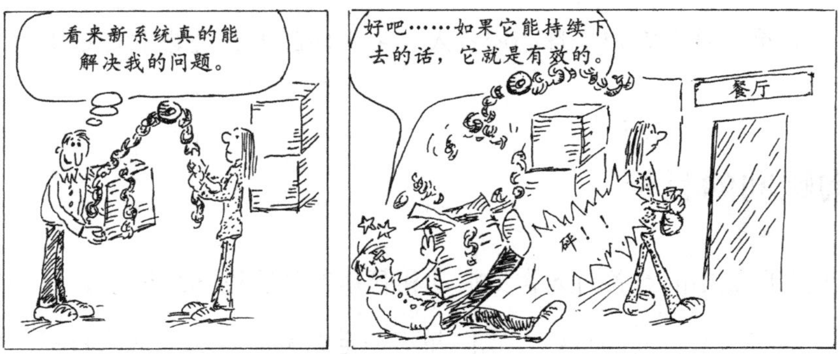

咨询顾问的另一种选择就是与部门经理从另一个层次上进行分析，了解他们处理迟到问题的方式。例如，管理者或许并没有意识到迟到是员工不满情绪的表现，也并不认为迟到是基层监督不力的体现，或者是某些根源问题的反映。而且，咨询顾问很有可能要承担处理本应该由部门经理面对的难题。要教会管理者自己处理问题的技巧，就需要使管理者明白，员工令人厌烦的行为只是对一些更深层次问题的反映，他们不该将这些本应该由他们处理的难题推给他人。

目标 3：确保对技术或业务问题及关系问题的关注

咨询活动的每一种情形都包含两种因素：解决技术或业务问题以及人们围绕问题相互作用的方式。多数组织主要关注的是技术或业务问题。然而，从与客户沟通和有效处理问题的角度来看，咨询顾问所处的位置则比较特别。作为第三方，他们在有关程序问题上没有既得利益而言——没有输赢的顾虑、没有伸缩的余地，也没有预算可以增减，因此，咨询顾问可以集中精力处理程序问题。虽然部门经理们各有想法，但是可以倾听咨询顾问的建议。

培养客户承诺：每个咨询活动的第二个目标

由于咨询顾问或支持人员不能直接控制实施，想要产生成果，他们就要依赖部门经理。从根本上说，对咨询顾问所提出建议的内在承诺程度是部门经理最终决定其是否采取行动的基础。因此，咨询顾问必须通过咨询活动有意识地培养客户的内在承诺。

有效的咨询技巧就是那些能够促成管理者内在承诺的措施和行为。我们都见过这样的例子：无论成本和相关性有多高，咨询项目的研究和报告都被搁置起来。这种情况的发生，通常意味着在咨询过程中的某个环节忽视了那些决定采用研究成果的管理者。在一个完美的咨询中，你所遵循的咨询过程的每一步，都应当是为了培养客户承诺和减少丢失客户的可能性。

咨询顾问影响力与效果的关键点是客户承诺，我们不能命令客户采取行动。（有时我们决定寻求客户老板的帮助以促使客户遵从我们的建议，这是一种很冒险的主张，尤其是我们希望在客户面前保持良好形象的情况下更是如此。）因此，咨询顾问的影响力取决于客户对其建议的承诺。建立这种承诺，通常就是消除妨碍客户遵循咨询顾问建议障碍的过程。

我们可能抱有这样的幻想，如果我们思路清晰且合乎逻辑，善于雄辩且有理有据，那么我们的主张就会经得住任何考验。论证明确虽然的确有力，但却远远不够，客户和他们的同事仍然有可能心存疑虑、左右为难，而有碍于他们做出承诺。

咨询顾问的角色选择

要产生影响力，咨询顾问就要在过程中的每个阶段——合同签约阶段、探讨阶段、分析阶段以及为反馈会议做准备的整个过程都直面客户疑虑。如果等到实施阶段开始才开始“克服抵触”，就未免太晚了。

埃德·沙因（Ed Schein）曾经提出咨询顾问与部门经理共事的三条原则：扮演专家（expert）的角色、助手（pair-of-hands）的角色或者合作者（collaborative）的角色。[⊖]至于选择哪种角色，这取决于个人管理风格的不同、任务的性质以及咨询顾问的个人偏好。

当你在不同情境下从事咨询活动时，认识到你此时所扮演的角色，并且能够判断出哪些情形能够推动或妨碍你的行动，会对咨询活动大有裨益。只有这样，顾问才能够在各种情况下作出清醒的选择。人们发现，在合作模式中经常进行自我分析，咨询顾问才能确定在何种情况下咨询

⊖ 这些角色最初是由埃德·沙因在20世纪60年代定义的。他是第一批认识到专家在顾问角色上的局限性，并在协作流程中引入合作潜力概念的专业人士之一。他的著作《流程咨询再审视：构建协作关系》（Reading, Mass.:Addison-Wesley/Longman,1998）全面地阐述了在扮演协作角色的过程中流程咨询的关键作用。我强烈推荐读者阅读本书。

活动会运作得更加成功。然而，大多数组织的实际情况是，更多时候，客户希望顾问扮演助手或专家的角色，尤其在某些情况下，顾问们不得不扮演这种角色。

专家角色

部门经理与支持专员以及部门经理与外部咨询顾问相联系的一个典型方式是客户 - 专家形式。支持人员充当完成某一特定任务的“专家”。

例如，最近，一家新的公司福利网站彻底检修，很显然，这个网站的生命周期跌破预期。网站整体设计没有任何问题，关键在于网站信息来路不明，这些信息完全是员工凭直觉提供的。

此时，经理邀请网站设计专员向设计者描述困难时会说：“我既没有时间，也没有兴趣处理这个问题。你是专家，请你找出问题所在，并帮助解决问题吧。你可以随意检查整个系统，任意分析并做出有必要的修复工作，但是要及时向我汇报你发现的问题并打算如何处理。”事实上，网络设计专员变成了经理的职员，他有计划和实施项目的代理权力，和经理手下的其他员工一样，他所提出的方案也受到同样的限制。

下面的例子就属于这种情况：

- 管理者被推选扮演旁观角色。管理者希望能够驾驭咨询顾问，也就是说，他希望咨询顾问对结果承担责任。作为设计者的咨询顾问接受这个职责，并开始随意开发并执行计划。他们希望管理者能够做出反应，并且为解决问题提供必要的帮助和支持。
- 咨询顾问根据自己的经验判断并做出下一步决策，没有必要向管理者了解技术方面的细节。
- 咨询顾问收集分析问题所必需的信息，并且决定收集和分析使用信息的方法。

- 技术控制问题由咨询顾问来承担。由于管理者很难对“专家”的推理提出质疑，因此不太可能提出异议。如果管理者试图对专业决策施加控制，咨询顾问会认为这是一种不合理的干预。

在这种情况下，解决问题的努力是以专业化程序为基础的，所以不需要任何合作关系。

在这里，双向交流很有限。咨询顾问只是提出建议，客户仅仅做出反应。咨询顾问希望以“一问一答”的方式与客户沟通，客户也希望如此。咨询顾问对主要事件进行规划并付诸实施，或者为管理者的实施活动提供详细指导。管理者的作用就是在事后进行判断和评估。

在这个例子中，咨询顾问所要实现的目标在于解决突发问题。无论是管理者还是咨询顾问，他们并不希望管理者能够在未来拥有处理类似问题的技巧。

问　题

内部顾问特别清楚扮演专家角色所存在的问题，下面就列举两个。

第一，客户认为咨询顾问有能力做出精确评估。如果问题纯粹是技术性的，咨询顾问就能够运用专业知识将问题分离出来，并找出解决方案。然而，纯粹性的技术问题还是很少见的，多数问题都包含“人为”的因素。并且，如果组织中充斥着恐惧、不安全感或者不信任感，问题中“人为”因素的重要信息就会被隐瞒或扭曲。没有有效的资料，又怎么可能做出精确的评估呢？以错误信息为基础的行动方案成功的可能性微乎其微。

第二，我们来看一下客户做出采纳建议方案的承诺。在处理棘手的管理问题时，外部专家所做的研究很少能够涉及个人所有权和承诺。

助手角色

在这种情况下，管理者将咨询顾问视为“另外一双手”。事实上，管理者认为：“我既没有时间，也不愿意处理这个问题，我已经找出了问题所在并且规划了需要做的事情，我只希望你能够尽快完成这份工作。”管理者保留了全部的控制权。客户希望咨询顾问能够运用专业知识，从而为实现管理者指派的目标提供实施方案。

咨询顾问往往根据下面列举的这些情况发挥其助手的作用：

- **咨询顾问扮演被动的角色。**咨询顾问每天按照管理者的要求行事，并且不对管理者的行动计划提出质疑。
- **管理者就如何推进工作做出决策。**咨询顾问可以准备建议供管理者评估和审批。
- **管理者选择研讨和分析的方法。**咨询顾问只能按照管理者制定的程序完成实际资料的收集工作。
- **管理者有控制权。**咨询顾问可以提出建议，但是要与管理者保持一致，否则管理者将视之为挑战权威的表现。
- **合作并非是真正必要的选择。**管理者认为其有责任说明目标和流程，咨询顾问可以对具体细节提问。
- **双向交流是有限的。**管理者提出方案，咨询顾问随之做出反馈；管理者以描述或可评估的方式提出方案。
- **管理者具体说明咨询顾问需要实施的变革程序。**
- **管理者的任务是近距离判断和评估。**
- **咨询顾问所要实现的目标在于应用专业知识使系统更加有效。**

问　题

主要问题出现在研讨阶段。当咨询顾问扮演助手角色时，他们依赖管理者对事态发展的理解来制定有效行动方案。如果管理者评估有误，行动方案则无法奏效，此时作为提供服务的咨询顾问自然成了替罪羊。

如果想要挣脱这个陷阱，咨询顾问可以争取时间来验证管理者的评估。可是这样，咨询顾问又面临另一个问题，因为那些希望咨询顾问扮演助手角色的管理者，可能会误把这些要求看成是对他们经验或权威的质疑。

合作者角色

扮演合作者角色的咨询顾问在与管理者打交道时可能会持这样的观点：只有将自己的专业知识与管理者对自己组织的了解结合起来，才能有效地处理管理问题。解决问题成为双方共同的责任，在处理技术性问题的过程中，双方都要同样关注其中所涉及的技术性问题和人际交往问题。

在咨询顾问扮演合作者的情况下，他们并不是帮助管理者解决问题，而是运用自己的特有技能帮助管理者自主解决问题，这两者之间差别极大。合作者角色所包含的一个关键假设就是，管理者必须积极地参与信息收集和分析过程，参与确定目标与行动方案的规划，最终要与管理者共同承担责任。

下面所列举的就是可能出现的情况：

- **咨询顾问与管理者在工作中互相依赖。**他们共同制定实施方案并共同为结果承担责任。
- **决策制定是双边的。**其显著特点是双方各自承担责任并尊重各自的专业技能。

- **双方共同进行资料收集和分析。**咨询顾问与管理者共同对调研过程进行筛选。
- **控制问题是讨论和协商的核心。**出现异议是意料之中的事情，意见不一也是新观点提出的源泉。
- **合作是基础。**在着手解决问题时，咨询顾问就特别强调，要对彼此预期的性质和范围达成共识。
- **沟通是双向的。**对相关问题，咨询顾问和管理者会带头讨论。他们以解决问题的方式进行信息交流。
- **通过讨论和协商明确实施责任。**分配任务的原则是在各方承担责任保持均等的情况下，确保最大限度地利用现有资源。
- **目标是解决问题，重在治本。**也就是说，咨询顾问要建立一种互助性关系、提高管理者开发和实施行动计划从而使系统更加有效运转的能力水平。此后，管理者就能够掌握解决问题的技巧。

问　题

合作开展工作的过程也会存在问题。咨询顾问通常具备特殊技能，比如信息技术或预算管理，这些技能恰好能解决管理者工作中遇到的问题。那些倾向于和专家顾问合作的管理者认为，合作开展工作无关紧要，甚至还在拖后腿；那些倾向于与助手顾问合作的管理者则认为，合作就是一种反抗行为。此外，合作开展工作也会占用不少时间。

合作与“握手”的恐惧

在一次关于合作咨询的研讨活动中，有一位听众不断地就合作的本质提出问题：“难道合作不是软弱的一种表现吗？如果过分强调合作，是否意味着你的专业知识并不牢固？”其实客户的本意并非为提出问题，而是需要问题的答案。最终，客户还是很扫兴，并表示：“我不希望我的咨询顾问闲坐无事，而仅仅与客户握手而已。”他所指的实际问题在于，客户严重混淆了专家角色与合作者角色的区别。

咨询的实质即咨询顾问将专业技能传递给客户。无论这些技能是有形的（如电路设计或系统设计）还是无形的（如解决问题或团队建设技能），都是咨询顾问开展工作的基础。

害怕与客户握手的其中一些原因在于，与客户联系过于紧密会淡化并混淆你的专业技能。因此，以合作的方式与客户打交道看上去就好像是咨询顾问与客户的专业技能不相上下，他们只是技术层面上的搭档。为了承担 50% 的责任，咨询顾问会被迫对自己的专业技能有意无意地保留。如果发生这种情况，咨询顾问对专业技能淡化的恐惧就成为事实。对于这种恐惧和困惑，曾有一位咨询顾问这样说：“关于库存管理的问题，我忘记的内容比我的客户知道的还要多。他们所知甚少，却号称企业的领袖。在这种情况下，我还怎么继续跟他们合作呢？”

这种困惑存在于问题的技术层面和执行咨询阶段的合作中。表 2-1 列举了区分两者的例子。

表 2-1

合作领域	专长领域
表达客户需求	电路设计
计划如何向组织汇报研究	培训设计
决定调研阶段的参与者	问卷设计
生成正确的资料	包装设计
阐述调研结果	系统分析
决定如何实施变革	定价策略

无论何种专长领域，咨询顾问对咨询过程的管理方式都会很大程度地影响客户对其专业技能的应用。咨询顾问与客户合作得越多，方案被实施的可能性就越大，即使在咨询顾问离开之后。

筹划客户参与——循序渐进

大体来讲，我们已经就咨询顾问角色定位和如何推进项目的合作进行了讨论。下面我们将深入讨论这一问题。我们把实施变革之前的阶段称为事前准备，这包含 12 个具体步骤。在每一步，你都不必抑制你的专长，并将客户引入咨询过程。

在咨询活动中，能否最大化客户参与度和承诺度取决于咨询顾问在每一阶段如何实施下列方案。你可以通过实施下述方案确保你和客户双方各自承担 50% 的责任。

第 1 步：界定初始问题

请你的客户说出问题所在。如果客户考虑新机会多于问题本身，那么顾问要用自己的语言来陈述问题，并且补充说明你认为可能会导致问题发生的更多潜在因素以及有可能的重要线索。

实例：信息技术咨询顾问

信息技术咨询顾问：你认为问题出在哪里？

客户：你们设计的软件多数时间都不能发挥应有的功能，我认为软件的设计存在问题，希望你能检查编码并确保其能够正常运转。

信息技术咨询顾问：我会重新检测程序编码并测试软件功能。另外，为了避免发生潜在问题，我认为我们应该考虑用户对软件应用的熟悉情况。此外，我们还要调查用户培训和监管的效果，尤其是倒夜班的情况。

评论：陈述初始问题不仅仅是客户的问题，即使在早期阶段，你也应当自发地承担起顾问应负的责任。

第 2 步：决定是否继续推进项目

在考虑是否推进项目时，你有多种选择。如果你认为项目启动方式存在问题，那么你就应该与客户进行协商。

实例：财务服务咨询顾问

客户：我们一起对采购环节做一个全面的审计工作吧，争取在 30 天内完成。

财务服务咨询顾问：完整的采购环节的审计工作是个重大项目，要在 30 天内完成几乎是不可能的事情。我们还有一系列项目清单需要委员会评审。如果你坚持要这么做，那么我们最好重新评估一下是否能够如期完成。

评论：客户通常会认为项目推进决策完全由他们决定。通过对这一决策的提问，咨询顾问实际上就是承担 50% 责任的合作者，这样做的目的不是拒绝客户，而是使实施项目的决策成为双方的共同决策。

第 3 步：选择研究的维度

根据你所掌握有关项目的专业知识，你可能最清楚要分析问题的哪些方面。但是对出现的问题，客户具有相关的解决经验，你也可以征求客户意见。

实例：信息技术咨询顾问

信息技术咨询顾问：我计划下周检查程序编码并测试其功能，同时会与用户面谈，了解他们如何操作日常程序软件。如果你和相关管理部门能够列出希望调查的领域及由软件用户回答的问题，这会对我们的工作大有裨益。

评论：尽管与客户讨论决策是个简单的问题，但是这类问题却往往被忽略。如果需要采用调查问卷的形式，你可以要求客户选择问题作答。

第 4 步：决定谁参与项目

客户通常期望咨询顾问能够包揽全部工作。在由咨询顾问和客户共同组成的团队间开展合作是培养客户承诺的绝好方式。

实例：财务服务咨询顾问

财务服务咨询顾问：为了确保项目成功，我需要贵公司的两名员工与我一起合作。我需要与一名区域采购主管合作 5 天，并与总公司 1 名采购职员合作 8 天。我们 3 人将合作完成对现有采购系统的缺陷和优势进行分析并提出修改方案。我作为项目带头人，会投入大量时间确保项目完成，但是我更需要贵公司员工的大力支持。

评论：独立完成任务简单快捷，而要求组织中客户参与项目活动往往需要更多时间并增添麻烦，然而，这样做却可以激发客户的承诺并促进彼此对项目的最终实施。

第 5 步：选择方法

针对资料收集问题，客户有自己的想法，咨询顾问应该向他们征求意见。

实例：信息技术咨询顾问

信息技术咨询顾问：我一定会具体查看软件、测试其功能，并且与用户进行沟通。我还需要与哪些人交流呢？我们需要分组讨论还是单独讨论？我们还需要调查哪些操作领域？我们需要如何实施它们呢？

评论：需要征求客户意见，这又是一个简单却无比重要的问题。这种样做的目的 30% 是为了得到新的信息，70% 是为了建立各自承担 50% 责任的模型，从而完成整个项目。这样做，你就是在帮助客户学会如何自己处理类似问题。

第 6 步：开展调研

请客户与你一起完成调研工作。

实例：信息技术咨询顾问

信息技术咨询顾问：我希望在走访各部门以及与人交流时，能够有贵公司的一名管理者参与。或许管理者能够通过与软件用户的交流找出他们认为可以实施的方法，从而使软件能够更好地运转。接下来，我将安排分组会议讨论方案的实施。

评论：由客户参与调研存在两个主要的风险：①客户在与有权力的上级沟通问题时，可能会隐瞒事实；②资料失真，原因在于直线部门需要更为清晰的资料并避免自身存在过失。

这些是咨询顾问必须要承担的风险。你能够得到自己需要的信息，通常证明你有足够的经验可以相当快地了解实际情况如何。必要的话，你可以再回去与员工单独讨论。让直线人员参与资料收集的好处在于，当你与上一级管理者分享信息的时候，这些可以对资料做出修改的人也在收听这些内容。如果咨询顾问听到了“真实的信息”，但是直线管理人员持有怀疑态度，那么这些信息是毫无用途的。然而，最重要的是，这一过程始终要求双方各自承担 50% 责任的原则。

第 7 ～ 9 步：筛选资料并有效利用

筛选大宗资料，整理为定量易于管理的信息并对之进行总结和组织，以做到有效利用，需要大量时间。经过这 3 个步骤，你会对整个咨询工作有进一步了解。这个过程的某些环节，你需要迫使客户与你一起参与。分析所得资料是个有趣的工作，你的客户也会喜欢这一过程的。

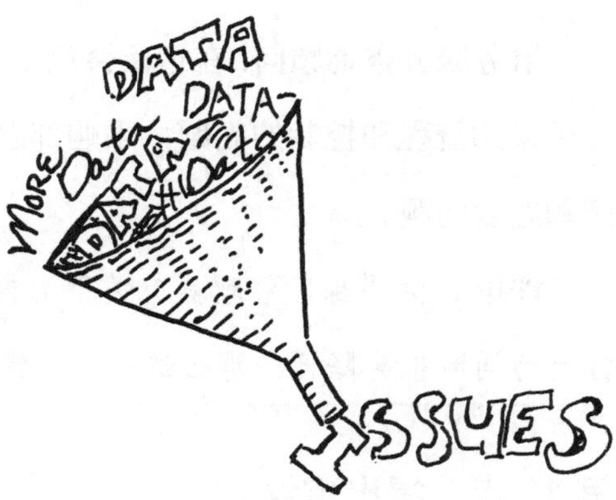

实例：财务服务咨询顾问

财务服务咨询顾问：让我们花 3 天的时间一起组织调研资料，并分析一下这些资料对采购系统来说到底意味着什么。

评论：这个要求务必简单，而且要坚定。你可以放弃部分对你时间的有效利用来换取客户对最终成果的更多投入。对于技术含量高的项目，客户可能并不具备相关背景资料以对某一阶段的项目做出有意义的贡献。在这种情况下，你只能独自应对而别无其他选择。但是，你仍然要注意，正是因为客户缺乏背景知识，咨询顾问才有理由在项目的不同阶段排除客户参与。

第 10 步：结果反馈

在反馈会议上，请客户一起进行资料分析。

实例：财务服务咨询顾问

财务服务咨询顾问：在这次会议上，我们将报告采购系统的调查结果。关于采购流程和控制的问题，采购部总监乔治将汇报采购代理商的有关技能和态度问题。

评论：如果部门经理具有关于汇报消极反馈结果的经验，他们的防御性行为同时也会降低，那么这一步反馈步骤就不太可能导致彼此争论。

第 11 步：提出建议

比其他任何阶段更重要的是，提出可行性建议需要将你的专业知识与客户实践及组织知识管理结合起来。向客户询问，在听完调查结果后，他们会采取什么行动呢？

实例：信息技术咨询顾问

信息技术咨询顾问：我们知道，对用户来说，正确操作软件的最大障碍在于培训项目为期过短。那么对于如何减少客户对培训的依赖性，并使他们能够自己解决问题，我们可以提出哪些建议呢？

评论：一旦战略明确下来，这一行动就变得非常简单了。即使你的客户暂时不能提出有效的建议，但是能够使他们努力思考这个问题已经很不错了。

第 12 步：制定实施方案

一旦研究结束，咨询顾问也提出了建议，在决策制定会议上，客户可能会希望完全接管以后的工作进程，而将咨询顾问搁置一边。我向来反对这种做法。

实例：财务服务咨询顾问

客户：对您新开发的采购流程以及对结构和流程变革所做的各项支持工作，我们深表感谢。我们会仔细考虑，并在组织做好准备工作后再与您联系。

财务服务咨询顾问：当你们讨论这些问题时，我希望能够继续参与。我十分关注这个项目，在有关时机选择和实施的问题上，我能够提供帮助。据我了解，在流程运转正常的情况下，这个环节不需要咨询顾问参与，但是在这个项目上，是否可以例外？

评论：这里存在的危险是，客户会完全独立行动而将你冷落一边。所以，你必须要提出参与的要求。这不只是为自己争取，同时，你也要通过自己的行动向组织表明，如果组织中某个成员对项目做出了重要贡献，这个人就应该参与决策会议。如果客户仍然不允许你继续参与，你除了表达愤怒之外，所能做的事情就不多了。

上面所述 12 个步骤的每一步，都能为咨询顾问要求客户参与、减少抵触和加大成功概率创造机会。如果想要利用好这些机会，咨询顾问需要放弃某些特权和自由，才能达到提升影响力这一长远目标。

你可以访问网站 www.flawlessconsulting.com，以获取清单 1 的电子版。

清单 1：责任均衡评估表

根据下面的标尺，在你所负责的重要项目中标记出主要负责人，如果咨询顾问与客户各负 50% 的责任，请在中间做出标记。

	客户承担主要责任，顾问承担较少	50/50	顾问承担主要责任，客户承担较少
1. 界定初始问题			
2. 决定是否继续推进项目			
3. 选择研究的维度			
4. 决定谁参与项目			
5. 选择方法			
6. 开展调研			
7 ～ 9 筛选资料并有效利用			
10. 结果反馈			
11. 提出建议			
12. 制定实施方案			

将你所做的标记连接成线。如果你所连接的线偏离中心，这意味着项目还有改进机会，或者说当执行下一个项目时，尤其是在项目会继续运行或是当你的咨询结束之后，组织仍会采用方案时，你需要充分利用客户的参与来提高成功的机会。

Flawless Consulting

第3章

完美咨询

咨询工作看起来很复杂，让人一头雾水，但实际上咨询顾问是有能力用简单无误的方法完成咨询工作的。要想让咨询工作变得简单，只需要关注咨询工作的两大方面即可。无论在何时何地遇到客户，你都要问自己以下两个问题：

1. 对这位客户来说，我诚实可信吗？
2. 我能胜任我所处的这一咨询业务环节吗？

要诚实可信

在客户面前表现得诚实可信意味着你需要将自己在咨询过程中的经历转化为语言，以便在工作中与客户分享。这是与客户构建良好合作关系的最有力方式。

我们总是希望尽可能地与客户相处，或者为了呈现我们的观点，或者为咨询项目能引人注目而苦恼不堪。很多次我与客户相处时，都发现自己是在竭尽全力地向客户证明我就是他们正在找的那个人。我们为客户设解决方案的建议，用点头和微笑让他们确信自己的所作所为都是合乎情理的。

有人认为客户的立项与运用咨询顾问都是出于理性的决策，这是不正确的。更多的时候，起初客户们的问题都是“这个咨询顾问可信吗？他不会损害我的利益吗？他不会愚弄我吧？他确实是那个能站在我和我的员工立场考虑问题、帮我们解决组织或者技术上的问题吗”。当我们显得过于精明、老练，或者将问题陈述得过于复杂，客户就会产生这些疑问。客户就会对自己说：“好吧，这家伙故意把事情搞得这么复杂，好让我在对这些问题说不时像个傻子一样。”部门经理们一旦发现咨询顾问是在故弄玄虚，他们就很难再信任咨询顾问。

对咨询顾问缺乏信任导致咨询顾问对客户失去影响力，并最终无法完成对客户的承诺，而诚实的行为会建立彼此间的信任，加强咨询顾问对客户的影响力，有助于完成对客户的承诺。诚实的行为还有一个好处，就是能让问题变得极其简单。用咨询顾问所熟悉的经历来说明会更为清晰，以下就是一些例子。

问　　题

客户：那么这次审查应该不会持续太长时间吧？也许一两天？我真希望自己有时间能陪你完成这个项目，但是这里有很多重要的事情等着我去做，我的秘书能为你提供一些帮助。还有，请别占用我员工太多时间，他们的压力已经够大的了。

咨询顾问的感受：感觉自己微不足道，我的工作在他们眼里不值一提。这是我谋生的工作，但对他们来说却是工作上的妨碍。

不诚实的咨询顾问：这项审查具有深远意义，母公司非常依赖这些审查结果，以此评估我们的上级部门，而且公司层面也需要这些审查结果。

诚实的咨询顾问：你觉得这项审查微不足道，对你来说不值一提。如果这妨碍了你的工作，也许我们应该重新评估一下审查时间，我希望你能将这项审查重视起来。

问　　题

客户：我想让你对我的员工是否犯错发表看法，并告诉我应该怎么去纠正这些错误。如果你发现他们并不能胜任本部门的工作，我希望你马上向我汇报，并且告诉我是谁，具体做错了什么。

咨询顾问的感受：感觉自己像个法官，不得不对客户的雇员做出判决。

不诚实的咨询顾问：我的报告会反映部门是如何管理的，为什么这里会有这么多的问题，由你决定是否采取行动纠正这些问题。

诚实的咨询顾问：我觉得自己好像在这个项目中扮演着法官或者警察的角色，我不认为这样的角色对项目是有益的，我更希望你能把我看作一面映现出此刻情景的镜子。这样，你和你的员工就能做出评估，如究竟该做些什么，是否需要培训等。我可不能替你做决定。

问　　题

客户：要想了解这一问题，你必须先了解一下35年前的事情，那时这个部门刚组建。那是1976年11月一个周三的下午，当时部门里面有3个人。他们的主要工作就是填写各种表单和接电话。乔治是销售经理的外甥，只有高中文凭，我们的主要客户都在东海岸……（还有许多乱七八糟的内容）。

咨询顾问的感受：开始不耐烦，感觉无聊，客户花了太多时间在陈述历史上，自己正在失去继续听下去的热情。

不诚实的咨询顾问：什么也不说，让客户继续讲下去，认为这样下去客户能自己理出个头绪来，或者就当自己是客户发牢骚的倾听者，至少这样有助于客户身心健康。

诚实的咨询顾问：你已经告诉了我太多的细节，把它们都记住对我来说有点困难，我很想知道关键问题是什么，以及关键问题的核心又是什么。

问　　题

客户：如果你已经完成了你的调研报告，那我等下就和我的员工开个会，讨论如何进行改进，并评估改进结果。

咨询顾问的感受：感觉自己被排斥到了项目执行之外，客户是在拖延时间，而不是在处理问题。

不诚实的咨询顾问：这里可能还有一些我没放到报告里的信息，这可能对你们的决策过程大有帮助。（或者默认客户的决定。）

诚实的咨询顾问：你把我排除到了项目决策之外，我希望加入项目决策过程中，这或许对你或你的员工来说很不舒服。

在以上的这些例子中，客户最初所陈述的行为都是在试图与咨询顾问保持一定距离，这些客户用来抵制咨询顾问帮助与服务的小伎俩都是在试图削弱咨询顾问的影响力。不诚实的咨询顾问会用拐弯抹角和非人性化的方式来应对这些抵制，这很容易让客户对咨询顾问保持距离，并像例行公事一样对咨询顾问敷衍了事；而诚实可信的咨询顾问则会关注客户与咨询顾问间的关系，并要求客户重视咨询顾问在项目中所扮演的角色和需要。咨询顾问关于自己与客户间互动作用的简单而直接的说明会为两者间的关系带来平衡，这样就会避免完全由客户主导或者完全由咨询顾问主导这一极端情况的出现。无论主导权倾向哪一方，都会削弱项目对客户的承诺。

完成各个阶段的要求

在诚实可信之外，完美咨询要求咨询顾问熟知项目中各个阶段的任务要求。这些要求是每一阶段的具体业务，必须在完成后才能推进到下一阶段。

以下是对各阶段要求的简要描述，这些描述会在接下来的章节中具体讨论。

项目签约

1. 沟通相互需求。在项目立项时，客户与咨询顾问都要清楚能从对方那里获得什么，又能为对方提供什么意见。通常，咨询顾问会低估自身的需求，而客户会低估他们对咨询顾问的支持。

2. 应对复杂的动机。当客户寻求帮助时，他们的需求总是前后矛盾的。他们一面想要你加入进来并能提供帮助，一面又想压根儿就没遇见过你；一边让你往前推进，一边又让你不要继续。项目签约的要求是，尽早将这些复杂的动机暴露出来，这样它们就不会在项目后期困扰你了。

3. 对问题暴露与项目失控所产生焦虑。大多数客户在项目执行过程中对你的真正焦虑通常都会以非常间接的方式表述出来。他们总是询问咨询顾问的资质、资历、以往的成果、成本、时间，等等。但通常他们所关注的只是以下两点：第一，这帮咨询顾问会让我显得愚蠢而不称职吗？第二，咨询项目会让我失去自身、组织以及对咨询顾问的控制吗？这些问题都应在项目签约过程中被发现。

4. 了解你的协议是三方协议还是四方协议。你必须要知道你到底有几个客户。你和你的客户都有自己的上司，如果你们彼此的上司在项目立项中处于重要角色，就有必要让他们成为协议的一部分。至少，需要让你和你的客户都了解彼此的上司在项目中所扮演的具体角色。由你、你的客户以及你客户的上司共同签署的协议，就是一个三方协议，而加入了你的上司后，就是一个四方协议。阐明都有谁参与项目，并将参与的各方都写入协议是项目签约阶段的要求之一。

调研与询问

1. **询问的层级。**项目实施初期所呈现的问题往往就是其他潜在问题的表象。咨询顾问的任务就是要清晰而明了地指明各层级的问题。如果客户需要的是一种可供改善的余地，而不是解决具体的问题时，你就需要了解为什么这些问题如此重要，它们对客户意味着什么？然后继续探寻这种可供改善余地的特性。

2. **组织的政治气候。**无论你的客户是家庭还是组织，组织政治都会影响人们的行为与解决问题的能力。咨询顾问的任务就是对现有组织的政治性有充分的了解，以了解组织政治会怎样影响项目进程与项目实施建议的执行。我们经常会自欺欺人地认为，组织中不存在任何政治因素、是完全理性的。

3. **对分享信息的抵触。**客户总是不情愿将问题的来龙去脉与全部数据合盘托出。这样的抵触往往是以在数据收集时的被动或者质疑等形式间接地呈现出来的，需要识别与明确。

4. **一旦开始着手收集信息，我们就迈出了改变组织的第一步。**我们不太可能做到完全中立，或是做一个非常客观的观察者。当询问阶段开始，就预示着项目在向实施阶段迈进，我们应当将收集数据视为项目实施的一部分。当在调研阶段中出现了困解的问题时，我们要做的应当是追问这些问题的根源，而不是担心这会影响数据与调研的正确与否。通常很多咨询顾问在做调研的时候过于把自己放在被动的位置上。

反馈与决定执行

1. **过滤数据。**调研的目的在于确定将来能采取某种措施，而不是为了调研而调研。这意味着数据项必须要缩减到可控的范围。所有最终呈现与反馈给客户的数据项都必须是能够对其采取措施的，这意味着这些数据项必须受客户控制。

2. **呈现个人与组织数据。**在我们询问客户以获取设备、酬劳以及信息流等数据时，我们也在获取有关客户管理风格的信息。我们能从询问中掌握组织的政治环境以及员工对组织的态度与看法。反馈阶段中的一个重要要求就是在报告中呈现这些信息。加入个人与组织信息并不是为了伤害他人或制造流言蜚语，而是将其作为组织环境信息，以帮助我们未来建议的具体执行。这类独特的信息是客户无法从其他地方获取的。

3. **控制反馈会议，以助项目执行。**反馈会议需要揭露事实，也是咨询顾问与客户双方都最为焦虑的时刻，咨询顾问为他们即将要进行的发言焦虑，而客户则为他们即将会听到些什么而焦虑。咨询顾问需要控制会议，以便所有业务都能在会议中呈现。向客户呈现一幅清晰的图景仅仅是会议的一部分。会议的真正目的是决定如何采取措施。反馈会议中提及的具体措施越多，项目执行就越有效。反馈会议很可能是咨询顾问在项目执行上影响客户的最后机会，所以请充分利用这个机会。

4. **关注现时现地。**反馈阶段的另一个要求是识别客户如何控制反馈过程。通常，反馈过程本身就会暴露出管理问题，并受到这些管理问题的影响，而这些管理问题恰恰是咨询顾问必须在第一时间解决的。例如，如果组织深陷缺乏组织形式或导向型的困扰，就肯定会影响到客户处理咨询顾问报告的方式。你必须对这一点有充分的认识，并提醒你的客户对此加以关注。如果咨询顾问不能细致入微地了解自己的项目是如何被客户看待的，那恐怕他会成为项目失败的第一个牺牲品。

5. **不要将问题个人化。**这一点非常难做到。客户对咨询顾问工作的抵触往往是基于其对咨询工作的依赖程度与所受到的帮助的情况而定的，而不是针对咨询顾问的个人风格。每个咨询顾问都有自己的风格，每个客户也一样，如果你在反馈过程中，对某人的办事风格感到苦恼，即便那个人是你自己，也是有问题的。在工作推进过程中，你遇到的任何一种抵触都可能给项目的下一环节带来麻烦，不要把当成针对个人的问题。

参与与实施

1. **参与要重于管理。**尽管已经制定了决策，但是真正的工作才刚刚开始。如何参与到项目中，取决于在项目不同阶段你所承担的各种义务。人总是本能地看重决策，而轻视在决策制定后人们的团结协作。

2. **更多地参与项目，而不是单纯地陈述项目。**在本阶段中，每次会议都应当成为新工作方法实施的范例，并为客户示范，说明员工态度将指向成功。这要求高度的互动与项目的具体推进形式。很多人都不赞成他们所推崇的事物，尽管他们会要求你对他们要求的事物了然于心。

3. **鼓励公开交换意见。**信任是建立在咨询顾问帮助客户尽早并公开地处理困难问题的基础上的。咨询顾问要在项目开始时就为客户留出质疑与批评的空间。有所保留与拖延只会让问题一直困扰着咨询顾问。我们克服艰难与沟通问题的方式决定了我们的可信程度，同时也决定了咨询顾问在客户心目中的地位，即对客户来说，咨询顾问是否是一家顶级的代理机构，以及是否在咨询过程中满足了各方服务。

4. **向客户提供选择空间。**咨询顾问要尽早地将客户带入决策中。对客户的承诺是基于向客户提供选择的空间。咨询顾问不能为了速度就在项目早期提出一揽子解决方案。对客户承诺的重要性远大于项目计划的尽善尽美。每个问题几乎都有多种解答方法，客户所需要的正是这样的选择。

5. **以改变对话的方式改变文化。**要尽量鼓励对话，但是要避免相互批评，也要避免过早地采取具体措施。咨询顾问应当将对话设计为指向个人的，询问改变的目的与意义以及要促成的改变是否确有新颖独到之处。

6. **关注讨论问题的场所。**咨询顾问与客户组织沟通会议的方式对客户的态度和对客户的承诺有着深远影响，这种影响往往要比我们以往认识的还要深刻。会议的场所、参会人员的座次、会议的组织方式都传递着很重要的信息，即咨询顾问的内在意图以及谁对项目成功最为重要。精心设计的会议召开场所往往能起到强化控制与授权策略的作用。当我们有权决定如何召开会议时，一定要充分利用这一点。

咨询顾问完全有可能在本阶段忽略以上任务需求中的几条。例如，很多咨询顾问都非常善于在签约过程中评估客户需求，但是如果咨询顾问错误地确认了客户的需求与客户所能提供的资源时，就会陷入大麻烦。在项目开始时，咨询顾问对客户需求的忽视是很难在后面的阶段中弥补的。例如，咨询顾问可能希望身为管理者的客户提供支持，并能通告其下属协助自己开展调研，但是如果咨询顾问没有在签约阶段谈及此事，他们就会在之后的调研中发现客户所能提供的支持非常有限。当咨询顾问前往基层收集数据时，就会发现客户的下属根本不知道咨询顾问为什么要去找他。

签约阶段的另一项重要任务就是讨论确定客户对推进项目的意愿。有时候咨询顾问急于开展项目的愿望使他们在签约阶段根本不怎么讨论这一问题。很多咨询顾问可能从没直接问过他们的客户是否愿意开展某项目，以及对这一项目究竟有多大热情。咨询顾问如果在项目后期才发现客户其实对项目开展的意愿很低的话，那时候就太晚了，于事无补。

由于咨询顾问往往都有强烈的意愿促成项目，因此大多数咨询顾问都倾向于忽略或低估客户在前期的抵触与怀疑。咨询顾问总是自欺欺人地认为，一旦客户参与到项目中，他们就会自然就对项目着迷并开始信任咨询顾问。这种想法使咨询顾问在项目开始时卑躬屈膝，希望前期的艰辛工作能让他们在项目后期受到客户的尊重，而这通常不会起什么作用。如果在一开始就卑躬屈膝，客户就会一直把咨询顾问放在一个可供差遣的位置上。同样，当咨询顾问在开始时就回避某些问题，客户就会以为咨询顾问在一味地逃避问题。咨询顾问一开始就形成的形象与期望是很难被改变的，客户会认为咨询顾问趋炎附势、逃避问题。

如果不直面咨询各阶段的任务，我们就会使未解决的问题越积越多，而且一直困扰着我们。这些未解决的问题总会从某个角落里冒出来，而且往往还是以间接的方式呈现出来。那些在项目开始时被迫屈从，但对此沉默不语的客户往往也是在之后的反馈会议上喋喋不休地追问的客户。这些无尽的追问往往源于受到强迫的感受，而不是错误的数据。在项目开始时的签约会议上讨论客户需求、暴露问题，要比等到项目反馈会上不得不把问题推倒重来容易得多。

按部就班地完成各阶段的工作任务，并诚实可信地向客户陈述自己在项目过程中的经历，只要满足了这两个要求，你的咨询就会是完美的。

但是怎样才能取得成果呢？咨询顾问的职责又是什么呢？

成果

从定义上看，咨询顾问不同于管理者仅仅控制属于自己的时间与辅助资源，并为此负责。例如，部门经理只对组织要求其要做什么与不能去做什么负责。身为管理者的客户拿到了咨询顾问的报告后，是有权力不作为的。在最后的分析中，咨询顾问并不需要为自己的专业性建议被如何应用而负责。如果咨询顾问认为自己应当对自己建议的实施负责的话，他们就应该马上找份部门经理的工作，而不能再称自己为咨询顾问。

想要为客户承担起属于他们的执行责任，是咨询有效性的最大障碍。当咨询顾问接替管理者的工作，像对待自己的组织一样处理客户的问题时（咨询顾问们都曾抱有这一希望），部门经理放手不管，组织中的问题可能立即就迎刃而解，但是管理者们却很难学会如何自己去处理类似问题。当我们处理问题的系统出了问题，而这往往是难以避免的，我们要么就按照固有系统一遍遍地重来，要么直线组织发现整个系统出了问题，要把整个系统推倒重来。总之，客户的过度依赖与过于轻视咨询顾问，对咨询工作都是有害的。**作为咨询顾问，了解你的职责所在以及作为部门经理的客户的职责所在是至关重要的。**

职责

咨询顾问不对客户如何处理咨询建议负责，但这并不意味着咨询顾问不关心客户组织的最终结果。实际上，咨询工作对组织的影响至关重要。在每个项目中，咨询顾问都渴望自己的努力最终能派上用场。如果一名工程顾问被指定处理厂房中熔炉的问题，工程顾问会就会建议调试熔炉，并使它能无故障地运转下去，但问题是，工程师可不负责烧炉子。假如咨询顾问想要培训部门经理更有效地工作，须由部门经理决定该听什么、该做什么，这一点无可非议。

但这确实是咨询工作中最令人沮丧的问题了。即便你的建议很好，需要被有效执行，但是烧炉子却不是你的职责所在，咨询顾问们必须要接受这个现实。咨询顾问没有办法决定受培训的客户是否会继续按照老方法自行其是，咨询顾问能做的只是在与客户一同工作的过程中尽量加大客户按照既有建议行事的可能性，并且尽可能学会如何烧炉子，或者用不同方式来影响他人烧炉子。

增加项目成功概率的关键是对如何与客户共同工作保持高度关注。咨询顾问真正能控制的是自身的工作方式、行为、使客户参与项目并减少客户对“烧炉子”的抵触情绪。**这才是咨询顾问所需要负责的地方：对如何与客户一起工作负责，而不是对客户在管控自身组织运作时怎么做负责。**

“希望自己能派上用场”的潜台词是希望证明自己的工作带来了良好的结果。但是在此时必须要强调的是，项目的成功往往是由于客户所承担的风险与做出的努力，强调这一点有助于衡量咨询顾问是否自满以及自满背后的焦虑情绪。尽管客户很难具体描述出咨询顾问的哪些贡献在他们的成功中起到了重要的作用，但是对咨询顾问做了什么客户还是心知肚明的。咨询顾问对成果的阐述基于以下两点需求，即打消对自身的疑虑和有助于将来营销自己的服务。

如果我——

- 已知自己的专业领域所在，
- 对客户表现得诚实可信，
- 尽量完成咨询各阶段的具体工作，
- 为客户培养自我解决具体问题的能力，

我所做的完美咨询工作就是合情合理的。即便我的工作没有直接的执行成果，即便项目在前期的签约阶段就宣告夭折，即便我在陈述建议的时候被客户炒了鱿鱼，即便以上的情况都不幸发生了，但这样的工作仍然可以称为出色且称职的咨询。尽管以上情况都不能算是愉快的咨询经历，但是因为我们都希望世界因我们的工作而发生改变，这些已经是我们所能做到的最好的了。

对咨询职责的这种看法能使我们超脱出来，不再忙于设法影响客户或者无助地向客户施压，劝说他们完成自己不愿意做或做不了的事情。影响客户组织，向他们施压以使其关注我们的建议，抱怨管理者们的管控方式，这些行为都会大大地削弱咨询工作的效果。而仅仅关注咨询顾问自身的行为，向客户如实陈述咨询顾问对于同客户一起工作过程中的认知，还有向客户介绍自己是如何工作的，这样的举措才能加强咨询工作的效果。

管理好咨询顾问自身的行为与认知才是咨询顾问的真正职责所在。作为一名咨询顾问，如果不能很好地与客户在签约问题上达成一致，如果直到反馈会议上才意识到客户的意愿，那请炒了他；如果他把建议弄得过于完善与精确，以至于客户根本不敢碰这些建议时，也请炒了他。但是如果咨询顾问如实按照要求与3名客户讨论签约，但却因为客户公司更换了一名副总而终止签约，那请奖励他；如果客户承认咨询顾问的项目是必要的，但是由于“种种迹象与此相反”，而不能启动项目时，也请奖励他。

完成咨询各个阶段的所有具体工作，并且做到诚实可信，这就是完美咨询，即无错、非强制性的咨询。在我几十年的咨询业经历中，所有令我刻骨铭心的错误往往都是源于以下几点：要不就是我过分执迷于解决客户的问题，而忽视了客户的参与意愿；要不就是我过于渴望获得客户而没有关注客户是怎么看待签约的。每次失败不是由于我忽略了一些咨询流程中的重要步骤，就是没有做足某一具体阶段的必要工作，或者在处理和客户的关系时不够诚实可信。如果我当时关注与客户如何合作，这些错误都是可以避免的。

失败的权利

错误是可以避免的，但这并不意味着咨询顾问在每个项目之后都能有明显的进步。内部咨询顾问经常会问：“你是说如果我表现得诚实可信，并认真完成各阶段的工作，我就能赢得那个现在连理都不理我的某厂区经理的支持吗？”当他们提出这一问题时，实际上是在表示自己的怀疑。这样的怀疑是无可厚非的，因为没有一个咨询顾问的行为能保证其与客户之间的合作一定会有成果。原因如下。

我们每个人掌握与使用信息的方式各不相同。管理者不愿接受帮助，或者拒绝以开放的心态公开面对建议，这是再正常不过的事情了。从个人角度来看，他们可能深受咨询顾问工作的影响，但是我们却无从得知。强迫客户认识到我们已经帮助了他们，会成为我们进步的巨大障碍。如果我们仅仅着眼于如何与客户合作，我们就不用去强迫客户，成果也自然会水到渠成。

不能以管理者对咨询建议的反应来判断咨询顾问工作的第二个理由是，无论你是否认可，都必须承认，作为管理者的客户也有权失败。管理者有权回避“烧炉子”的问题，以便与他人保持距离，自由地控制小额收支现金，维持不协调的付酬政策，以稳定销售团队。管理者有权在某方面犯错，而作为咨询顾问，我们不该过分拘泥于管理者工作生活的细枝末节，并急于在这些方面实现改变。

管理者有权失败的事实很难让内部咨询顾问接受。如果我们身处组织之中，某一部门的资源被白白浪费，肯定会对我们有所触动，我们都认为组织和自己有责任来调整这一现实问题。这样的想法是好的，这样的动机为我们的工作赋予了意义，而我们的错误则是，我们想要重整这样一个部门是出于个人的目的。部门的管理者，而不是咨询顾问，才是真正要对重整部门负责的人。占用管理者的职权，即便是管理者失败的权力，也将会导致咨询失误。这会带来令人沮丧甚至绝望的结局，因为你在从事根本不属于你的工作。作为咨询顾问，其职责在于尽可能地以简明、直接、肯定的方式呈现信息，以完成各阶段的咨询任务。这就是咨询顾问该做的事情，也是每个咨询顾问应该做到尽善尽美的。

Flawless Consulting

第4章

合约概述

在我主持的每一届咨询技巧培训班的开始，我都会问学员们，关于咨询，他们想学些什么。最初的回答都是相当合理的，并且以任务为导向：

- 如何启动一个项目？
- 如何衡量咨询的有效性？
- 你能同时扮演裁判和帮手的双重角色吗？
- 你用什么方法引导客户的期望？
- 当不受欢迎时，你如何跨入门槛？
- 你是如何建立信任的？
- 到底什么是咨询技巧呢？
- 何时开始午餐？

……

当参加培训时，我们很容易感受到这些愿望背后的真实需求。咨询顾问想了解咨询的哪些问题？答案通常是咨询顾问想知道如何拥有控制客户的权力！咨询顾问应该如何对客户施加影响，要求客户按照我们的想法去做，如何按照我们的设想进行管理？并且，当我们这样管理客户时，如何才能保持客户对我们的尊重和赏识呢？

咨询顾问应该要以“与客户共同拥有权力”作为有前景的预期，想要“控制客户的权力”的咨询顾问就曲解了这一点。如果想控制客户，就是把我们自己放在高于客户的位置上，这种安排非常不妥当，因为客户很快会意识到咨询顾问想要控制他们，并且会轻而易举地推翻我们。然而，他们为什么不能推翻我们呢？管理者之所以能够成为管理者，其原因就在于他们可以操控管理，并且有政治觉悟。所以对于咨询顾问来说，想要拥有控制客户的权力必将是不现实的。最现实的选择是与客户共同拥有权力，站在与客户平等的位置上对客户施加直接和有建设性的影响。

对于咨询顾问来说，在项目的签约阶段就有可能达到影响力的最大化。如果在签约阶段没有任何影响力，那么很有可能在项目的整个生命周期内，咨询顾问都很难再产生影响力了。合约就为项目定下了基调，谈判一份新的初始合约要比重新协商旧合约容易得多，我想任何一个结婚超过一年的人都能理解这一点。

合约：概念和技巧

合约是一份明确说明咨询顾问与客户对彼此的期望以及双方将如何合作的协议。合约通常是口头的，有时也以书面形式表达。与外部咨询顾问签订的合约通常采取书面形式，因为与内部咨询顾问相比，尤其是涉及金钱问题的时候，公司对外部咨询顾问的信任就更少。有些内部咨询顾问也希望以书面的形式描述他们所实施的项目，如采取书信的形式，这或许也是个好主意。但是归根结底，内部与外部咨询顾问和部门经理之间的合约是一种社会性合约，其目的不在于强制执行，而在于就项目过程中将要出现的问题进行明确的沟通。

合约的概念

合约是法律性文件，要用正式语言书写，具有约束性，以书面形式表现出来，严谨并且正规。为什么不能称之为“劳动合同”呢？“合约”这个词从两方面来看是很有用的：一方面，因为我们并不习惯于用合同术语来思考社会关系和工作关系，这个词能够引起人们对咨询关系中对具体期望的必要关注；另一方面，“合约”一词的部分法律内涵同样适用于咨询关系。

具有法律效力的合约包含两个适用于咨询关系的基本要素：共有协议和有效约因。

共有协议

核心概念：双方根据自己的选择自愿签署协议。

共有协议这一概念直接强调了辅助人员和部门经理共同参与项目的激励程度问题。组织中存在很多力量迫使人们启动项目并共事。例如，每个人都在做事，这往往是迫于他们管理者的压力。管理者并不是真正想要调查员工，而是他们不得不这么做，所以管理者才与内部咨询顾问讨论并开展调查工作。内部的“应当”或一时的狂热能够成为强大的强制性力量。支持人员也是在很多“应当”的压力下开展工作的。支持人员原本并不赞成的项目，可能会因为“支持人员永远不该对执行经理说不”的信条就启动了项目的工作。这种强迫的力量还是非常直接的。

当交流过程中出现变化，客户与咨询顾问将协商如何完成工作，并不

是按照固定或有效的合约安排开展工作。咨询顾问被迫开展工作，而并非是自由签订协议。通常，在这种情况下，商议一份有效合约是不太可能的。这不是问题，关键在于，如果管理者最终对新的评估报告结果不满意，他们不会认为是报告存在问题，而往往认为初始合约存在缺陷。

有效约因

核心概念：有效约因的前提是双方之间有固定合约。

在这里，约因（consideration）就是咨询顾问与客户之间就某种有价值的东西进行交换。内部咨询顾问尤其习惯于重点关注提供给客户的约因。一线人员与辅助人员讨论的初始动力就是讨论为一线人员提供服务的问题。这种服务，或者称为约因，就是以建议、分析或者仅仅是思考的形式体现。但是，要保持合约的有效性，辅助人员必须要以有价值的东西作为回报。正是这些问题往往被低估、忽略或不经过讨论就随意假定。

辅助人员经常会说，他们所想要的无非就是肯定，也就是认可他们做出的贡献。从感情的层面来说，这可能是正确的。但是，对咨询顾问来说，在初始合约中还应该包含一些有形的项目：

- **企业运营关系。**这意味着咨询顾问要对所发生的事态施加影响，发掘有关重要事件，并因所做的独特贡献受到尊重。
- **在一线组织中接近人员和信息。**接近表示咨询顾问在寻找问题和资料。
- **一线组织中人员的时间。**多数改进型项目，即使有资本投入的情况下，其主要成本仍是一线组织中人员的时间规划以及如何将这些变化融入他们日常工作中去。咨询顾问经常在接到任务后，还会收到附加条款，客户会要求你不要占用一线人员过多时间，以免影响生产。这是合约不公平的警报信号，你需要重新协商合同。

- **创新机会。**一般情况下，咨询顾问希望尝试一些不同的东西，你有权公开要求这种机会，而不必私下里进行。

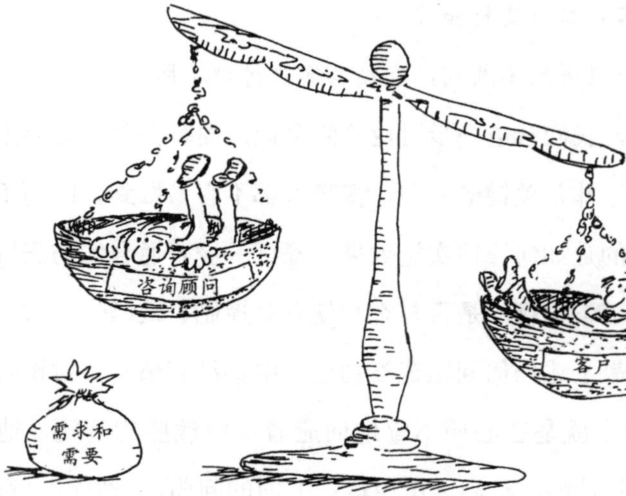

在下一章，我们将更深入地探究咨询顾问的需求和需要。这里需要注意的重要一点是，如果在开始阶段，咨询顾问就淡化自己的需求和需要，就会削弱自己的影响力。

咨询技巧

完美地签订合约要求：①表现得诚实可信；②完成签约阶段应该做的事情。

签约阶段要做的事情是协商要求，讨论各种动机，避免有关对暴露和失控的顾虑，界定合同相关的各方以及肯定客户。在开始准备签约会议的实际行动之前，你应当具备完成合约工作所需要的能力：

- 直接提问以分清谁是客户、谁是合约潜在方；
- 引导客户对咨询顾问的期望；
- 明确而简单地提出你希望从客户那里得到什么信息；

- 如果判断项目成功的可能性低于 50%，拒绝或推迟该项目；
- 探查客户对失控的潜在忧虑；
- 直接给予客户口头支持和肯定；
- 如果签约会议进展不顺利，直接与客户讨论原因。

在下一章中，我们会进一步讨论签约会谈，届时会列出更详细的能力要求。上面列出了非常关键的几条，多数人都不容易做到。问题不仅是如何实施，更重要的是如何评估实施效果。签订一份普通合约与签订出色的合约的不同在于，咨询顾问是否与客户就有关控制、缺陷、需求和成功概率进行讨论。如果上述任何问题在签约过程中都没有被直接讨论时，咨询顾问和客户实际上就是在心照不宣地回避着一些敏感的问题。他们想的是："等到必要的时候，我们再讨论这些方面的问题。"然而，讨论控制、缺陷、需求和成功概率等问题总是非常必要的。读到这里，如果您感觉自己经常遇到这些方面的问题，那么祝贺你，你的咨询可能比想象中的更加完美。

合约要素

至此，我们讨论的重点一直是合约的签订过程。这一部分我们将就合约中应当包括哪些内容提出一些建议。我们先来简单说一下合约的形式。

人们经常会问，合约是否应该采取书面形式？如果你有时间和精力，答案当然是肯定的。之所以采用书面形式，是因为这样表达更加清晰而非强制执行。如果合约已经以书面形式签订，而客户想要得到的咨询服务有所改变，你就必须与客户重新协商合同或者终止合同。即使初始合约是以书面形式体现的，也很难避免会有这样的变化。如果你对项目投入了大量资金和时间，那么项目终止时，书面合约有助于减少损失。对大多数内部咨询顾问来说，书面合约的真正价值在于，在项目启动之前与部门经理阐明双方的理解和认识，持有这份固定合同就是一条很好的检验标准。书面合约也会使你更加明确自己要做的事情。

书面形式的合约应该简要明了，并且以对话形式体现。签订合约的目的在于交流，而不是为了在法庭上保护自己。

多数合约中都应该包括下面这些要素，尤其是当签订合约意味着重大项目的开端时，这些要素更为重要。

分析的界限

在签约会议上，咨询顾问要强调所关注的以及可能性的问题，你可以表明自己不会去参与的活动。

实 例

我们将研究布罗根反应堆以及其外围的支持网络，关于发电厂B存在的问题，我们将不做深入讨论。

我们将评估当前营销组织结构的有效性以及它和销售部门之间的相互作用。

项目目标

如果咨询顾问提供成功的咨询服务，通过项目目标可以鉴定你预期的组织改善情况。这是你对客户预期收益的最好猜测。有时这一说明可以使客户现实地面对项目的预期。咨询顾问需要时刻提醒客户，你并不是魔术师。

你可以预期在以下4个方面为客户提供帮助：

1. **解决具体的技术性或业务性问题**。客户乐意向你寻求帮助，因为组织中存在一些令人头疼的问题。不管这些问题是源自对当前业绩的不满还是未能利用机会改善形势，客户最直接的目的都是减少这种痛苦。

2. **为组织创造新机会。**有时客户并不是只关注解决当前问题，关于崭新未来的愿景，客户会更有驱动力。咨询顾问的工作就在于为这个愿景构建形式并提供支持，这常常需要顾问了解系统的优势以及在新的文化基础上如何更系统地展开工作。

3. **教会客户下一次如何独立处理问题。**咨询顾问很有可能仅仅是制定出解决方案并将它交给客户，如果你希望下一次问题再出现时客户能够独立处理，就要将这一点说清楚。要将你解决问题的方法传授给客户，就需要客户在整个项目周期内更多地参与解决问题的流程。

4. **改善组织管理资源、运营系统以及内在运作方式。**每个业务性或技术性问题都有其内在组成部分，其中一部分问题就是解决问题的方式。有时这种情况被称为“形式政治学”。很多咨询顾问不愿意涉足这一领域，但是如果你能够将这一部分作为项目目标，你所能取得的帮助就越长久。（指南针图标会为你阅读本书其他章节提供指南，这个案例将在第 10 ～ 12 章涉及。）

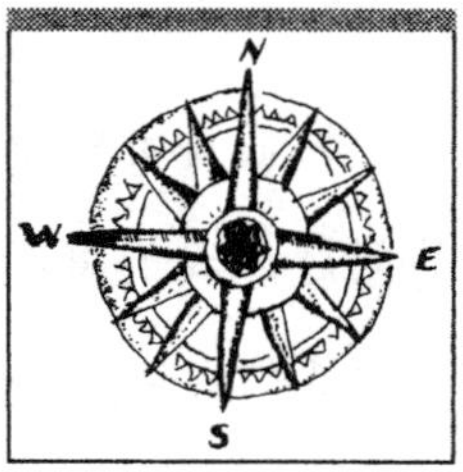

首先，你应该对合同各部分有所了解。

业务目标

“研究目的在于将电路板制造工艺的瑕疵减少 4%。”

“我们的目标在于提高营销部门对变化的客户需求的反应能力，尤其希望找出将推出新产品所需时间缩短到 6 周的方法。”

学习目标

“第二个目标就是教会设备工程组如何完成这类产品的分析。”

“市场人员应该在评估市场反馈和未来重组方面更有效率。”

组织发展目标

“这个项目将有助于生产经理找到更好的协调设备工程和运营部门之间关系的方法。”

“项目的目标之一在于增进市场调查部与产品主管之间的合作。”

“目的在于创建一种牢固、敢于承担责任义务的文化，在寻找新的市场机会时更加积极主动。”

你需要何种类型的信息

咨询顾问的最重要需求就是接触人与信息。而对于一线组织而言，可以让咨询顾问多大程度地深入组织内部是最让人左右为难的事情。客户想告诉你公司到底出现了什么问题，但同时又怕告诉你实情。无论部门经理向你讲述什么，通常他都热切地想向你证实组织正在现有条件下尽其最大努力。有时，这种证实自己努力的愿望要比解决问题的愿望更加强烈。避免因为这种矛盾心理而造成损失的一个途径就是，从一开始就清楚地向客户阐明你需要什么样的信息。你可以在合同中对技术性资料、数据与工作流程、客户对待问题的态度及其角色和责任等信息类型加以说明。

技术性资料、图表和工作流程

“为了完成项目，我们需要蚀刻工艺的日常生产数据、工作进度表和正在实施的程序。”

“项目启动后，我们想看一下前6种产品的实际改进情况。”

人们的态度

“我们想与至少15名员工面谈，看一下当前他们对营销部的职能有什么看法。”

“我们想单方面、多角度与员工讨论，以监测和复核的方式看看他们对管理层赏罚优良业绩和不良绩效方式的看法；我们也计划向管理层提出同样的问题。”

角色和责任

“在流程的各个阶段，市场部门将指出谁会负责主要新产品的决策。”

“我们将从所有管理者那里获取他们对自己工作的看法以及他们所拥有的 PCB 流程管理部门的权力。”

你在项目中的角色

这里要讲述的是你将如何与客户合作。如果你想与客户建立合作关系，那么就要明确自己的想法和态度。这并不是要求你讲清楚与客户的所有合作方式，因为开始时很难预测以后将会出现什么情况。你可以明确地表明，你希望对判断问题、分析调查结果、推荐方案和行动计划的实施各自承担 50% 的责任。

实　例

我们的首要任务就是向客户呈现一幅工厂 PCB 监测和复核流程的清晰易懂的蓝图。咨询顾问在行业内设备设计、运营和工艺水平测试与复核流程方面有专门技术，而客户的组织在日常运营方面积累了大量知识。我们希望分析问题，共同讨论应该做出何种变革，而后共同提出建议。另外，我们的主要作用也是为了帮助你下一次能够自己解决问题。这需要管理层参与研究阶段的每一步。我们致力于针对问题提出解决方案，并且需要与你和你的管理层一起扮演好重要的教育角色。

你将提供的产品

咨询顾问所提供的内容越具体越好。你所提供的是口头反馈还是书面报告？你的反馈资料有多长，是5页还是50页？客户能够接受多少具体信息？你提出的具体建议能够达到多深的程度？你会针对如何改善现状提出一般性的建议，还是能够马上列出可以实施的步骤？你能提出一些现实的解决方案或者可以实施的建议，并最终制定出解决方案吗？

当然，一开始你无法预知所有这些事，但是根据自己的经验，你知道你做的咨询将有多么具体。在咨询关系这一层面，导致客户对其所接受的咨询服务失望的主要原因在于建议的内容具体与否。但是，这并不意味着所有的咨询服务都要面面俱到或者总是提供具有普遍性的建议，这取决于咨询顾问所承担的任务。也就是说，咨询顾问必须对能够提供的产品与客户达成明确共识。

下面是承诺提出特定行动建议的例子：

作为项目的成果，我们将把研究结果以具体的书面形式进行描述，篇幅在5～15页。针对每一项研究结果，我们将提出可供实施的具体方案。

下面是承诺提出一般性建议的例子：

我们将以一页纸的形式概括说明主要调查研究结果。这里将只列出需要考虑的重点领域。在共同讨论这些主要问题之后，我们再共同提出切实可行的咨询建议。在项目接近尾声时，我们将安排半天的反馈会议提出具体解决方案。

在向客户承诺提供调查结果时，咨询顾问一定要记住，在某种意义上，你要把具体的实施行动转移给客户。事实上，并不是你，而是客户将实际上创造出更多成果。顾问可以针对问题提出解决方案，但是你无法保证这一方案的后续实施。完全包揽项目的实施方案可能会让咨询顾问感觉不错，但是，这样做会剥夺客户对实施方案负责的权力。

客户支持和参与

对咨询顾问来说，这一部分是合约的核心。为了完成项目，咨询顾问要向客户表述清楚所需要的是什么，这也正是客户要提供给你的清单所包含的内容，同时也包含那些在口头合约会议上作为讨论主题的希望与要求。将你的需求落实在纸面上会确保沟通的有效性，以解决某些敏感问题。

实　例

你（部门经理）已经同意就组织的项目本身和需求进行具体沟通，我们也赞成与部门副总裁见面沟通，了解其对问题的看法，并邀请他参与第二次反馈会议。（与副总裁见面沟通的这个例子，就可能已经引出了要讨论的敏感话题。）此外，我需要两名工作人员来帮助我完成资料分析与总结，最多 7 天。

时间安排

这包括起始时间、中间发生的任何重要大事和项目完成时间。如果你想对客户提出阶段性报告，一开始就要安排好时间。要知道，在最后一刻安排会议要比取消一次会议困难得多。

实　例

我们可以在 6 周之内启动项目，计划从开始时间算起，用 10 周的时间完成。

保密性

由于咨询顾问既要处理政治性问题，又要处理技术性问题，那么，谁得到什么样的报告便成了人们要始终考虑的问题。对这一点，我通常十分保守，宁愿让客户来决定他们愿意与谁分享调查结果。对外部咨询顾问来说，这是奢侈的享受，因为对内部咨询顾问来说，他们通常别无选择而只能上交一份技术性研究报告或者一份审计报告。你能做的事情就是与客户确认谁应该收到几份你的报告。这也就在必要的情况下给了客户保护自己的机会。

下面这个关于保密性问题的案例相对容易一些：

该项研究成果将提交给工程部主管（客户）。任何进一步的研究报告都由主管负责。如果要求内部咨询顾问向更上一层组织汇报结果，就要通知并邀请主管参与关于这一主题的所有会议。

下面这个关于保密性问题的案例，更加复杂一些：

审计结果将报告给管理审计委员会，在发布报告之前，部门管理者（客户）将复核审计结果并对建议发表看法。这样做（惯例）的目的在于，上交给审计委员会的报告能够得到部门主管和审计组的支持。最后的报告还要列出部门计划采取的纠正措施。

后期为你提供的反馈信息

合约中可以包含的一个要素是要求客户在你离开6个月之后，让你知道你工作的成果。如果你想知道结果，又无法知道结果，那么就想客户提出这一要求。

实　例

项目结束6个月之后，咨询顾问将联系客户，询问有关项目产生影响的反馈信息。可以采取的形式如：请客户完成一份调查问卷，通过电话做出回答或者为咨询顾问提供一些最新的运营数据资料。

你可以访问网站 www.flawlessconsulting.com，以获取清单2的电子版。

清单2：分析你的一份合同

挑选一份你谈判过的复杂合同，用如下标题写出这份合约的要素：

1. 分析的界限
2. 项目目标
3. 你需要何种类型的信息
4. 你在项目中的角色
5. 你将提供的产品
6. 客户支持与参与
7. 时间安排
8. 保密性
9. 后期为你提供的反馈信息

签约的基本原则

下一章中我们将讨论签约会谈的模式。这一模式的签约基础就是签约

的基本原则。这些基本原则的形成来自格式塔心理学对我的影响。⊖

1. 在每一个客户关系中，双方都各自承担50%的责任。凡事都有两面性，这种关系必须保持对等，否则关系容易破裂。签订合约的双方必须各自承担50%的责任。

2. 签约会谈应当是自愿参加的。

3. 你不能不劳而获。双方都要考虑在内，即使是在上司对下属这一关系中也是如此。

4. 所有需求都是合理的。需求是与生俱来的权利，你不能说“你不能这样要求”。

5. 如果别人想从你那里得到什么，你可以拒绝这种需求，即使是客户。

6. 你并不是总能得到想要的东西，这没什么，你照样可以生存下去，将来你还会有更多客户。

7. 你可以为实施某种行为签约，但不能为了改变别人的感觉而签约。

8. 你不能索要别人没有的东西。

9. 你不能承诺你不必提供的东西。

10. 你不能与不在场的人签订合约，比如客户的老板或下属。你需要与他们直接会面，让他们意识到你和他们之前有协议关系。

11. 只要可能就要写下合约，多数合同遭到破坏是因为忽视而并非故

⊖ 多年以前，我曾经在宾夕法尼亚州新希望镇附近参加了一场由克莱尔和迈克·里克尔举办的研讨会。在这次研讨会上，他们用清晰而有效的方式阐述了这些基本规则，这让我至今受益匪浅。

意而为。

12. 社会性合约通常都是可以再协商的，如果客户希望中途再次协商合约，你要为此感激不尽，这样比没有接到任何通知就直接去做好得多。

13. 合约必须写明具体期限和截止日期。

14. 好的合约需要良好的信誉和意外的好运。

Flawless Consulting

第5章

签约会议

著名喜剧导演大卫·斯坦伯格曾讲过一个经典的笑话，描述的是某人第一次去见心理医生时的情景。他走进心理咨询室，面前是两把为病人准备的椅子。于是他转身对心理医生说："我该坐哪个？"心理医生说："随便。"于是该病人选了一把坐，此时心理医生突然跳了起来，用食指恶狠狠地指着他大喊道："你选这把椅子是有原因的！"

其实管理咨询也一样，所有的行为与事件背后都包含着项目与客户的隐含信息。

咨询顾问与客户在签约会议上的人际互动关系，往往可以精确预测项目将来的推进情况。如果你认同这个观念，那你就应当特别关注这些前期会议的进展情况。实际上，咨询顾问具备在项目开始时与客户一起识别、讨论项目进程问题的能力，是能否实现签约的最重要技能。

签约会议往往是通过电话或者邮件召集的。在电话召集的情况下准备会议时，有几项具体事项必须确定：谁发起邀请参加会议？这个问题的答案预示着相应的责任关系。如果是部门经理以外的人建议辅助人员与部门经理召开签约会议，说明部门经理有可能是受到外界压力后才推进项目的。咨询顾问必须搞清楚哪些人将要出席会议，他们分别扮演什么角色，会议将持续多长时间，这些问题都预示着项目对部门经理来说究竟有多重要。"我们就开半小时"和"开多长时间都可以"显然传递着不同的信息。

简要阐明本次会议需要达成的成果。会议的目的是讨论什么时候开始项目还是要不要立项？是否需要提供立项说明？在会议之前考虑这些问题能让你有更多的材料去准备会议。这也向客户表明，你们之间的关系是平等的，你也是主动推进项目进程的一分子，而不仅仅是一个服务者。

当然，如果是你的客户发起会议，而不是你主动找上门去，整个过程会更容易一些。（在本章的后面我们会集中讨论如何向那些不清楚自己是否需要咨询服务的客户推销咨询服务。）如果是客户主动要求与你会晤，我建议至少要在电话中确认以下问题：

- 你们想要讨论什么？
- 谁才是需要咨询项目的客户？
- 还有谁要出席会议？他们的角色都是什么？
- 本次会议是打算启动项目呢，还是要讨论是否开展项目？

谁是客户

当你开始会晤客户并准备签约时，关键的问题来了，谁才是客户？大多数项目都有多方客户，当然与你讨论问题的部门经理肯定是客户，当然也可能会有其他项目参与者（详见第7章）。签约的一项基本原则就是，你不能与未参与签约会议的人签约。如果主要参与者在你立项期间未出席会议，你就不能指望他们能为项目提供支持，除非等到你实际与他们会面后。

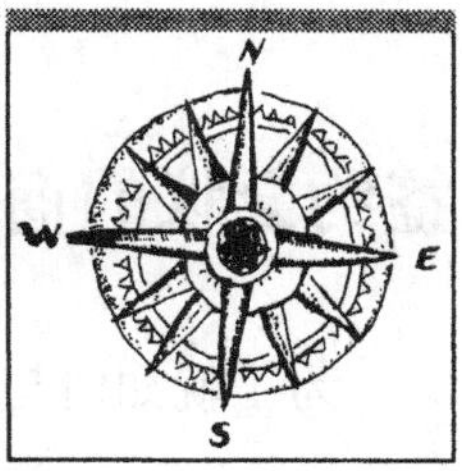

总之，项目客户通常符合以下几个条件：

- 参加项目启动的计划会议；
- 提出项目目标；
- 同意采取具体的执行行动；
- 从咨询顾问那里接收报告；
- 会受到咨询工作的显著影响。

这意味着咨询客户可以是个人，也可以是一组高层管理者，或者是咨询顾问要通过几组代表人群而与之一起工作的整个部门，甚至是咨询顾问自己的老板。咨询顾问要尽可能地在一次会议中会晤与项目发起有关的每个人，即便他们处于组织中的较高位置。这将有助于咨询顾问了解到他们想要咨询顾问做什么以及什么样的咨询工作能满足他们。

签约会议的商谈

为了就如何与客户一起工作的问题达成共识，咨询顾问可以依照一定的程序步骤。图 5-1 ⊖列出了咨询顾问与客户对是否在一起工作达成共识的一系列步骤。采用这一模型可以确保咨询顾问完成签约阶段的所有必要工作。在以下各个步骤的介绍中，我会介绍各个步骤要完成的具体工作是什么以及完成这些具体工作的正确方法。

这样做的目的是在客户与咨询顾问间建立起一套稳定、平衡和可操作的合同。

⊖ 图中的S为英文stuck的简称，意为“陷入僵局”。

步骤 1：个人层面的熟识

无论管理者寻求咨询帮助的动机是什么，对咨询顾问来说在组织中寻求帮助往往都是很困难的。即便组织雇用经验丰富的咨询顾问以寻求帮助时，也总是有很多令人不适的地方，所以在签约日程表中“采取措施以增进客户与咨询顾问间彼此的熟悉程度”就显得尤为重要。有些咨询顾问的方法是与客户讨论球赛或天气，而我对咨询顾问的建议是：从你个人的角度谈论你对与客户一起出席本次会议的感受，并询问他们感想如何。

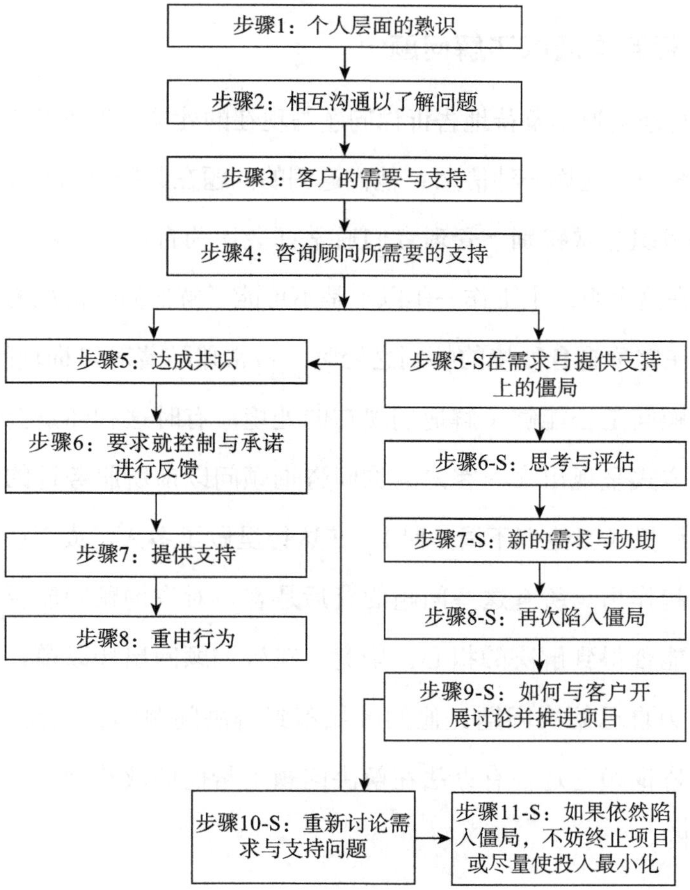

图 5-1　签约会议的商谈

实　例

“我可从来没在这样的厂房里工作过，很高兴你们找到我。”

“真想不到你们会对我们的工作感兴趣，我希望我们能一起做出些成果。”

“我们和你们小组以往的合作历史可谓历经坎坷，这让我有点担心，不过还是很高兴我们有机会改写历史。”

“看起来你总是忙忙碌碌的，希望我们会面的时间刚刚好。”

“在这个项目的合作上你有什么担心的吗？”

步骤 2：相互沟通以了解问题

客户总是会迫不及待地告诉你问题与现在的处境。迫不及待的背后通常是部门经理的这样一种信念：他们遇到的问题在某些方面与众不同，他们说出的组织非常特别。管理者们通常都会认为自己的处境是非常特别的，没有在这个组织上工作一年以上是不可能了解他们的情况的。

客户在宣称自身处境的特别之处时，常常伴随着对咨询顾问的怀疑，怀疑咨询顾问是否能够了解他们现在的处境，有时这种怀疑会以非常拐弯抹角的方式呈现出来。客户会询问咨询顾问以前所服务过的组织或行业、向谁汇报（当他们不清楚时），在这行里做了多久，或者咨询顾问到底能不能起作用。所有这些问题的背后是客户对咨询顾问能否有所帮助以及问题能否得到解决的担心。毕竟，在咨询顾问出场以前，客户一直是在尽全力自己解决问题。他们因找不到解决问题的方法而苦恼不堪，并且怀疑咨询顾问是否有办法在解决问题上帮他们做些什么，这是完全可以理解的。

实 例

“我们的境况极其特殊。”

“问题很复杂，几乎找不到明显的解决方法。”

“像你这样的咨询顾问，一个局外人，怎么能在这么短的时间内向我们提供有意义的帮助呢？”

为此，咨询顾问需要与客户相互沟通以了解问题，并认识客户现有境况的特殊性，对看起来复杂的形势做出回应，并将问题直指客户对于能否获取帮助的担心。以下就是一些具体方法。

了解客户境况的特殊方面

由于每个客户的自身情况不同，而且所处的环境也不同，所以部门经理所提到的特殊性在某些方面确实是真实的。而从咨询顾问的角度来看，我们应当意识到该客户与我们以往所合作过的客户是存在共性的。不过在最初的时候，用语言表达该项目的不同之处是非常重要的。

实 例

“你的情况在两方面与众不同：第一，来自上级的压力；第二，你所在地区的沙漠气候。”

“你的情况有在某些方面与众不同，而这让你的问题既有意思，又令人沮丧。”

用你的语言复述你对问题的看法

你应当让客户了解到，尽管问题确实非常复杂，但你已经开始了解了。这样做是为了让客户放心，让他们感觉自己得到了理解与支持。但在此刻你并不清楚真正的问题是什么，因为真正的问题通常与客户所公开陈述的问题是南辕北辙的。在此刻你所要做的是，让客户知道你是在倾听，并且你有足够的专业水平，能在很短的时间内了解具体情形。

大多数部门经理很少有机会向专家倾诉，所以他们会对咨询顾问的理解能力印象深刻。如果管理者说："设计工程组与厂房工程组总是相互指责厂房设计问题。"我们咨询顾问应当这样回答："我敢打赌，当他们在一起的时候，很难形成一个他们都能同意的执行计划。"管理者会说："没错，你怎么知道的，你果然观察敏锐啊！"这不是观察敏锐，我们只是倾听并复述了管理者的话。

实　例

"你刚才提到了很多你所担心的细节，昂贵的担保费用、琐碎的现金与支票支付，但是你真正关心的问题是在某些领域缺乏具体的控制，还有就是在这些领域的员工的承诺问题。"

"我了解到你很担心员工怠工、罢工、恶意损坏公司财产，员工担心发生爆炸，还有每当要在周末搬运设备时，就会有人把需要搬运的零件粘起来或焊起来。但是我了解到你最担心的还是员工不喜欢在这里工作。"

向管理者保证这种复杂而独特的问题可以得到有效解决，而你在这方面可以提供帮助

你对管理者的保证必须是真实的。你要向客户陈述你能够帮助他找到具体的解决方法，而不是你现在就已经知道该如何解决了。咨询顾问的专业性在于了解该如何按部就班地发现并解决问题，这才是你所要提供的。客户在这一阶段会想：这个咨询顾问靠得住吗？值得信赖吗？能帮我解决问题吗？

对此你只说“可以”即可。之所以在早期不是非常肯定，是因为你并不知道客户具体想要你做什么，你也不知道客户愿意给你提供怎样的信息。在不清楚客户的需要和客户能提供的信息前，你根本无从判断项目能否成功。

实　　例

“尽管这也许会让你感到失望，但是我能在这个问题上帮助你，我最近处理过好多类似的问题。”

“这样的情况应该能用得上我的专业知识，我想我能帮上忙。”

在沟通了解问题的阶段应尽量使用简短的言语。很多咨询顾问在这一阶段过早地进入状态，在前期就对问题展开深入的分析。这一步骤的主要任务是就客户对问题的特殊性与复杂性认知做出反应，并考虑其是否能帮助客户，而不是分析问题的本质（这属于后面阶段的任务）。在对客户的情绪性担忧做出反应时，应尽量用简短的语句说明问题，要正面直接，而不要旁敲侧击。用简洁的表述体现你对客户的理解与支持，而不能充满戒心或是做出虚假承诺。同时，一定不要推销项目，仅仅是简单陈述而已：在现有的情况下项目似乎是可行的。而下一阶段才是讨论咨询顾问与客户彼此需要对方做什么。

步骤 3：客户的需要与支持

在相互问候并听完部门经理所担心问题的最初表述之后，咨询顾问此时要做的是看着客户的眼睛，说：“那么您需要我做什么呢？”这时客户的答案才是签约过程的核心，这时的问题必须要直接回答。这才是决定你如何推进后续项目及能否取得成功的关键问题。

客户“需要从项目中获得什么”和“需要从咨询顾问那里获得什么”是两个不同的概念。客户非常清楚他需要从项目中获得什么，比如更好的成本控制、削减经费开支、减少设备故障、提高团队士气、提高一线监管人员的技能水平、改善销售报告系统等。但这并不等于你咨询顾问的需要。

通常客户都需要他们的咨询顾问做到：

- 研究具体业务问题；
- 对需要如何解决问题提供建议；
- 设计与实施培训项目；
- 提供个人建议与支持；
- 对关键的直线人员进行评估；
- 设计更为廉价的程序。

这些通常都是对咨询顾问服务非常直接的要求。当咨询顾问开始了解客户想要他们如何工作时，情况就变得更加复杂了。为了了解这些需求，你需要问客户在推进项目的过程中是否有具体要求或者限制。询问客户的限制将有助于咨询顾问在早期发现：

- 你只有两周的时间，却要干 4 周的活；
- 你不能频繁地占用员工的工作时间；
- 其他人都不了解项目调研的真正原因，而且你不能告诉他们这些原因；
- 你不能搅乱任何人的计划，也不能打开潘多拉的盒子；
- 项目的预算只有 1.85 美元；
- 在这次会议后客户没有更多的时间与你交流了。

显然，对于项目推进中的限制你知道得越早越好。如何推进项目通常是签约过程中谈判的一大难题。

让客户对项目的潜在限制浮出水面的最好方法是，咨询顾问直接问客户如何与他们工作，你在项目实施过程中会受到什么样的限制。例如，采用什么调研方法，谁应当参与项目，向谁汇报结论，项目进度如何安排以及项目预算等。

在听取了客户对你的要求之后，接下来需要问的是客户在项目实施时能向你提供什么帮助。如果客户直接为你的服务付费（也就是说你并不是客户费用的一部分），你就需要问客户的项目预算是多少。客户能为你提供的另外两项帮助是：其员工的时间与能提供的信息。在向客户提出你的需要时，一定要把这些问题具体到细节。

实际上，大多数做咨询工作的人都非常善于应对签约过程中的问题，特别是对于内部辅助人员来说，他们通常是以客户需求为导向，并且在识别客户需求方面技巧娴熟。而内部人员在进入签约工作的下一步时会遇到更大的困难：识别与阐明咨询顾问自己的需求。

步骤 4：咨询顾问所需要的支持

完美咨询中的一项重要技能就是，直接用语言表明为了成功完成项目，咨询顾问需要从客户那里获得什么支持。

每当我和内部咨询顾问说“你们需要清楚你们需要客户为你们提供什么支持”时，他们总是回答：“我们处于服务者的角色，我们的工作就是满足部门经理的需求。如果能做到这一点，我们就是成功的，我们不能向服务对象提出要求。”这种**纯服务导向对咨询顾问的工作来说是致命的。**清楚了解咨询顾问对客户的需求是为了确保项目成功，而不是为了满足咨询顾问个人的兴致与希望。

我们这里讨论的咨询顾问需求包括对顺利完成工作的时间需求，能与需要见面的人会晤，能获得需要获得的信息，能在项目进展困难的时候获得来自客户的支持；客户组织中的人员能协助项目工作，共同恪守秘密原则、跟进项目建议以及不被部门经理干扰的连续时间。这些需要都要在签约阶段向客户提出，不提出这些需要的风险就是项目无法获得成功，而一个失败的项目要比没有项目糟糕得多。

对咨询顾问来说，某些对客户的要求会比其他要求更为重要。在筹划签约会议的过程中，将你的需求划分为主要需求（essential wants）与次要需求（desirable wants）将是非常有帮助的。

主要需求

主要需求是指在完成项目过程中必要的最基本需求，也有人将其称为必要需求。如果你不能从客户那里获得主要需求，那你最好就不要继续开展项目。主要需求因环境不同而发生变化，下面是一些主要需求：

- 能接触到关键人员，关键人员本身就是那些你试图解决问题的一部分；
- 拥有足够的时间以专业地开展工作；
- 客户做出承诺，保证不向你询问对参与项目的员工表达个人看法；
- 资金；
- 能够阅读特定的记录与文件；

- 组织中的最高领导者对推进项目的承诺；
- 客户及时回复我的电话与电子邮件。

对于什么是主要需求的认识往往来自咨询顾问自身的经验积累，这通常是在几次项目中受挫的结果。咨询顾问在项目中从来不可能获得所有想要的支持，所以咨询顾问必须强迫自己做出让步，继续推进项目。但如果咨询顾问在主要需求上做出了让步，不管你多么渴望得到这一客户，或者是受到来自自己老板的压力，如老板说“给我搞定这个客户”，那这个咨询顾问注定要为这个项目懊悔不堪。在主要需求上让步意味着项目的不稳定性，咨询顾问要为此冒失败的风险。

如果合作正处于签约阶段，而你与客户仍就某建议僵持不下，突然你被告知你必须对是否做某事做决定，那不如暂时停止推进项目，让自己休息一下吧。你可以先出来喝杯咖啡，去休息室，回一下自己手机上的短信，或者做其他能让自己有空间思考的事情。在这段不过三四分钟的休息中，问自己这样几个问题：我在谈判桌上所提出的建议还能做出怎样的调整呢？那些作为主要需求的条件还能修改吗？如果答案是否定的，那么当你回到会议上时，你可以说：“你的建议听起来确实不错，但是仅凭你所提供的支持很难使项目获得成功。”然后继续与客户寻求共识。

咨询顾问在项目开始前明确自身真实的主要需求是极其重要的。如果咨询顾问能如实地反映自身的需求，既不夸大实际需求，也不向客户做出过分的让步，那么在签约阶段中就不会有损害咨询顾问利益的事情发生。尽管很多因素都有可能会让项目失败，但一旦咨询顾问的主要需求得以满足，项目就会获得成功；而如果这些需求不能被满足，那么项目注定要失败。

次要需求

次要需求是指那些咨询顾问希望客户提供支持，但即便没有这些支持也能继续开展项目的需求。但这些需求并不是随意且反复无常的，这些需求有助于高效地完成项目，但是咨询顾问清楚即便这些需求不能被满足，项目也能顺利完成。以下是一些例子：

- 让客户组织的人员与咨询顾问一起在项目中工作；
- 管理者与所有项目参与者会晤，向他们解释项目，并从个人角度寻求他们的支持；
- 高管团队深度参与项目；
- 充足的时间；
- 召开来自组织各层级人员的大型小组会议；
- 客户承诺如果项目完成得很成功，就向组织内的其他人员介绍项目成果。

对于内部咨询顾问来说，由于他们主要是以满足客户需求为导向的，因此他们可能很难识别他们需要从客户那里获得怎样的支持。以下列出的是一些内部咨询顾问提出的对客户的需求：

- 共同工作；
- 承诺接受项目；
- 荣辱与共；
- 对项目结果不存在偏见；
- 满足咨询顾问的实务需求（如配车、司机或翻译），以完成工作；
- 在项目过程中对反馈信息保持公开性；
- 对咨询顾问离开时的情况给予反馈；
- 对咨询顾问的领导做出反馈；
- 接受特定事情无法完成的现实；
- 相互间的宽容心。

将需求转化为语言

认识对客户的需求仅仅是开始，接下来就需要让客户落实这些需求。在要求落实需求时，咨询顾问应当符合完美咨询的两点要求：按部就班地完成该阶段的咨询业务工作，并表现出诚实可信。而在本阶段的主要咨询业务工作就是识别咨询顾问自身需求，表现出诚实可信意味着咨询顾问要用尽可能简单而直接的语言表述这些需求。

咨询顾问时常会把自己的实际需求复杂化，总是认为有必要对这些需求进行细致的解释与论证。我们总是喜欢罗列大段的以往经验与客户组织的特殊需要，以说明其需求的正当性，可相反，这样的做往往会让实际需求显得含糊而缺乏重点。有时咨询顾问甚至还会用提问的方式表示自己的需求。

下面这个例子就是对实际需求的模糊表述。

实例：模糊地表达需求

一位培训经理正在与一位部门主管谈话，讨论如何为部门主管的下属开展应对沟通障碍的培训课程。而培训经理对于部门主管的需求是，部门主管通过旁听课程直接参与项目。

培训经理：从以往的成功经验中我们发现，如果在培训中能出现正面的案例支持，课程效果持续的时间就会更长。这将有助于培训人员更好地应用新近掌握的技能。而本次的培训课程要介绍一种重要而有效的全新雇员沟通方法，如果没有正面的案例支持，那培训结果必将大打折扣，培训的成本收益比也将大大降低。你以前参加过绩效评估课程吗？

评价：培训经理所提出的问题都是对的，有很多好的理由支持部门主管参加培训课程，但问题是，在长篇的论证后培训经理的真实需求却难觅其踪。培训经理最后的问题确实是能引导部门主管参加课程，但是这是一种间接而多余的方式。

实例：诚实地表述需求

培训经理：我希望你也能参加应对沟通障碍的培训课程。

评价：这样的陈述看起来过于简单，但实际上并非如此。陈述的力量就在于使用简明的日常用语。完美咨询的目的就在于将咨询顾问的影响力与作用最大化，使其充分发挥自身的专业性优势。表现出诚实可信是咨询顾问在咨询工作各个阶段的最强大武器。

当咨询顾问在识别对于客户的需求时，实际需求始终是居第一位的，而对需求的论证则退居其次。咨询顾问很清楚，自己希望管理者参加培训，然后就开始考虑如何说服客户参加培训，继而开始考虑如何表述自己的理由，以及如何用简单的术语让客户明白这些理由。这就做得有些过头了，这会让客户深陷迷雾，更不清楚咨询顾问究竟想要干什么了。

解决这一问题的诀窍在于：

- 一开始就用简单的日常用语表达需求；
- 安静地等待客户的反应；
- 如果客户有疑问，用两句话重新表达你的需求；
- 继续安静地等待客户做出肯定或否定的答复。

咨询顾问并不是总能得到肯定的答复，毕竟生活不总是尽如人意。但如果你简要地表达了你的需求，安静地倾听客户谈论自身的感想，然后再对这些感想进行简要解释，那么你就已经做了自己力所能及的事了。也许长篇大论能让咨询顾问自我感觉良好，但是诚实可信简明扼要的内容才最有可能获得客户的支持。

实例：咨询顾问的机会

下面是一个很实用的练习，仅需要你准备铅笔和纸，你要做的就是在纸上标明两个栏目，分别注明“主要需求”与“次要需求”。想象一位你所关注的客户，并把你对他的主要需求与次要需求记在各自的栏目里，不要过多地考虑是否真的要向客户提出这些需求，只是尽可能地去写就是了。

咨询顾问提供的支持（继续步骤 4 的讨论）

在向客户阐述你所需要的支持之外，也要向客户阐述你能提供什么支持。这需要咨询顾问务实地表明自己能做出承诺的极限。

通常，咨询顾问都承诺会向客户提供组织内发生问题的清晰图景，并向客户组织提供如何改进问题的建议。只有在部门经理同意运用他的那一半职权采取行动时，才能承诺发生实际的改善。实现实际的改善需要咨询顾问与部门经理的共同承诺，而不是咨询顾问单方面的承诺。如果一名咨询顾问能通过自己的本职工作创造出组织改善成果，那他就真是一位能凭空变出兔子的魔术师了。咨询顾问不可能对他不能控制的事项进行改进，因为他不能控制客户的行为与举措。如果咨询顾问任凭自己的热情驱使，而承诺去实现本应由客户创造的具体成果时，咨询顾问就是在欺骗客户，尽管很多客户私下里都希望能对咨询工作袖手旁观，指望咨询顾问们能帮他创造奇迹。

实　例

客户：我多久能从你这里看到效果？

魔术师型咨询顾问：我们会让机器在 3 天内回到生产线上，之后你就不会再受这个问题困扰了。

真正的咨询顾问：我们会让机器在 3 天内回到生产线上，之后就要看你怎么维护和运行设备了。

评价：对于大多数从事咨询工作的人而言，以下两件事情必须要坚持：

1. 清晰陈述问题。为此，我们有时会冒过度陈述问题的风险，如在陈述咨询顾问对客户在项目中能提供的需求时。

2. 要小心谨慎。为此我们有时会冒对问题少说漏报的风险，如我们作为咨询顾问能为项目带来的效果。

步骤 5：达成共识

在与客户交换了彼此的需求后，往往不是双方就问题达成共识，就是谈判陷入僵局（本章后面还会讨论当谈判陷入僵局后要如何处理）。如果双方达成共识，咨询顾问可以暂时停下来回味一下。如果发现还有进一步扩展的空间，咨询顾问完全可以对客户说：“看起来我们好像对如何继续下去达成了共识，我很高兴能看到这样的局面。”这也有助于重申双方的共识。

在双方达成共识后，很多咨询顾问会以为签约会议就此告一段落，而事实并非如此，在达成签订合同前，还有3个重要步骤必须强调。

步骤6：要求就控制与承诺进行反馈

这是一个保险的步骤，很多合同之所以失败就在于以下两个原因：

1. 客户是在某种强制要求下达成共识的，尽管这种强制要求微妙而间接。

2. 尽管客户对项目达成了共识，但是越来越感觉到他对即将要进行的项目缺乏控制。

因此在所有项目开始前，咨询顾问要强迫自己确认这种瑕疵是否存在。

确认客户承诺

直接询问客户："你真的想开展这个项目吗？你对我们就项目立项问题达成的共识满意吗？"作为部门经理，他所受到的强制力有很多种，很有可能是高管建议开展该项目，也有可能最近部门经理所处的组织热衷于开展类似的项目。部门经理有可能已经察觉到了这些强制性压力，出于对组织政治的考虑，此时对咨询顾问说"不"是不明智的。

询问客户承诺情况并不意味着你要在客户无法做出承诺时退出。询问这些问题的目的在于在项目一开始就明确会遇到怎样的阻力。如果客户开始项目是迫于压力，你需要在此刻就了解到。认识现实非常重要，这样你就不会对某些项目过度投资，或者在项目合同强制力不足的时候还在断续履行合同。

询问客户承诺情况还有一个额外的好处：强迫客户为他们在项目一开始就不能提供全面支持负起责任。实际上，当客户告知咨询顾问他们接受项目是迫于压力时，有时候反而会加强他们对于项目的承诺。

在签约会议行将结束前与客户讨论对于项目的承诺问题是十分重要的，必须要对此采取行动。

确认控制情况

在讨论了客户对于项目的承诺问题后，一定要再追问客户："你觉得你对项目进程拥有足够的控制力吗？"

部门经理（就像多数人一样）都倾向于将控制力放在首要位置。当客户开始觉得对情况失去控制时，合同的履行就很难得到保证。在你询问客户承诺问题时，你希望知道客户在现阶段对项目有什么感到忧虑的地方，而放弃控制权是造成组织性忧虑的重要诱因。

每当我向内部咨询顾问就承诺与控制提供建议时，他们往往这样回答我："你说的没错，但是我们怎么知道自己得到的就是真实的答案呢？客户会真实地回答这个问题吗？"如果咨询顾问是以劝说或恳求的腔调询问这个问题，恐怕很难得到真实的答案。询问的目的是帮助管理者说出他们所保留的问题，这些问题可不是什么间接的推销技巧。

即使你的真诚询问不能得到直接的答复，那也是值得向客户提出这些问题的。

步骤 7：提供支持

咨询顾问需要对客户愿意与你一起开展项目表示支持。邀请与允许外部人员进入自己的组织并对如何重塑组织提供意见是需要勇气的。即便客户人高马大、声名显赫、气势汹汹，我也总是假定他们期盼获得支持，我总是乐于满足客户的这类期盼。

你要告诉客户他们在会议中的各种举动是非常有帮助的。如果咨询顾问不说出口，恐怕客户永远也意识不到这一点。对客户表示支持一定要真实而具体。下面是一些具体的例子。

实　例

“开始这样的项目对你来说会有一定的风险，我很感谢你愿意与我一起承担风险。”

“你已经在这样的情况下工作很长时间了，而就你的立场来说，现在要对此做出改变是一件很艰难的事情。”

“我很清楚你对此事抱有怀疑，并有所保留。”

“你跟我讲了很多自己所要面对的挑战，谢谢你这样信任我。”

“你对透视问题的本质非常有洞察力，这对项目来说将会很有帮助。”

“我了解你对是否要让我们进入深表怀疑，很高兴最终你还是让我们进来了。”

步骤8：重申行为

作为最后的保险，你应当向客户确认接下来你们应当做些什么，对此简单的陈述就足够了。

实　例

“你需要向你的人员分发本项目的备忘录。”

“我3月4日会进入你的部门，并开始面谈。”

“我们明天开始吧，我会和乔治一起重新看一下会议记录。我们周五下午4点会面吧。”

在完成这个步骤后，签约会议终于告一段落。天下没有永恒的协议，实际上，合同在项目的生命周期内总是会被反复商谈。对咨询顾问来说，顺利地完成以上8个步骤，就意味着你在本阶段已经竭尽所能了。

当会议陷入僵局时

我们已经讨论了当咨询顾问和客户达成共识后的情况，那么当双方之间很难达成共识的时候又该如何处理呢？在图 5-2 中，我们把这一阶段称为“阶段 5-S”。

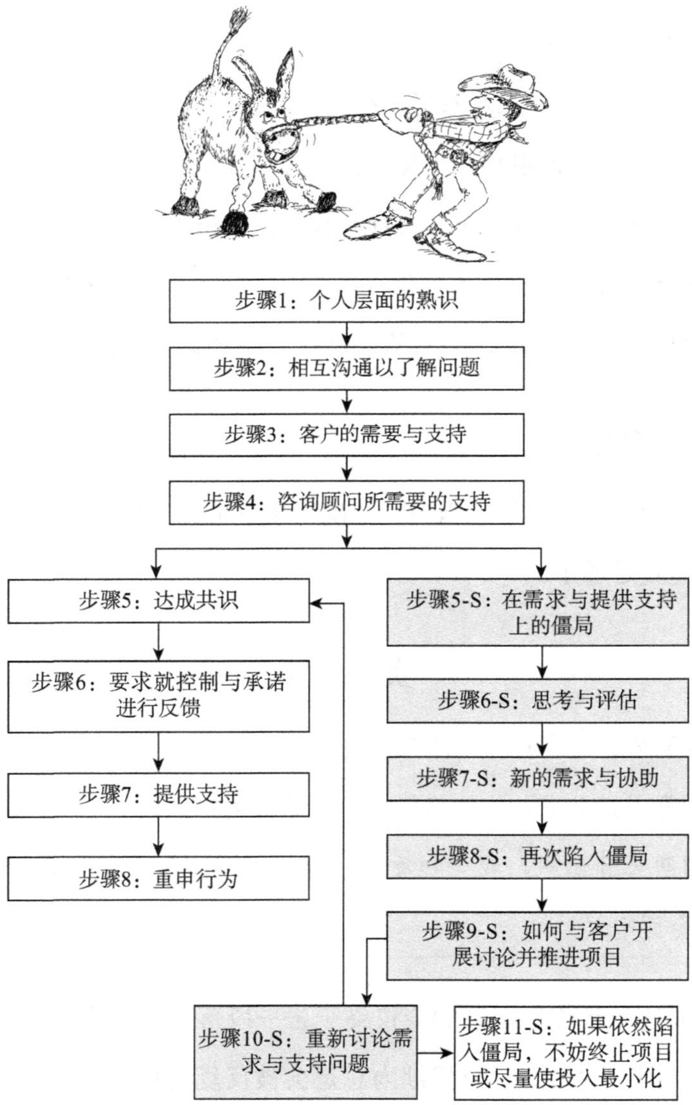

图 5-2　当会议陷入僵局时的签约会议商谈

步骤 5-S：在需求与提供支持上的僵局

处理这类问题有两步：首先，咨询顾问必须知道自己和客户的谈判陷入僵局了；其次，咨询顾问必须想办法处理这一问题。

意识到你已经陷入僵局

当你正与客户按常规讨论你作为咨询顾问的专业性与熟练程度时，你很有可能已经陷入迷途，而自己却浑然不知。不过当你的谈判陷入僵局时，往往能发现一些具体的信号。

1. 当你连续 3 遍解释一个问题时，你可能已经陷入僵局了。当你第一遍解释你所需要的支持时，你可能用了一些行话，也有可能没说清楚；当你向客户解释第二遍时，你有可能意识到客户并没有认真听你讲话；而当你试图用一种更为简明的方法解释第三遍时，你就必须承认，你在谈判中陷入僵局了。

组织交流中存在着很多暗语，例如：

当人们脑子里在想	他们可能表面上说
我不喜欢这个。	“我不明白这个。”
我可不想这么做。	“我先看看数据”或者“我先和我的员工谈谈”或“我稍后再告诉你”
你说的我根本就没听懂。	沉默不语
见鬼，照我说的做！	“你为什么不深思熟虑后再和我谈呢？”
我绝对不会让你的人碰我的组织一下。	“我们会与其他人讨论一下，看看有没有其他选择，有结果后我们会告知你的。”

你需要掌握并相信这些暗语，因为这是你与客户谈判陷入僵局的早期预警。当你在想“客户可能并不真正理解我说的问题”时，很有可能客户

已经非常理解了，只是不同意而已。当你遇到这样的情形时，千万不要再解释第四遍了。相反，你要意识到，自己已经陷入僵局了。

2. 当你意识到客户就一个问题向你解释了3遍时，说明你已经陷入僵局了。当客户认为你还是不明白他所说的问题时，往往会跟着说："我看看能不能换个方法解释。"第一遍可能确实是因为问题阐述得不够明确，但是要是解释3遍的话就不是阐述的问题了，而是双方缺乏共识。这说明你们已经陷入僵局，要意识到这一点。

3. 当你陷入僵局时，你的身体会给你提供非常明确的信息。当你忍不住要打哈欠时，这说明会议并没有按照你的想法进展。厌倦与疲劳通常只是不满与愤怒的间接表述。此时，你会对客户的抗拒变得敏感易怒。这很有可能是因为你已经对客户缺乏热情了，当你被触怒时，你会对自己说千万不要发作，于是你就会抑制自己的情绪。对自身情绪的抑制，特别是无意识的抑制会带来强烈的疲倦感，这会让你的肩膀和颈部发酸。你开始打哈欠，但是能在下一秒将倦意转为微笑。你有可能开始不断看表，或者回想昨天去和朋友打网球的情形；相反，你也可能会发现客户看起来非常疲倦，不时地打哈欠，呆呆地看着窗外，并在你讲话时偷偷打盹。

这些都是谈话陷入僵局的信号。如果沟通有所进展并一步步达成共识，你们应当是情绪高昂、充满活力。如果你的活力在衰退，并且感觉自己怒意感渐强，其实就是意味着你们未获得自己想要得到的支持，你们的谈判陷入了僵局。

4. 亲眼所见是说明签约过程陷入泥沼的最好暗示。眼见为实，要相信那些非语言信号。关于身体语言的著作可谓汗牛充栋，这些书介绍了解释各种姿势所传递的信息以及如何利用你的姿势去传递或隐瞒特定的信息。而利用身体语言或非语言行为操控环境或表达自己都是一种错误的方式。

如果你强迫自己采取某一姿势以掩饰你的感受时，在别人看来未免有刻意之嫌。意识到自己的非语言行为，并揣测他人的非语言行为后的心理活动能为你提供极为有价值的信息。

如果你想要在签约过程中获得客户的非语言行为信息，你不妨注意一下客户加入讨论与离开讨论前后的姿势。也可以注意一下客户的手是摆出一副要将你推开的姿势，还是在攥紧拳头，或是像枪一样指着你，抑或是完全伸展开，手掌向上，仿佛就是在说："我来到这里纯属巧合，我是一个受命运玩弄的无助者，像我们这样的凡夫俗子该如何应对这样的局面呢？"

这些手势只能解释大致的情况：客户的行动是表示支持还是拒绝？客户是想要进入还是退出这个项目？整个谈话进行得是否顺利？

客户的身体行为与你自身的行动只能帮助你认识到自己是否处于僵局，它们不能告诉你为何会深陷僵局。不要妄图通过解释具体手势来解读客户的想法，应当相信常见的信息。

客户的言论和非语言行为往往会有明显的差异。他们只是嘴上说对这个项目非常感兴趣，但是却背靠着墙，扣紧双臂拢住头，就像躲在一个防空掩体里一样。如果非要让我选择相信他们的语言或者身体语言，我还是相信身体语言。我们往往都能够精明地驾驭语言，做到处处防备，但是对于非语言行为，我们却没有那么老到，也不善于防备，所以应当相信你所亲见的。但是只能把你所见的身体语言视为一种信号，绝对不要直接评价一位客户的行为，更不要忍不住对客户说："每当我向你提及面访你的下属时，你总是将你的椅子背靠到墙上，把头藏进合拢的双臂中间，屏住呼吸，搞得脸都变紫了，这是怎么回事？你是不是对我的建议感到很不舒服？"

直接提及某人的肢体行为是非常粗鲁的，肯定会招致对方戒备。你的目的只是帮助客户更直接地表达出他所保留的看法，你只是想要从客户那里获得信息，以了解你们现在所处的状况如何。当你获得了身体与语言的双重信息，而两者并不一致时，你应该做的是问客户对你们之前讨论的内容有何感想等类似问题。例如，你对我们讨论的问题有什么反应？再次重申，关注非语言行为的目的仅仅是出于建立早期的预警机制、获得一些更准确的暗示信息，这样你就能对客户对你言论的反应有更深层次的认识。

你自己的身体语言也是你对签约会议感受的一个真实表现。如果谈话表面上感觉进展得比较顺利，可你却发现自己缺乏动力，浑身瘫在椅子上，这时你就需要考虑，你的身体是否在帮你竖起一面警旗，让你对思维所忽略的细节保持警惕。当然，如果对话进展顺利，而你只是累了，所以才瘫在椅子上，这是没有什么问题的。

那么陷入僵局后我们应当如何应对呢？

步骤 6-S：思考与评估

在我看来，在处理僵局时最难的莫过于承认自己遇到了障碍。当你意识到自己陷入僵局时，你通常会下意识地从沟通中抽身而出，变成你所正在参与的签约会议的旁观者。虽然你仍然会发表见解，并听取对方意见，但同时你也会考虑能否用某种方式改变自己的处境。是否能通过提出一些不同需求来实现你的最终目标？

在遇到这种情况时，暂时休会不失为明智之举。你可以对客户说："我们好像卡在这一点上了，我希望能有时间再仔细考虑一下这个问题。"这将给你一个机会来重新评估签约谈判，你和客户之间是否存在难以弥合的分歧？还是说分歧仅仅是源于在会议进程中的一些误解？当你将自己的身心都从"火线"上撤下来之后，你就给了自己时间去寻找签署项目协议的其他方式。

步骤7-S：新的需求与协助

最终，如果你认为你与客户间的分歧是可以商量的，那么就向客户提出你对他的相关要求，或他能为你提供协助的新见解。通常，在签约会议上讨论有关时间进度问题时会陷入僵局。客户希望项目能在30天完成，而咨询顾问却觉得需要60天。双方都有恰当的理由，于是大家陷入僵局。

你可以在深思熟虑与重新评估后做出判断：你可以在30天内完成项目，但是需要客户额外提供两个人协助工作，同时必须同意你所提供的最终报告是概述性的，而不是一篇精雕细琢的精致散文。于是你可以这样对客户说：

改变你的工作："我们可以将项目时间从60天缩短到30天。"

改变你的需求："如果你能提供两名协助人员，并接受一篇简短的最终报告，我们可以在30天内完成项目。"

提出新的需求与协助方式总是值得一试的，但有时这仍然无法消弭分歧。

步骤8-S：再次陷入僵局

当你意识到改变你的需求与工作方式导致了新的僵局时，就需要认真考虑是否要改变方法了。为了达成一份协议让你们两次陷入僵局，那么你就应该扪心自问，是不是你和客户相处的方式或者你与客户间的关系出了什么问题。

部门经理依据他们对项目参与人员的感受决定是否开展项目，那么部门经理是否信任身为咨询顾问的你，或者你的部门与你的公司呢？同样，咨询顾问也依据部门经理是否可信来决定是否与其达成协议。当咨询顾问与客户就如何推进谈判意见相左时，就需要一种不同方式的讨论。

步骤 9-S：如何与客户开展讨论并推进项目

当谈判再次陷入僵局时，你们之间的对话应当转向讨论会议的进展情况。此时，双方应当暂时搁置具体项目问题。如何处理这类具体讨论并使项目顺利推进的方法有很多，详见第 8 ～ 9 章。

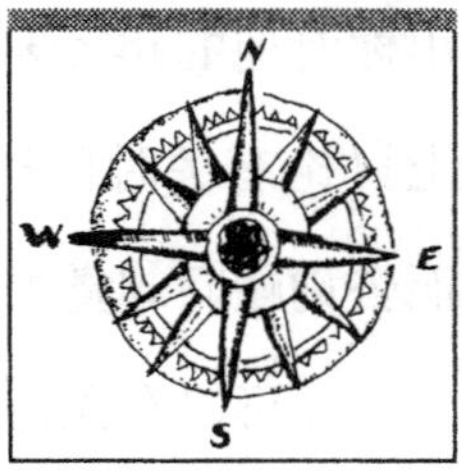

以下就是如何将讨论转向推进会议进程的两种方法。

1. 对客户说“我想我们陷入僵局了”。对咨询顾问来说，此时恐怕没有比简单地向客户宣告事实更有力的解决方法了，你可以直截了当地告诉客户：会议很难进展下去了。尽管每个人的语言风格不同，但是问题的关键是直接告诉客户你们之间的讨论卡住了。如果客户还要坚持讨论项目，那么就再次向客户告知，你们陷入了僵局，并且鼓励客户与你讨论为什么你们会陷入僵局。

2. 向客户提一些非限制性的问题，询问其对会议进展的感受。提这类问题无须太费心机，可以直接问：“你觉得我们项目协议谈判的进展如何？”如果客户过于执着于问题本身，你很快就会发现部门经理是怎么就此做出反应的。部门经理很有可能会开始担心以下问题：

- 他还能有效地控制项目吗？
- 咨询顾问是不是太固执了？
- 自己是不是被误解了？
- 眼前的这组咨询顾问是不是名声不大好？
- 这个项目的收益是不是很模糊？
- 咨询顾问使用了太多的术语，而且絮絮叨叨。

大多数项目往往并不是因为具体讨论项目本身而陷入僵局，而是源于以上这几类问题，因此客户与咨询顾问都应当直面这些问题。当双方化解了对这些问题的焦虑后，具体问题就能被顺畅地推进，因此务必要直接提出这些问题。

步骤 10-S：重新讨论需求与支持问题

对会议进展状况的讨论有助于双方梳理问题、化解僵局，此时你们可以回到对项目具体问题的讨论上，通常双方能达成一定共识，使讨论回到原来的轨道上（即“步骤 5：达成共识”），并使会议顺利进行，直至结束。

但有时，即便你用尽了各种技巧，并严格遵照以上建议，完美地进行咨询，你与客户之间依然会陷入僵局。

步骤 11-S：如果依然陷入僵局，不妨终止项目或尽量使投入最小化

尽管项目对咨询顾问至关重要，但并不等于每个项目都要做。在项目前期做出正确判断至关重要，千万不要指望在以后会发生什么奇迹来弥补这些错误判断。

当你和客户陷入无可避免的僵局时，你需要对客户说：“我们很难达成一致，或许现在并不是开展项目的最好时机。”或者说：“我建议在我们能就如何推进讨论达成共识前，还是先不要开始项目吧。”用你自己的语言与风格结束签约流程，并减少你的损失。

向客户说“不”

当内部咨询顾问对部门经理建议“最好终止项目”时，他们总是感

到自己正冒着巨大的风险。尽管风险巨大，但拒绝几乎难以成功的项目对双方来说是最有利的。每当你与客户的签约谈判陷入僵局，往往是因为双方都坚持认为如果不按照自己的想法实施，项目就不可能成功。贸然推进一个自己都不相信能成功的项目，那就是在冒失败的风险。终止项目的原因并不是因为咨询顾问急躁、挑剔，或是只在意外部项目与专业性强的项目。咨询顾问说不的原因仅仅是为了避免失败与浪费组织资源。

保留向客户说不的权利的另一个原因是：咨询顾问总是希望客户按照自己的设想处理其组织内部关系；同样，咨询顾问也希望自己能以这种方式处理与客户的关系。对客户说不，意味着我们承认自身的局限性，我们有权向客户阐明我们自身的局限，并决定能向客户承诺什么。如果我们不能对客户说不，那么对客户说是就失去了意义，我们也不能向客户做出任何真正的承诺。久而久之就会变成只会说是的程序，从而无法分清楚说是究竟是缘于内心的真实感受，还是因为习惯。

如果你并不习惯对客户说不，这里仍然有几种可供你选择的方法。例如，你可以尽量减少对该项目的投入与期望，以减少潜在的损失。实现这一点的最好方法是尽量使项目延期。你可以对客户说："我非常希望按照你的要求推进项目，但是我们最好还是在8个月后启动该项目。"而在这段时间中，部门经理很有可能去从事其他的工作，而你则有可能开始去做一些更有意义的事情。

如果你实在无法使项目延期，另一个可行的方法是尽量缩小工作的范围并缩短项目的时间。尽量降低目标预期，尽你所能提高项目的可预见程度，减少该项目对你时间与精力的消磨。**关键在于，你必须在项目的局限性上不自欺欺人。**

所以，对那些毫无吸引力的项目现实一些吧。要让你的老板和其他人清楚，这个项目的基础并不牢靠，你不想推进这个项目，但是别无选择，因为你无法对这个重要客户说不。然后，低调地开展该项目吧。

你所要考虑的底线是，推进该项目是否对你是最有利的。有时与其开始一个有可能失败的项目，不如拒绝该项目，不向客户隐瞒你对项目的观点反而会让你更好过一些。如果你从一位客户处抽身而退，可能会让该客户因被拒绝而大发雷霆，但是这样做只会让你失去一位客户而已。但如果你推进一个你认为注定会失败的项目，而其实际开展也确实不怎么顺利，那问题可要比失去一位客户严重多了。因为该客户很有可能告诉其他 5 位部门经理，他对项目是多么的失望以及项目是怎么失败的，那就有可能有 6 位客户对你不满，而不是原来的一个了。

推进成功率低的项目对业务开展相当不利。

签约检查点

在这一点上，咨询顾问已经拥有能使签约会议完美进行的所有信息了。

这些步骤依次覆盖了整个签约会议业务。签约会议主要分为三部分：①认识问题，并就双方的需求交换意见；②以审视客户所关注的问题与对客户的承诺结束会议；③当双方难以达成共识时设法打破僵局。每一步都至关重要，绝不容跳过。如果你遵循这些步骤后还是不能得到令你满意的合同，那就顺其自然吧，你已经做到完美咨询了。

清单 3 可以帮助咨询顾问准备签约会议，在每次签约会议之前回答清单上的问题，并做好准备。

你可以访问网站 www.flawlessconsulting.com，以获取清单 3 的电子版。

清单 3：规划签约会议

当在规划签约会议时，请回答以下问题。

1. 你预计在项目责任分配上会出现什么不平衡的问题？客户会不会把你当作专家并让你承担 80% 的职责？或者客户会不会仅仅把你当作帮手，并保留 80% 的职责？
2. 你想从客户处获得什么支持？
    - 你的主要需求是什么？
    - 你的次要需求是什么？
3. 你会向客户提供什么支持？
    - 技术性支持？
    - 个人性支持？
4. 你认为客户需要什么？尽可能地列出这些需要。
    - 技术性支持？
    - 个人性支持？
5. 关键客户会出席会议吗？
    - 谁能对是否推进项目拍板？
    - 该项目会对谁造成重大影响？
    - 会议漏掉了谁？
    - 他们各自的角色是什么？是解决问题所要针对的对象，还是根据你的咨询成果采取措施？或者是拥有具体问题的完善信息？
6. 你会遇到怎样的抵触？
7. 在什么情况出现时，最好终止项目？

尽管清单 3 中的很多问题是无法在准备过程中回答的，但试图回答这些问题将有助于你将精力集中于清单中的关键问题。如果你是一个咨询团队中的一员，清单将成为有助于你们协同工作的工具。清单上的大部分问题能使你将视野集中在你需要从该会议上得到些什么，这样你就不会因对客户的观点反应过度而被扫地出门。

推销你的服务：良好的推销 = 顺利签约

如果客户主动找上门来固然好，至少说明他们确实需要咨询服务，而且有动机推进项目，并对你的能力较为认可。但我们中的大多数人都不得不出去主动向客户推销我们的服务，即便是内部咨询顾问也有他们自身的部门目标需要完成，他们的部门需要服务于一组确定的组织成员，同时他们还要评估是否已将这些特定的客户囊括于服务对象之中。

推销咨询服务和正常签约的陈述基本上没什么差别，但对咨询顾问来说，掌握一些额外观念将有助于推销你的咨询服务。

反过来向客户陈述你的需求

当客户主动找上门时，你们通常是以询问客户对你的需求是什么开始讨论的。而当你主动找到客户讨论签约时，你需要直接向客户说明你的需求是什么，图 5-3 即改变顺序后的流程。

咨询顾问与某一客户展开会谈肯定是有理由的，而这些理由就是该潜在客户有可能遇到的问题，咨询顾问需要向客户解释这些理由。在提出自己的具体需求前，应当先停下来向客户确认一下你所说的问题确实是客户所面对的问题。如果这并不是困扰客户的问题，那么就试试其他问题，然后考虑如何全身而退。

在确认完客户的需求后，再开始向客户解释你需要从客户处得到什么支持。此时你要明确一点，你是在进行推销。所有人（包括部门经理在内）都明白，对辅助人员来说，自己的服务被部门经理接受是一件很有成就感的事情。对内部咨询顾问来说，签约会议的一个重要作用就在于身为客户的部门经理能够确认他们的服务被接受。在签约会议上阐明自己希望获得帮助只是问题的一半。

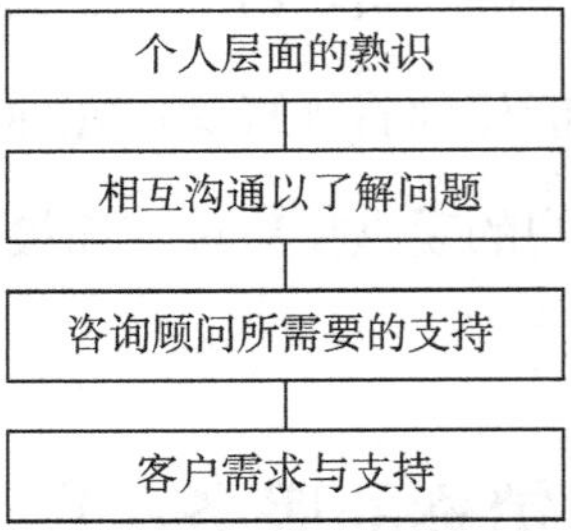

图 5-3　推销时就开始签约步骤

推销是排除与客户间的障碍，而不是煽风点火

从小到大，我们都认为成功的推销员应当是精力充沛、充满活力的，他们语速惊人、口吐莲花，而且善于鼓动人心，就某个角度而言成功的推销员确实应当如此。但是成功的推销员也有可能是安静、不紧不慢、反复推敲如何用正确的语言、谨言慎行的普通人。这两类推销员都有可能成功，但是很多人过于强调个性对推销的关键作用，所以那些来到咨询现场的人总是认为成功的咨询顾问应当富有人格魅力、仪表堂堂。

人格魅力与仪表堂堂被人过度提

倡。我必须承认，我自己倾向于低估这两种品格的作用。我是一个安静、不紧不慢、反复推敲、谨言慎行的普通人。每当在咨询现场有人问我是不是一向如此时，我会说：“你说的‘一向如此’是指什么？”而他们会说：“好吧，你一向这么低调，又总半睡半醒的样子。”然后他们就会私下里认为我的这种风格都是装出来的，我这么低调是因为忌惮他们的丰富经验，而一旦当我出去面对客户时我就会脱下懒散而迟钝的伪装，重新变回一个精力旺盛的推销者。当然，这并不是真的，我的风格一贯如此。他们之所以会有这样的想法，是因为他们认为需要一种特定的人格才能从事咨询工作，而这种想法在推销工作中会愈发被人们强调。我可不信这套，我会在下面解释为什么。

如果我的某项服务确实能满足客户组织的需求，那么我认为客户就会对我的主张说“是”。如果我评估客户确实需要我们的咨询服务，而客户却否定自己有这种需求，或者否定我们的服务能帮助他解决问题，我就需要问自己：“阻碍我们就咨询服务上达成信任的障碍是什么？”对于那些说“不”的客户，我会尽力了解其抵触的原因，这些原因通常包括：

- 他们不相信我所供职的部门能够胜任，或者做好保密工作；
- 他们觉得如果自己说“是”就会失去对问题的控制；
- 他们觉得如果自己说“是”会让自己处于弱势地位；
- 他们并不信任或尊重我这个人；
- 他们以前有过类似的糟糕经历。

当我向客户推销项目，而对方有所抵触时，客户的感受就是在为这种抵触煽风点火。如果我像超人一样跳进电话亭，魔术般地摇身一变，成为一位富于人格魅力且仪表堂堂的推销员，并开始向客户推销，那我就是在火上浇油，会强化客户的抵触心理。我无论高调还是低调，都不是问题的关键，关键是客户之所以不买我们的账，是因为他们的负面感受在对他们说不要信任我们所说的。走出抵触的正确方式是帮助客户用语言直接地表达自己的负面感受。客户对不信任感受表述得越多，就越有助于咨询顾问考虑自身所提供服务的真正益处何在。咨询顾问表现得越诚实可信，客户就越容易信任他们，并很快就能让他们的抵触情绪消失于无形。以下是有关如何推销服务的一些建议：

- 无论是顾客主动找上门还是你上门推销，要表现得始终如一；
- 不要妄图用解释与争辩对组织有利的理由来消除对方的抵触情绪；
- 帮助客户表达他对你们咨询服务的保留意见；
- 承认你是在推销服务，并希望客户买账；
- 要诚实可信，而且按照签约步骤来办事。

如果你能做到以上几点，并且客户也合盘托出他们的保留意见，双方就建立起了信任的关系。若对方仍然拒绝你的服务，那么就回到之前的步骤，判断一下你是否真的了解客户的真实需求，提供了正确的服务。比起固执地强推对方不可能买账的产品，还不如停止推销维持一种稳固的关系呢。

对时间与资金的评论

客户经常会以这样的理由拒绝项目：他们没有资金用以推进项目，组织没有足够的时间来投入项目。这两个原因往往都是表面的借口，我从不信以为真。这些借口总是能掩盖问题的真相，部门经理根本不愿意投入项目。

所以，真正的问题是动机，而不是时间与资金。管理者会把他们自己的时间与组织的时间花在他们想要做的事情上。同样，对他们想做的事情也从不吝惜资金。要知道，他们是管理者，他们拥有控制权，他们会在自己想做的事情上竭尽全力，而不管到底要花费多少时间和金钱。如果他们需要你的项目的话，他们自己就会想办法。如果你赞同他们，认为金钱或时间确实是一个问题，你就是在与他们串通一气，而回避了真正的原因。**不要自欺欺人，要去寻找真实的原因，这样你也给了自己一个更好的开展项目的机会。**

将会议作为工作模板

咨询工作首先是一项教育工作。部门经理与你沟通的结果应当使其学会某种管理组织或者解决技术问题的方法。即便你引进的是一种高度技术性的方法，部门经理们也能从观察你的所作所为来学会解决类似问题的方法。实际上，管理者们往往从对咨询顾问的观察中学到的东西要比在听取咨询顾问报告中学到的东西多得多。这就是诚实可信的行为是完美咨询基本要素的原因所在。

你可以将签约会议作为与客户一起工作的范例。在会议中，你会收集一些有关问题的信息，测试你自己的理论，并对部门经理的反应做出反馈。同时，你们在一起定义问题，并一起制订计划。当客户问及你将如何规划与其组织开展工作时，你就可以将签约会议作为你的方法的一个迷你示例，并指出项目会按照接下来的这些步骤被细致地展开。

你对流程了解得越清晰，就越能减少客户对于失控与处于弱势地位的恐惧。有时候，管理者真的很难理解我会如何帮助他们，即便我已经将签约会议作为范例向他们阐述我是如何进行工作的。当时我已经向他们提出建议，我们只用很短的时间阐述我将怎样工作，我与部门经理达成共识，仅用 20 分钟在这里讨论这个问题。在这 20 分钟里，我就一些他们的选择提供建议，在20分钟的最后几分钟里，我们结束了这次迷你咨询，并开始讨论接下来的流程。这一方法帮助我解释与证明我是如何工作的，也有助于部门经理判断应当如何与我一起工作，以及我的导向性工作是不是正是他们所需要的。

在这次迷你咨询中，部门经理识别了一个问题，而我就形式询问了一些问题，并对部门经理如何看待问题以及已经做了什么工作以尝试解决问题做出反馈。我关注部门经理在处理该问题时所扮演的角色。在这20分钟行将结束时，我对部门经理在问题中所扮演的角色做出反馈，并根据这一短暂讨论中获得的有限数据对他们提出建议。然后我们终止了这一迷你咨询。在我们重新回到签约问题之前，我会问部门经理对这20分钟的咨询工作感觉如何。这一体验让我们双方都能感受到在项目中彼此是如何合作的。

而当项目非常宽泛、模糊，部门经理担心会对项目失去控制时，这样的迷你咨询就更有实际意义了。在这段简短的咨询过程中，部门经理有机会体验与作为负责人与协助者的你一起工作的情形，但他们可能依然以与你截然不同的方式看待具体问题。

结束签约会议

如何衡量签约是否成功

在签约会议结束时，询问你自己与客户对会议的感受如何。这确实是一个难以回答的问题，但是最起码这样做能使部门经理对项目的预期清晰起来。如果这样的问题有助于指导你如何构建项目的话，那就再好不过了。

会议结束前的 20 分钟

在了解部门经理对项目、签约会议以及你的反馈之前，是不能结束签约会议的。你需要问部门经理："你对会议感觉如何？还有什么保留吗？""你对我之前所说的解决问题的方法感觉如何？有所保留，还是提不起热情？"你需要留下 20 分钟来与客户讨论这些问题，暂不要涉及其他问题。

签约会议之后

第 4 章的清单 2 帮你归纳了一种总结签约会议中所达成共识的方法。而下面的清单 4 中所囊括的一些问题可以在签约会议结束时进行评估，这能使你明确你与客户间的互动关系进展得如何。签约会议是接下来项目推进的重要指示器，认真回答这些问题将有助于你认识你在接下来会遇到什么问题。

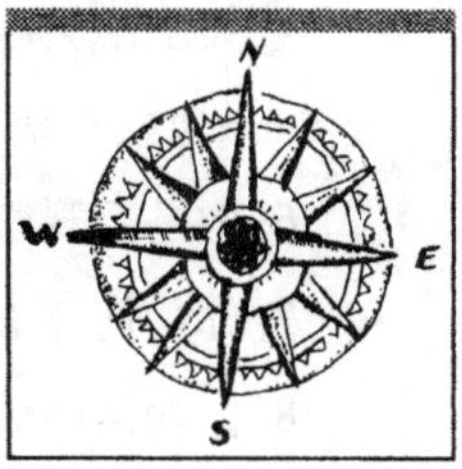

你可以访问网站 www.flawlessconsulting.com，以获取清单 4 的电子版。

清单 4：签约会议回顾

1. 你对以下问题如何评分？

	客户		咨询顾问
• 参与的平衡性	100%	50/50	100%
• 会议发起情况	100%	50/50	100%
• 谁在控制会议进程	100%	50/50	100%

2. 客户表现出怎样的抵触情绪和保留意见？
 - 你在哪些方面直接用语言询问客户的意见？
 - 你在哪些方面没有真正地寻求客户的意见？
3. 你对签约有什么保留意见吗？
 - 你对客户直接用语言表述了些什么？
 - 哪些是你没有直接向客户表述或者根本没有提及的？
4. 你如何向客户提供支持？
5. 客户是如何表示自身焦虑的？
 - 沉默？
 - 顺从？
 - 攻击性？
 - 质疑？
 - 给出答案？
 - 直接用语言回答？
6. 你是否观察到一些客户的面部表情或身体语言？
7. 你如何评估客户对推进项目的动力？
8. 你如何评估自己对推进项目的动力？
9. 你有没有对客户表述什么？
10. 回顾“签约会议的商谈”，你是否遗漏了什么步骤？
11. 下次你会在哪些方面做出改进？

Flawless Consulting

第 6 章

签约的烦恼

签约中一些具体的要点值得提出来讨论。首先，这是一种很难应付的情况，客户愿意实施项目，但是你已经洞察出客户对项目的积极性并不高。如果同意继续实施一项他们不感兴趣的项目，直线管理人员则表现反常，因为他们可能是迫于上司的压力、同事的要求，甚至可能是因为他们很难向你这位咨询顾问开口说不。你对这个项目付诸行动也可能是因为上司要求你继续执行。而今，在虚拟世界中签约的需求使得签约更具复杂性，这也使得咨询工作的签约阶段成为最有风险性的一个阶段。

应对动机低落的情形

下面列举了一些应对动机低落情形分步骤的行动指南，如图 6-1 所示。

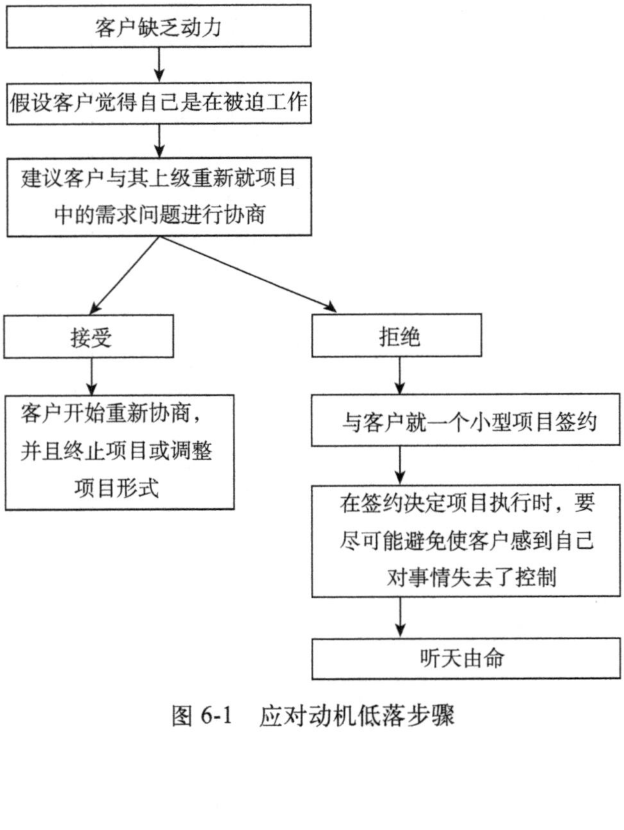

图 6-1　应对动机低落步骤

1. 如果客户对实施项目感到精力不足，首要的选择是考虑放弃。

不管怎样，如果你和你的客户一致认为要继续执行此项目：

2. 承认，至少向自己承认这个项目是被迫开始的。询问客户是否感觉项目操作寸步难行，通常客户都会给予爽快的答复。

当客户承认的确有压力时：

3. 建议客户与项目施压者重新谈判项目的可实施性。客户要么同意终止此项目，要么改变其形式以使项目显得可以承担一些。如果你扮演的是审计或监管的角色，或者压力原本是来自你自己的，就要意识到客户确实别无选择，只能与你合作。

如果你必须面对压力继续前进：

4. 与客户就项目一个小的组成部分签约，并建议客户与你先共同实施一小部分，让客户体验一下实施过程是否如他们所想象的那样恐怖。通常情况下，如果客户与你有一个积极的体验经历，他们的担心就会逐渐消除。

5. 向客户说明，尽管动机低落，但是你仍然在前进。接下来：

询问客户是否有什么你可以执行的办法将客户的担心降到最低。客户的担忧通常是失去控制或者容易受到伤害，因此你可以询问："为了不让你对整个情况有失控的感觉，我们是否可以设立些什么？为了避开你的弱势，我们可以做些什么？"你可以与客户商议如何推进此项目，这样事情依然如你所愿进行，而客户也不觉得像受到了攻击一样。

继续抱有乐观的态度。这都是些很难驾驭的困难和约，扮演审计角色的人会一直面临十分艰难的处境。他们能做到的最好的事情是承认压力的存在，帮助客户用语言来表达他们的感情，从而给予客户帮助。除了继续抓紧项目外，对其他的事情你无能为力。

无止境的协商：你的角色转换

咨询项目出现在各个派系组织中，甚至出现在世界的每一个角落里。在派系组织中，人员流动频繁、组织压力重重，你所做的咨询项目也与此别无二致。另外一个可能发生的变化是客户对待你的方式。客户一方面希望紧跟项目，一方面又不愿意你干涉太多，于是你的角色定位就变成了无止境的谈判过程。

有时项目会出现明显变化，比如新官上任，或者预算消减、调查中发现新问题等，事情往往就变得越来越微妙，还未等你意识到这层微妙关系，客户对待你的态度已经开始发生改变。你原本认为要去参加的会议，结果却未收到邀请；客户为你安排的一次会议日程被搞得一团糟。这些迹象很难理解，但是这可能意味着顾问要重新与客户谈判和商议。

下面是我与一家大型医药公司合作的例子。当时我们计划 5 月份安排一个大型的管理发展讨论会，大约有 75 名公司高管参加，目的是请高管们联手解决公司下一年即将推出的 3 种重要新产品存在的问题。1 月份，我与计划委员会商讨为 5 月的会议做准备工作。计划委员会由两位部门经理吉姆和卢、一位助理里奇和我这个来自公司之外的咨询顾问组成。吉姆、卢和里奇 3 位直接向总裁汇报，我主要负责会议的具体设想和架构工作。5 月份的会议是总裁建议的，所以委员会早就知道我们有总裁的支持，也安排了几次会谈，我都参与其中，并感觉自己真正成了委员会的一分子。

在 1 月份某个星期二的朦胧的上午，吉姆、卢、里奇和我开会讨论，故事慢慢拉开序幕。

两位部门经理吉姆和卢一直在讨论最近高层如何费尽周折促成这个会

议，如果他们不能就某些问题尽快达成共识，他们必然会在 5 月份的会议上颜面尽失。讨论之后，他们发现问题出现在总裁身上。寡言少语的总裁使得大家不知道该如何与他相处，感觉很别扭，而且越是临近 5 月份的会议，这种不安越明显。卢最终建议将会议延期，一切等到管理层准备就绪再重新商谈。而吉姆认为让管理层在 5 月份的会议上出点差错也许是好事，这样就能迫使总裁与他们一起处理问题。里奇则认为问题没有我们想象的那么严重，人们也许并没有注意到，只是我们想得太多而已。

卢建议取消会议，吉姆坚持召开会议，而里奇一直在询问："到底是出了什么问题呢？"我们的讨论周而复始，没有任何进展。我极力赞成召开会议，但是得先把这些不尽如人意的事情处理一下。最终我建议大家第二天与总裁开会协商，大概了解一下状况，并向总裁提议在举行会议之前解决问题。从与总裁的另外一次谈话中，我认识到总裁并没有意识到他沉默寡言的风格会对组织造成影响。我提出这个建议之后，大家又是一番激烈的讨论。卢担心自己提出这个问题会对自己造成不利的影响，吉姆一直坚持可以直接与总裁对话，里奇则认为："如果能够正确表达自己的想法，不要小题大做，与总裁聊一聊是没有问题的。"最后，在我的强烈推动下，大家同意在第二天下午 4 点就这个问题与总裁讨论。我同意担任会议主要发言人，其他人有意见可以随时做补充。

当我们要散会时，卢对我说："这个问题由你向总裁提出来会比较容易，毕竟你的立场与我们不一样。"对此我完全同意，这也是我力争与总裁会谈的原因。这样的会议着实让人疲惫，同时我也感觉现在与总裁会谈是解决问题的唯一理性做法，这样委员会的成员们也会卸下包袱，为 5 月份的会议做准备。

星期三我早早地到了，就坐下来和里奇聊天，准备下午 4 点与总裁见面。聊了一会，他突然对我说："哦，对了，下午4点的会议取消了。"原来吉姆、卢和里奇在星期三早上提前开了短会，经过再三考虑还是决定取消与总裁的会谈。卢思考再三还是认为这样做过于冒险，吉姆和里奇对此也有同感，所以他们最终决定下午4点继续准备5月份的会议。

怀着诧异、失望和一点恼怒的心情，我在下午的会议上问了很多关于取消与总裁见面的原因，到底我们该怎么处理之前担心的事情呢？卢再一次强调与总裁见面的风险以及这样做会对他造成的诸多不利。这让我想起他曾说过这个问题由我向总裁提出来会比较容易，毕竟我的立场与他们不一样，而且，问题没有我们想象的那么严重。卢对风险的担心一定是有原因的，如果他觉得形势不利，也许他自有担心的道理。

在我竭尽所能并被他们幽了一默后，我们继续讨论如何筹备5月份的会议。里奇声称，总有一天他会找个合适的时机，提出管理层与总裁之间关系议题的讨论并看看能够得到什么样的答复。这是个不错的提议，但大家都心知肚明，这个建议根本不现实。时间就这样慢慢流逝了。

我们的会议被搞得一团糟，为什么会造成现在的局面，连我自己也不解。我完全理解卢对冒险的担心，盲目并不能解决问题。我也知道，这并不是十万火急的事情，业务不会因此受到丝毫影响。我们错过了这个机会，但是机会却是无处不在的。

经过几个小时的纠结和假装的淡定，我开始明白自己不安的原因。在短短的24个小时之内，我的角色发生了翻天覆地的变化。星期二会议之后，我还是委员会的全权代表，可以参与重大决策并有一定的影响力，可以与委员会共进退。第二天我回来后，一切都变了，关于取消与总裁会谈的重大战略决定，他们根本不需要我的参与；关于取消下午4点会议的决定，他们也在没有我参与的情况下做出。

我的角色在一天之内发生了变化——从一位有充分参与权的委员会成员转变成一个仅仅是跟在团队背后接受决策的配角。早上的会议安排我一无所知；关于接下来工作的具体安排，我没有接到任何电话通知；在安排具体实施之前，没有一个人向我解释战略计划已经被改动。原本是委员会的成员，却沦落成为 5 月份安排和执行会议具体细节工作的专业人士。而我，却是在会议结束 3 个小时之后才意识到所扮演的角色早已发生变化的。

在理清事情原委之后的几天中，我约见了里奇，希望能够重新商议我与组织的合同以及我所应该扮演的角色。最终我们达成一致，我将作为组织的正式成员参与项目，而在此之后，我的角色再也没有无端地发生改变了。

这个看似偶然的事件，对咨询顾问来说是多么重要的一件事啊！咨询顾问的合同可以迅速地发生转变，这也就意味着维持和重新商议合同是个不断持续的过程。

重新商议的时机选择至关重要。一旦感觉到客户对你的态度和对事情的做法发生变化时，你就要立刻采取行动。如果你置之不管，再坐下来讨论一个月以前发生的事情，就难上加难了。比如，在事情发生 3 天后你再与里奇坐下来讨论发生什么事情，他的第一反应便是为什么在开会的时候没有提出问题呢？这一定问得你哑口无言。这时你才悔不当初，如果能够在发现问题的时候就提出，你就可以与委员会重新协商自己的角色问题，而不必在此时与里奇单独谈判。

当你发现协议开始出现变化的苗头或者客户对合同的基本条款做出调整时，应立即采取行动。当客户需求发生变化时，你拖延的时间越长，重新谈判合同的难度就越大。而且，无论时间间隔多长，都应该立刻重新商议合同。你应该意识到，在项目的整个生命周期内，签约过程会反复出现。在咨询的各个阶段，这一过程会不断地循环往复，谈判协商还真是没有止境了。

其他苦恼

无止境的谈判只是签约时的烦恼之一。在签约阶段的每一过程中还存在着很多潜在的困难和挫折。

想法飘忽不定的客户

有时候你会发现，你已经是为经理提供项目咨询的第 4 位顾问了，这无疑为你的咨询工作增添了更大的挑战。你可能会问这位经理，做这个决策真的有这么困难吗？这样不断地全神贯注于咨询顾问的工作，很有可能是因为经理想要启动项目但是又犹豫不决，否则经理何必要对流程控制得如此严密呢？

证书？还是个人经验的证明嘛

在你的职业生涯里，你可能常常会碰到别人这样的询问："你以前是做什么的？"或者"你拿到了什么证书？"应对这两类"拷问"，你可以选择以下两种方式应对：第一，将你经历的最精彩的实战故事栩栩如生地讲述出来，让你的客户体会到他们现在所处的形势；第二，在讲述完精彩故事之后提出问题："你是不是担心我能否真正帮助你解决问题？"如果经理坦诚相告情况确实如此，你也不要认为这种反应是针对个人的。不管是多么粗暴的经理人，都不可能认为自己不需要帮助。咨询顾问只需要向他们提出有一些情况需要改善并给出建议即可，一再地重复你的学位、客户和成功只能让经理人有被侵犯的感觉，也很容易让其他人怀疑你是自吹自擂。

中间人

有时在咨询顾问和经理人之中会有一个中间人，这个人或者是经理人的下属，或者是来自其他部门的员工。如果中间人过于积极或者相对保守，就在你和经理人之间建立了一道屏障，从而使你很难看出问题的真正所在。这时，你要极力要求与管理人直接沟通，参与讨论项目的有关问题。

极端地界定问题：常见的错误

我们发现，多数咨询顾问在进行咨询技巧培训的过程中，常犯的一个明显的错误就是：在签约会谈阶段，咨询顾问花费大量时间试图界定问题。

一个小时的会议，咨询顾问会花费 55 分钟的时间理解问题而仅仅留下 10 分钟的时间探讨实质问题、协商客户需求并处理控制与曝光的担心。之所以出现这种情况，是因为我们在会上能化解客户的困惑或固执。我们不知道下一步要做什么，因此不断追问相关问题，表面看起来，这样的工作使得咨询顾问和客户都感到轻松。

其实，咨询顾问不必一直抓着一个问题不放，在整个咨询过程中，你有足够的时间来探讨这些问题。如果你不知道下一步该怎么做，或者会议偏离了原来的方向，你有如下两个选择：

- 对客户说："让我们先将这个问题放一放，请告诉我你想从我这里了解什么？"
- 面向客户，发表自己的意见，任何想法都可以。这会引导着你沿着正确的方向前进，你可以这么说："可能你对这个问题的本质还不是很了解。"那么，"如果往下发展，我需要从你这里得到一些信息"。接着，你们可以相互交换意见，讲述各自的需求。

在开会过程中，务必要确保讨论具体问题的时间不超过35%。如果你的确不了解客户所说的问题是什么，那么可以从协议中找一小部分进行协商，并从中发现和了解更多实际情况。如果经过20分钟的会谈后你还是一头雾水，那么即使你提出再多的问题，也还是弄不清楚。

虚拟世界

在虚拟世界中，与客户进行沟通不仅仅通过会议。我们表现得好像是生活在科技发展的新时代，摒弃传统的书面沟通形式，人们在虚拟世界的沟通越来越畅行。对于这种沟通方式，人们乐在其中并习以为常。

这种新的沟通方式是如何渗透到我们生活中每一个角落的呢？我们与坐在自己身边的人通过邮件沟通；我们通过网络找寻爱情和友情，通过网络语聊。我们与从未谋面的同事共事，并在没有任何眼神交流的情况下接受国外的培训或治疗。作为咨询顾问，我们还未曾与某些人谋面，却希望对其施加影响。而且，我们每天分分秒秒都在待命，我们自知自己没有隐私和私人时间，整个夜晚和周末，我们都埋头处理邮件。

对于技术的发展之快和应用范围之广，我们赞叹不已，并开始思

考它是否能够取代一切。这已经是毋庸置疑的事情，如果对此提出质疑，你可能会被视为发展路上的绊脚石。事实上，“绊脚石”的观念是对的，工业化对家庭、社区和传统价值观造成了巨大的负面影响，但这些还不是重点，问题在于这些表面现象夸大了技术的魔力，高估了它的价值。速度加快、便捷性提高固然都是好事，但是食品加工商再也不能保证食物的质量，写电子邮件也不能说明我有什么重要的事情需要和孩子沟通。

计算机技术和它所创造出来的虚拟世界是神奇的，但是也仅此而已，那无非还是技术，并不是人们取得联系的唯一方法。虚拟世界缺乏真实性，也不是服务世界的唯一途径，也不见得会对人们有益。虚拟世界最大的优势在于其娱乐性、速度和成本。首先，虚拟世界越来越娱乐化了。这里不再无聊，到处充满无忧无虑的消遣。我们通过写邮件、看视频和阅读电子书来填补生命中脆弱的空白。我们可以随意调台收听媒体节目，自己可以控制。

商业化的最大优势在于它的速度快捷和价格便宜，这是积极的一面。关键在于，我们需要了解工作的哪些方面需要速度的提升并且对价格敏感，这就是有支持和咨询功能的虚拟世界。任何建立在以关系为本质上的工作，当努力达到一个好结果时，对速度的要求就越高，仅仅追求速度之快，就使得面对面沟通的机会和时间相应缩水了。

无论虚拟的环境如何改变，本书设置的咨询过程依然适用于面对面沟通或者远程沟通。我们仍须建立联系，询问客户共事的感受；我们仍然需要交流相互的需求，探索疑问，倾听表面的对抗，在探索中提出同样的问题。团队工作依然存在，我们应该致力于解决那些问题，下面是一些需要注意的具体细节。

过时的感受

咨询过程中虚拟技术的主要限制在于我们大多数感觉都已经非常陈腐。即使画面完美到真人大小、声音调节到最佳质量，电子声音和视觉传递的也仅仅是与人沟通的有限信息。

在虚拟世界里工作，我们就丧失了与真人接触、感受和体验的能力。我们对所需要知晓的重要事情了解甚微。在这一点上，我们无能为力，但是却不能假装认为电子对话和人际关系就等同于与人面对面的沟通。

相比会议面谈，通过虚拟网络进行的沟通要求咨询顾问更加细致和耐心。咨询顾问需要对客户的需求再三审核。如果意识到一种抵触情绪时，咨询顾问必须要相信自己所听到的一切，有意识地留出沉默的空间，这种沟通会更加困难。会议不断地被一些小问题打断，比如，“我们该怎么办呢？”或者“你是否得到了想要的回答？”这些都是虚拟世界所必须要进行的沟通，然而我们总有一种好像失去了什么的感受。

电子邮件不算数

通过电子邮件沟通，必然会出现所传达的意思并非我们原本所想的那样。温和的调侃可能会被视为失望，小幽一默被看作缺乏关爱，通过邮件沟通爆发的愤怒之情则久久不能消退。而且，当你通过邮件形式发出信息并理所当然地认为收信者已经收到邮件并已阅读，多半时候你的想法都是错误的。作为生活的后勤，邮件是个不错的选择，但处理人际关系时使用邮件方式就是冒险。

效率的隐蔽成本

曾经一度，我们希望通过电子或在线网络取代自己亲手或需要亲自处理的事情，比如在线购物、召开会议、学习、搜索或者任何娱乐项目。

在人类发展的领域里，对于咨询顾问最大的挑战便是如何全力将直接的课堂经验取代在线培训。在线学习对于亟须学习的成员来说，是个比较便捷的学习方式。这些都是事实，但是在线学习如何影响体验质量和学习形式这一点还未经证实。

通过网络可以很快地获取事实真相，我们借此变得见多识广、消息灵通。网络是个无所不包的大百科全书和通讯社。网络的发展潜能充满无限魅力，但是在所有惊喜的背后，都隐藏着人力成本。在改革的领域和以人际关系为主导的咨询工作中，虚拟世界的作用就没有那么大了。

这就好比我的 Facebook 和 LinkedIn 的个人资料，这些与我个人关系不大。虚拟人物可能着装优美、画面引人、潇洒前卫，但是咨询的未来绝非是由虚拟人物的集合创建而成的。假的真不了。虽然 Skype 有其价值所在，比如我可以与自己远在新加坡的孩子皮特视频通话，这是很好的电子模拟技术，便捷且实惠，我当然要采用这种技术。然而，比起皮特与我面对面的沟通，这种取代显得毫无价值。

虚拟世界与众不同

当客户需要考虑虚拟的沟通方式是否有效或者是否有必要当面沟通时，就需要咨询顾问出面了。事实上这是个有深度和风险的问题，一些咨询问题很难应对，从情感方面考虑，就更需要咨询顾问的帮助。虚拟世界所处理的问题更加有认知性，且不带个人色彩。例如：

- 现在的问题是什么？
- 这个情况有什么来历？
- 参与者是哪些人？

• 我们执行的业务如何？

• 这要花费多长时间？

• 谁应该被分配到设计组？

• 你想达到什么样的目标和结果？

千万不要误会：这些都是重要问题。

那些更为切身和个人化的问题则不适合在虚拟世界里处理：

• 你觉得和我共事怎么样？

• 对我们关心的问题，你做了哪些贡献？

• 这家组织好共事吗？

• 对这个项目的掌控情况和其弱点，你有何看法？

• 你对事情变化有哪些质疑或保留意见？

• 在这个过程中你学到了什么？

这些问题可以帮助我们建立亲密关系，也是建立社会性架构以及帮助我们渡过项目难关的提问。因此，我们需要全身心地投入其中，从而产生更大的影响。

你也许有与众不同的个性，这完全取决于你的工作，但是签约阶段的关键性问题在于，你需要了解项目的哪些部分可以通过虚拟方式完成以及哪些部分需要当面沟通。我们要寻求自认为重要的事情，也就是说，我们要对虚拟世界有所了解。不能神化虚拟世界，也不能完全地将其拒之门外。它是个有用的娱乐工具，也是避免冲突的防御措施。认识到这些差别将使我们的咨询工作与众不同。

> 在网站 www.flawlessconsulting.com 上，有一个关于 Bonner Case 的小型咨询项目的片子，其中阐述了咨询技巧概要，包含咨询的阶段、签约过程的步骤和其循环的本质以及如何对咨询活动负责从而保持均势的目标。

Flawless Consulting

第 7 章

内部咨询顾问

当我为内部咨询顾问举办关于咨询技巧的研讨会时，参会者耐心地听我讲“敢于对经理人说‘不’”“出现问题时与管理者直面问题”“清楚地表达你的期望和要求”和“直接处理政策性的问题”。终于，坐在房间后排的一个人举起手来问：“知易行难，你是组织外部的咨询顾问，并不需要为你提供咨询的组织服务。而我们是内部咨询顾问，如果某个部门经理被惹恼，我们的麻烦就大了。对于这种情况，你并不了解。”

我过去常常拒绝回答这类问题，因为问题都是一样的，他们必须做的事情与我要做的事情是一样的，如此反复。每当这时，他们就向后一仰，这时我便宣布茶歇时间到，而他们便开始与大家兴奋地讨论起这个问题而无视我的存在。然而，我不再像以前一样表示异议，部分原因是想避免这种抵触。对于内外部咨询顾问如何处理问题，我有了更清楚的认识，详见表 7-1。

表 7-1 内部咨询顾问与外部咨询顾问的显著区别

事项	内部咨询顾问	外部咨询顾问
着装	蓝色与灰色西装、正装裙子与外套。在参加公司举办的高档乡间俱乐部活动时，可以适当穿运动服或休闲装	毛衣、圆领衫等宽松的衣服，针织的棉质裙子，运动外套，棕色和绿色为宜；也可以佩戴黄金手镯或者佛珠
偏爱的语言与短语	测量 长期 快点 实用 目的 背景 成本	这引出来一个有意思的问题 基本面与标的物 成交 为了顾全你的整体性 在 ×× 期间 两难困境 模型 含义 重新评估流程中的几个问题
个人生活	适度的沉稳、负责、懂得感恩 仅仅离过一次婚，并与前任配偶和孩子保持良好的关系	就像刚被轰炸过的广岛一样 人生路上走马观花，但却记不住什么
渴望的生活	渴望自由和像外部顾问一样多姿多彩的生活	渴望像内部顾问一样持续和稳定
潜在的焦虑	被忽视、被拒绝、被人觉得不值一提	被忽视、被拒绝、被人觉得不值一提

内外部咨询顾问之间的重要差别

作为内部咨询顾问，你处于公司的某一层级和人际关系中。你得首先使你的主管感到满意（至少在某种程度上是这样），你要顾及所属部门需要完成的指标。比如，技术部门准备向操作部门介绍一种新工艺，或者财务部计划采用一个新型控制程序，这些问题你时时刻刻都要考虑到。

对于有主管管理和部门指标的内部咨询顾问而言，这些问题对咨询顾问的工作和与部门经理的签约有何影响？

通常情况下，你不可能仅仅对部门经理的个人需求做出反馈。你希望部门经理按照你的程序采纳意见，这也许会与经理个人的处世哲学和做事风格相冲突。

人们可能会根据采用支持方案的经理人人数来评估内部咨询顾问，通常会要求你列举出所属部门的实施方案，这样做反而压力巨大。

人们常常希望内部咨询顾问能够改变对手。有的部门经理可能多年来一直拒绝接受你这个部门所提供的服务，但是能否说服他就是你的事了。

若有一位主要的管理者对你表示愤怒，可能就是一场灾难。组织中的管理者是你有限的几位客户。如果你在一两项工作上失败了，流言蜚语迅速传开，再也不会有人寻求你的服务。事情至此，即使人还在公司，你已经失业了。

组织中多数人都了解咨询顾问的身份和工作水平，这可能限制了你本应该直接联系的重要高层人群。相比较而言，外部咨询顾问的身份和水平没有那么明确，因此他们可以比较容易地从一个层次跳到另一个层次。

做一个自己领域内预言家的困难被过分夸大了，有些咨询顾问以此为防御。不过，事实确实如此。因为你与部门经理在同一组织内工作，他们认为你与他们一样，都承受着相同的压力。因此，想要他们对你产生信任，并且认可你能够提出一些特别的建议，这一过程可能会有些漫长。

这意味着内部咨询顾问经常是受命工作而非自愿选择，这使得内部签约风险极高。由于内部咨询顾问没有最终决定权，而且不能对项目提出质疑，最终，内部咨询顾问能做的事情就是强制执行。

外部咨询顾问也会面临大量类似问题，但是没有这么高的强度。身处组织之外，咨询顾问提供的服务有着广阔的潜在市场。只要客户对咨询满意，他们所在的组织就不太可能有抱怨。

这些问题的设置和强度的不同使得内部咨询顾问的职位更加微妙并且容易受到攻击，这样就对咨询顾问如何与客户签约以及愿意冒多大风险提供真实可靠的反馈信息造成了限制。如果这些限制导致了长期的谨慎行为，内部咨询顾问可能仅仅被看作一名助手而已。如果咨询顾问忽视所有的限制，又可能被视为不成熟或者不忠诚，而被扣上“对如何开展工作不敏感”的帽子。

这本书讨论的咨询方法就是如何在更高风险和更高收益的情况下维持咨询顾问的尊严并赢得客户的欣赏。总而言之，你必须做到完美咨询。本章剩余部分将讨论作为内部咨询顾问需要特别注意的一些事情。

三方合约与四方合约

与作为客户的部门经理会谈通常只是签约过程的开始，至少，内部支持人员应该也与其主管协商签约。

无论是技术工程团队、财务审计团队、个人团队还是一家公司的辅助团队，每一个内部咨询团队都有它自己主推的优先项目，并且对参与和管理客户都有一系列自己的想法。比如，技术团队希望他们的技术咨询顾问向运营机构销售一些创新的流程，市场团队也有一些定位和定价策略等待出售给他们的客户。

每个辅助团队也有公认的需要完成的目标，他们的内部咨询顾问必须全力支持他们的部门经理。因此，为了实施这些优先项目，咨询顾问既要满足客户的需求，又要履行他们与其管理者之间的协议。这就迫使老板必须签订合约，同时也意味着内部咨询顾问通常处于一个三方合约甚至四方合约中，如图 7-1 和图 7-2 所示。

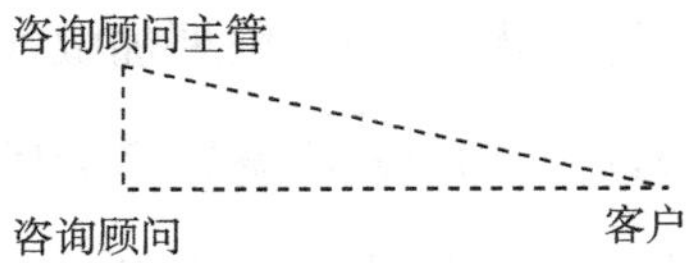

图 7-1　三方合约

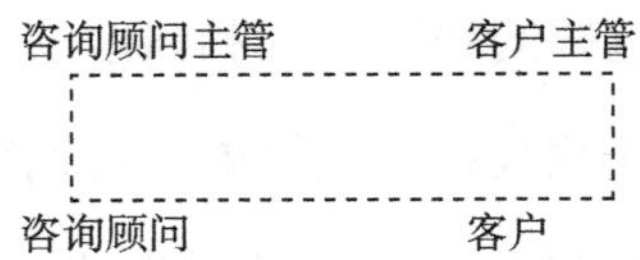

图 7-2　四方合约

四方合约可以从咨询顾问主管和客户主管之间达成共识开始。也就是说，咨询顾问和客户都没有专门选择，而是承担义务去开展咨询活动。这种情形造成的影响就是拖延了签约过程。此时，咨询顾问非常有必要与合约双方面谈，清楚地说明双方的期望。有时达到这一目的也许是不可能的，但是你至少可以了解自己所面临的情况，而不是仅把签约视为简单的流程问题。在调研过程开始之前，咨询顾问需要对三方合约或四方合约的每一方进行考察。

主管的期望

实践表明，如果你将签约的各方纳入框架中，内部咨询顾问与客户之间的许多表面上的问题实际上是他们和自己主管之间存在问题。主管对内部咨询顾问有更高的预期，而内部咨询顾问认为自己永远不能对主管说

“不”，或者内部咨询顾问必须要应付很难应对的客户。

我曾经问过为工程项目提供咨询的顾问他们的组织关于开展业务有什么指导方针，他们的回答勾勒出了一套内部咨询活动的规范：

- “无论如何都要完成工作。”
- “如果技术问题最为重要，那么就不要顾虑客户敏感的其他问题。”
- “不要使客户感到不安或者与客户对抗。”
- “要保证工作时间充足，但不要拖延太久。”
- “说服客户按照你的建议去做。”“出售公司之道。”
- “问题都可以得到解决。”
- “你能够接触到所有客户。”
- “忠于自己的组织。”
- “家丑不可外扬。”
- “不要评论或恶意攻击别人。”
- “永远不要向客户承认错误。”
- “与客户签订合约具有灵活性。”
- “不要对未来的工作做出任何承诺。”
- “不诽谤造谣。”
- “始终保持低调平和，不要情绪化。”
- “携带手提箱，愿意外出。”
- “不卑不亢、机智、自信并且礼貌得体地做事。”

当然，对于以上列出的这些期望，咨询顾问可能会感受到不切实际的压力，这不是出自某个管理者的一家之言，但的确反映了在内部咨询顾问与其主管的合约不够清晰、明确的情况下，内部咨询顾问所处的窘境。

与主管签约

考虑到这些无法履行的文化规范，让我们一起看看内部咨询顾问与他们的主管签约的情况。签约的第一步就是明确你想要什么。所以，我询问内部咨询顾问，为了应对他们所承受的压力，他们希望从主管那里得到什么。他们这样回答：

- “在委派我负责项目之前，清晰地定义我的工作。”
- “能够接近主管。”
- “在项目的非技术性和政治性因素层面得到帮助。”
- “不要对我施加过多责任。”
- “在特殊情况下，可以自由地商议合约。”
- “对预测项目成果和计划建议应当尽量不带偏见。”

同样是这组咨询顾问，他们希望从客户那里得到的信息恰好与上述内容相似：

- “清楚地界定工作。”
- “能够接近客户组织中的代表；可以得到有关数据资料。”
- “共同解决问题——合作。”
- “对项目的承诺。”
- “荣辱共享。”
- “感觉被需要，感觉有所为。”
- “对成果没有偏见。”
- “照顾到物质需求以完成工作。”
- “开放性和反馈。”
- “咨询活动结束后的后续反馈。”

清晰了解你与主管的合约会深深影响你在客户中的声誉。如果你对合约认识不清，你很有可能会与客户签订一份不稳固的合约，并且会轻易地向客户屈服，不愿意从成功性很小的项目中退出。你也可能会对组织做出的不合理安排感到压力重重，这些原因都会拉大你与客户之间的距离。

尝试这个练习

首先，列出你对主管的主要希望，再让主管列出对你的期望。接下来，相互交换并共同讨论，看看你们是否能够达成一份合理的合约。这份合约不但符合你的团队或部门的需要，使得你能够实现对整个组织的承诺，同时也允许你对客户的优先权需求做出反馈。

如果交流进展不顺利，那么请做好准备阅读下面两章：认识和应对客户抵触。

Flawless Consulting

第 8 章

认识客户抵触

咨询活动中最困难的部分就是如何成功地处理客户抵触。在开展咨询活动时，我们自认为如果咨询顾问本着一切从客户利益出发的原则，客户便会欣然接受咨询顾问提出的清晰而有逻辑的想法与专业性建议。然而我们很快发现，无论我们提供的资料和建议多么有理有据，客户仍会出现抵触行为。

发生抵触的情况并不常见，然而一旦出现抵触，往往会让人感到莫名其妙和沮丧。面对抵触，我们常常认为客户固执而荒谬，最终便以简单粗暴的方式向客户呈现资料并提出建议。

认识客户抵触本质的关键在于，咨询顾问要意识到这种行为是客户内在情感过程的一种反映。我们与客户之间的交谈是客观、有逻辑和理性的，客户的抵触并不是针对这些。抵触是客户获取帮助的一种方式，也是在不得不积极面对组织遇到的困难时可预见的自然反应。

不仅如此，认识抵触也是学习过程的必要阶段。咨询顾问都希望永远不会有抵触情绪出现，即使出现也能够立刻消失。这种姿态阻碍了客户对专业技能的学习和贯通。要想使客户学习处理难题的重要知识，咨询顾问有必要在客户准备真正接受并实施咨询顾问提出的建议之前，允许客户表达抵触情绪。

应对客户抵触情绪的技巧是：

- 能够判断出抵触情绪何时出现；
- 视抵触为自然过程并意识到抵触迹象；
- 鼓励客户直接表达其抵触情绪；
- 不要认为这种抵触是针对个人的，或者认为抵触是针对顾问或其能力的。

“知易行难。”本章和下一章将做有关讨论。

抵触的表现形式

抵触表现形式多样，有些表现微妙并难以捉摸。仅仅在一次会议中，你或许就可以遭遇各种形式的抵触。当你着手处理一种抵触形式时，有时它会消失，而后以另外一种形式再现。

对于以技术为导向的咨询顾问，如工程师、会计师、计算机和系统操作人员来说，辨别抵触可能相当困难。他们的技术背景一直倾向于数据、事实和逻辑，当有人要求他们理解情感或推进人际关系时，就困难得好比雾里看花了。

下面列举了抵触的常见表现形式，旨在帮助人们对此有更清晰的认识。

提供更多细节

客户不断地询问芝麻蒜皮的小事，比如，“那些从晚上 11 点工作到第二天早上 7 点的人想些什么？”“当你要合并数据时，你使用什么工作表？字体标注为红色还是蓝色？”客户似乎挖空心思般地想知道所发生的一切。无论你为客户提供了多少信息，他们似乎从不满足。每次对话后的感觉就是你要在下次约见之前备足资料，这导致你在收集资料的工作上花费大量时间而仅有少量时间思考决策要做的事。当然，一些客户所提的问题是合理的，毕竟客户了解自己的工作。然而，当这些问题让你觉得不耐烦的时候，即便你可以做出解答，此时也要猜想一下，客户对细节的提问是否就是抵触的表现而不仅仅是在简单地索求信息呢？

为你提供大量细节信息

索求过多细节信息的必然结果就是得到更多具体的回答。你向客户询问事情的起因，可能会得到这样的回答："好吧，这是 10 年前的事情啦，那是 9 月一个周四的下午，我想当时穿的是一件蓝色汗衫，外面大雨倾盆。我不想给您添麻烦，但是我认为让您了解事情的背景很重要。"客户不断地提供更多信息，而你所能够了解的信息越来越少。当你开始感觉这些信息和你手头的问题毫不相干，并开始觉得厌烦或困惑时，你可以怀疑这个反馈是抵触的表现而非真心为你提供事实。

时间

客户表示非常想执行你的项目，只是觉得时间紧迫。这不由得使你紧张起来，而客户却始终给人一种忙碌不堪的感觉。事实上，客户根本没有时间与你见面。会议中常常出现这类打岔形式的抵触。客户开始接听电话或者埋头盯着他们的黑莓手机，又或者某人突然走进办公室找到你说："抱歉，打扰一分钟，彼得，我必须先和安解决这个问题。"而后客户开始与安讨论起来，留下咨询顾问一个人呆坐在那里。

在上述例子中，客户想传递的信息是什么呢？

- 这个工作场所真让人喜欢，这里每时每刻都有新的进展，难道你不为之所动并期待着也到这里工作吗？
- 我的组织过于忙碌。
- 我个人的时间有限。
- 希望你能理解，我拒绝不是因为你的建议让我感觉不舒服，而是因为没有时间。

我们每天都要面对时间的问题，这是客户表达抵触的常用形式。客户不愿诉说他们对项目的真实感受，主要是因为时间问题。如果你发现在12月的时候客户还跃跃欲试，但是拖延到次年的第三季度客户还没有开始执行，这时可以肯定的是，咨询顾问再一次遭遇了客户抵触。

不切实际

客户不断地提醒你“这是个现实的世界，我们面临的都是现实的问题”。现实世界这个词我已经耳熟能详，这让我想知道难道客户认为咨询顾问生活在幻想世界里吗？客户的这种抵触是在谴责我们不切实际、过于学术气，甚至是充满理想主义，根本和现实不搭调。正如许多其他形式的抵触一样，存在即合理，每一种说法都有一定的道理。这种关于“实际性”的强调导致你怀疑自己是否需要考虑应对情绪问题。

意料之中

凡事能够做到心中有数是多么重要的事情啊！我一直很惊叹这一点。如果能够如此心中有数，那么世界上发生什么事情都不觉得稀奇了。比如，当你完成一项研究并向经理汇报楼房倒塌事故、工人罢工，甚至首席财务官也与市场部副总裁相继潜逃，此时国税局刚好找上门来，事情一塌糊涂，这时经理的第一反应是“意料之中”。这种反应让你觉得，自己表现得如此惊慌失措真是世界上最糟糕的事情了。

经理担心的是事情不在可控范围之内。遇到这样的情况，确实是令人失望的。这就意味着我们作为咨询顾问所做的一切似乎没有那么重要和独特了，我们的贡献也未能被重视。这时，咨询顾问不必为此惊讶，因为这只是客户的一种抵触形式，而不是对咨询顾问工作成效的真实反馈。

攻击

最公然的抵触形式是客户攻击我们。客户对你嗔言怒骂，脸色铁青，捶打桌子，指着鼻子和你较劲儿，甚至刻意加重语气表示强调。这让咨询顾问感觉自己好像一个做错事情并且侵犯了别人道德底线的笨手笨脚的小孩。应对这种抵触，我们往往要么让步，要么友善。我们可能会认为这两种反应是针对个人的，然而，这其实不过是客户采取的另一种形式的抵触而已。

困惑

当客户向我们求助时，那就是他们切实地遇到了问题。这也许并不是抵触，而是一种渴望澄清事实的愿望。当你三番四次地向客户清晰地做出解释而他们还是不断抱怨感到困惑或者不理解时，这时你就要想到，困惑的表现可能是客户抵触的一种形式。

沉默

抵触形式之最当属客户的沉默。我们源源不断地向客户提出建议，而客户的反馈不但被动，而且少之又少。客户对于你的提议可能没有特别的反应，当你提示并询问他们的意见时，得到的答复往往是："没有问题，您请继续吧。如有疑问，我会说给你听的。"您不会真的相信吧？ 沉默根本不是赞同。如果你对一家企业提供至关重要的咨询工作，而客户没有任何反应，这就太不正常了。

客户沉默一定是有原因的。一些人认为，沉默和克制自己的反应实际上是在暗中较劲儿。他们通过行为表明，"我用沉默表达我坚定的情感和立场，以至于连话都不想与你说"。此时，你务必要关注沉默寡言的客户。

不要妄想并相信没有任何意见的会议就是顺利的，咨询顾问需要扪心自问，客户是否给予你坦诚地支持和真正的热情并亲自参与到行动之中。如果咨询中有沉默迹象存在，咨询顾问就要想到，这也是客户抵触的表现。

理论化

如果原本在讨论如何进展到下一步，你却发现客户开始转移话题，讨论事情为什么会如此等理论性话题时，那么你可能遇到了客户抵触。客户会说："这些结果中蕴含着一个有趣的假设。我在想这种情形与我们最后3次经历的情形是否有相反关系。这个风险似乎引发了很多问题。"

当讨论过于痛苦时，花费大量时间讨论理论问题似乎可以减轻疼痛，大多数人在紧要关头都会采用这种方式防卫。这样说不是要贬低某种理论的价值，也不是说没有必要了解现状，这只是为了防止你和客户同时陷入无休止的疑问中，而此时你们所面临的问题是能否应对当前的困难形势。如果在人们高度紧张的时刻，或者在高度紧张的会议上出现理论化的倾向，咨询顾问就要提高警惕。如果出现这种情况，你的任务就是避免对理论问题的探讨，引导客户重新回到有关行动方面的讨论。

说教

在说教形式的抵抗中，你经常会听到某些词或短语，比如"那些人"、"应该"和"他们有必要了解"，等等。当你听到这些字眼的时候，你就要认识到，在接下来的讨论中会充斥关于"事情应当怎样"的说教之词。简而言之，说教就是对现实的抵御。所谓"那些人"，就是指当时不在场的任何其他人。人们喜欢用这个词暗指那些在发言人之下组织中低层次的人，或者是对说话者所做事情不满因而说出"实在不理解事情应该是怎样的”之类的话。

具有优越性的措辞常常给人一种高高在上的感觉。高高在上的做法通常是客户对某些令人不舒服的感觉的防卫或者是对采取一些令人不快的行动的抵御。比如，“他们有必要了解”这一短语实际意味着：“我了解，而他们不知道。他们为什么就不能看清事实，像我一样以宽泛的视角来看问题呢？哎，让人学点东西真难！”而实际情形往往是，说话者提到的“那些人”意识到问题所在并且完全理解。说话者之所以认为有问题，其实只是因为“那些人”不赞同说话人的观点。因此，为了避免观点的冲突，说话者采取了说教的方式来逃避。

咨询顾问很容易受到说教的诱惑。说教式的管理者邀请你与他的一组人员讨论，他们知道对于“那些人”而言什么是最好的，也知道“那些人”“有必要了解”什么。这个职位上的人都是精英，说话有权威，并有管理者保护。如果组织中的其他人并不欣赏你的所作所为，这恰恰进一步表明了他们有多么大的困惑且非常需要你的帮助。此时，咨询顾问需要尽可能优雅并且坚决拒绝这种诱惑。

顺从

最难以辨别的抵抗形式是管理人员表现得百依百顺，他们完全赞同顾问的观点并热切希望了解下一步计划。来自客户的赞同与尊重恰好让咨询顾问得到了自己想要的这种反应，所以很难辨别出这种顺从是否是客户抵触行为。一种观点认为，每一位管理者在接受咨询顾问提供的帮助时，都有些矛盾心理。如果你赞成这一点，那么在咨询过程中你若是没有收到任何否定性的反应时，你就能知道有什么地方不对劲儿了。

每个客户对某些特定的行为都有保留意见。如果客户没有向你表达这些看法，他们会通过其他方式表现，而且可能会采取一种更具破坏性的方式。我宁愿客户直接向我说明这些意见，从而加以处理。当客户对你言听计从时，你就可以辨别其中的抵触行为。如果客户基本不提意见，而表示赞同的热情又不高，就说明客户产生了抵触心理；如果客户热情极高，极度赞成并对所面临的形势表示非常理解，咨询顾问可能会简单地认为自己很幸运，即使客户表达了一些保留看法，顾问也并不认为这是抵触的表现。然而，如果客户不讨论问题就强烈地希望尽快找出解决方案，或者客户对你过度依赖并且认为你所做的任何事情都正确的时候，咨询顾问就务必要警惕。

方法论

如果你的项目需要进行全面的资料收集，你首先遇到的问题就是采用何种方法。如果你采用调查问卷的方式，就会被问到客户反馈的数量、反馈程度以及从统计学的角度看，调查结果是否显著地达到 0.05 的水平。接下来可能还会遇到的问题便是那些负责保卫的人员以及上夜班的人是如何反馈的，等等。

有关方法的问题，最初 10 分钟的信息通常是最合理的需求。如果客户的问题直接深入问题，那么对咨询顾问来说，10 分钟时间对建立项目可信性已经足够。如果问题讨论时间超过 10 分钟，咨询顾问就要警惕并开始将其看作抵触。会议的目的不是向你盘问解决方案，而在于认识并决定如何处理问题。因此，关于方法和可选择性建议的重复讨论，只会拖延对问题和方案实质的讨论。

迅速好转

毫无疑问，最为微妙的抵触通常都是在项目之中或者在项目接近尾声时发生。看上去，客户对于你最初强调的问题已经没有疑虑，或者在临近客户面对问题并准备采取措施的时候，你开始听客户说感觉形势大好。其实，这都是客户抵触的表现。

以下是两种不同的表现形式：

- 如果项目启动时利润很低，当项目略有盈利时，管理者就对你说情况好转，盈利状况已有改善。这时，管理者认为某种程度上已经不需要咨询服务了。
- 你与客户 5 月份达成协议，准备在 6 月 20 日开始启动项目，然而当你在 6 月 10 日与管理者通过电话确认项目启动问题时，管理者却说："如果你愿意，我们仍然可以启动项目，但是看起来问题似乎没有那么严重。"咨询顾问根本不知道是何原因导致决策的转变，最可能的情况是，客户认为只有到了 6 月 20 日，他们才必须要面对问题，所以在此之前，客户认为问题似乎没有那么严重。

我曾经做过一家公司的咨询顾问，这家公司的工程部门和生产部门的成员很难共事。在调研阶段，我发现这家公司各级人员的冲突已经有 10 年之久。公司总裁站在生产部门一边，经常批评工程部门，而两个部门之间的职责和权力交叉且不清楚。正当我要反馈研究结果时，总裁通知我说工程部的负责人要换工作了。总裁认为，既然这个人即将离职，那么问题可能也就不存在了，而且还感觉良好，想着这个人的离开恰好可以避免直接面对公司过去 10 年来一直存在的问题。

管理者这种通过说明组织状态良好的抵触形式，很像是一对吵架的夫妻与婚姻法律顾问达成协议的情况。随着开庭日期的日益临近，他们相处得越来越好。当他们面对婚姻咨询顾问时，面对彼此，他们并不确信之前发生的问题，因为最近他们相处得非常愉快。

当然，客户面临的形势日益好转，这无可非议，但是多数表面现象背后都有值得注意的问题。如果客户告诉你组织中一些现象正在好转，我会认为客户提出改进还为时过早，这样做反而掩饰了那些真正需要注意的咨询问题。

急切地寻找解决方案

抵触的最后一种表现形式是客户热切地希望寻求解决方案，除了方案还是方案。客户坚持“不要和我讨论问题，我想听解决方案”，正是由于咨询顾问也希望问题能够得到解决，因此，如果咨询顾问没有稍微推迟一下方案的讨论，咨询顾问和客户很可能会一起走入误区。

对解决方案的渴求，可能会导致客户无法学到关于问题本质的重要性，客户会一直依赖咨询顾问来解决问题。如果部门经理没有耐心和韧性停下来考察问题，就无法有效实施解决方案。因此，咨询顾问要注意到，客户急于寻求解决方案的做法可能是一种防御性的表现，对于那些急于解决问题的咨询顾问来说，这是一种颇具吸引力的抵触形式。

客户到底在抵触什么

对于咨询顾问来说，了解客户到底在抵触什么是至关重要的事情。

成功处理客户抵触的最主要办法是认清楚客户抵触并非针对个人。当咨询顾问遇到抵触时，需要独自面对客户。当客户有防御心理时，他们就会指望你。咨询顾问要克服困难并解决问题，所以会很自然地觉得抵触是针对自己的。事实上，这种抵触并非针对咨询顾问，客户抵触的也不是顾问，他们只是难以抉择，没有勇气采取不寻常的方案，并直面自己原本就在情感上难以接受的现实。

如果客户邀请咨询顾问来解决问题，也就意味着客户的组织还不能将问题解决。其实，经理人并不是不够聪明，他们只是没能够把问题看清楚。客户在问题上参与较多，也已经认真地提出各种可能的解决方案，但是这里存在一些客户难以应对的现实情况，所以客户需要第三方来界定问题并提出可能性的解决方案：

- 客户难以应对的现实有很多种。
- 某些人可能会被解聘或者被告知表现不佳。
- 管理者可能不愿意暴露组织中的不满情况。
- 不能胜任的管理者可能不愿意直面能力不足的问题。
- 组织中的派系倾向比较复杂，管理者不愿意引起震荡。
- 手头上的任务可能需要组织从未使用过的技能，这就意味着要解雇某人，通常这类事情都很难做。
- 管理者的上司可能是部分问题的根源，管理者可能不想与上司直接面对。
- 组织可能正在向一个日趋萎缩的市场销售产品和服务，处理这些问题让人沮丧。
- 管理者自知管理很专制，也知道这种行为的负面效应，却不想做出改变。
- 已经投入大量资金的项目中途出现负面效应，这意味着管理者要上报坏消息并且收回早前做出的承诺。

所有这些难以应对的现实都非常棘手，找到合适的解决方案也要经历一个痛苦的过程。通常，当管理者有防御心理时，这是对自我管理能力的保护，甚至是值得维护的。一个有抵触心理的管理者，不但会关注咨询顾问的专业性，更加会关注管理者自我的尊严和胜任能力。

这就是所谓的抵触——防御某些难以应对的现实以及管理者应对这些现实的方式。而作为咨询顾问，我们的一部分职责就是指出难以应对的现实，并且帮助客户面对这些难题。因此，咨询顾问不该仅仅因为客户会抵触而选择逃避困难。

当碰到客户抵触时，你所看到的只是客户潜在忧虑的表面现象。这可能是因为客户有所顾虑，或者客户在间接地表达顾虑。

咨询顾问之所以感觉客户的抵触是针对自己的，是因为客户并没有直白地表达顾虑。如果客户能够以诚相待，直接表达自己的顾虑，比如“我担心失去对小组的控制”或者“我觉得自己没有充分准备好应对这种情况”，抑或“人们希望得到的东西恰好是我所不能提供的”，等等。这样，咨询顾问就不会感觉受到了攻击，相反会非常支持管理者的工作。

管理者对潜在忧虑的直接表达方式并不抵触，只有在客户间接应对和回避困难现实的忧虑时，才会出现抵触行为。比如客户可能会间接地提出问题，如缺乏详尽资料、时间有限、情况不切实际、预算不足或者缺乏“那些人”的理解，等等。客户就是常常以这些原因为由来终止项目或实施某些建议的。

潜在顾虑

如果我正面临客户的抵触而且在试图了解客户的潜在忧虑，我就会认为：客户忧虑的问题要么是关于“控制”，要么是关于“脆弱性”的问题。如果咨询顾问提出的建议并没有引起客户抵触，很可能是因为你的建议并没有威胁到管理者的“控制”问题或者管理者考虑的“组织的安全性”问题。

控制

保持控制是大多数组织价值体系的核心。人们对控制的信念远远超越了有效性和良好组织绩效的信念。即使控制最终导致更差的绩效，管理者也一直坚信要维持对组织的控制。大量案例证明，更富于参与性的管理成效更大。然而，参与性管理的做法并不常见。我曾见过一家公司，明明知道控制管理信息系统已经严重影响了生产力的提高，可是经理人宁愿牺牲更好的业绩，也要维持控制。

控制是组织的核心，整个奖励体系都是围绕着你有多大的控制权、承担多少责任以及具有多大权威进行调整的。当你表现良好时，你得到的不是更多的报酬，而是拥有了更大的权力。组织在一定程度上意识到，你不可能支付足够的报酬使人们全心投入工作，因此便把控制权也当作报酬来激励他们工作。

所有这些都表明，控制权得到了高度的重视。当然，有所控制不是什么坏事，然而失去控制却会让人心神不宁。当遇到客户抵触时，咨询顾问可以设想，客户抵触的原因会不会可能是管理者感到自己将失去控制权呢？

脆弱性

我们遇到大多数抵触行为的第二个主要原因在于管理者担心受到伤害。组织是一个有竞争性、有派系倾向的系统，在同龄人中表现出色、支持上司以及保证下属对你的忠诚和支持都是相当重要的。因而要保证以上几点并且完成工作是非常困难的事情。随着你在组织中地位的升迁，你会与组织中更高层次的人打交道，此时你会意识到接受别人评判和不断地证明自己，是组织中每个职位的人，甚至首席运营官都要做的事情。

权术是对权力的运用。组织运作好比一个有派别之争的体系，只是没有投票这一行为。客户需要重点考虑咨询项目对派别形势和客户权力的影响。当你遇到客户抵触时，很可能是因为你无意中破坏了组织中已经建立起来的派系平衡。

这里有一个实例。组织中从事研究工作的人员总是占有绝对优势，并且能够保持相对的独立性，而负责实现一些短期目标的产品开发人员却经常受到严密控制。一位研发部门的副总裁强烈感觉到现有的运营效率低下，职责交叉并且组织涣散，因而他希望咨询顾问能够帮助重组整个研发部门。结果在项目实施过程中，咨询顾问遇到的大多数抵触行为都来自组织中的研究部门。他们常常开会迟到，对我们的方法提出质疑，然后就保持沉默，最后扔下一句："你提出的任何想法都可以。"

那么，这些抵触行为的背后到底隐藏着什么呢？是咨询顾问提出的方法真的有问题吗？他们反对的是建立项目的技术支持吗？当然不是。情况是这样的，他们现在身处组织中受偏爱和有影响力的位置上，高高在上，有高度的自主权，可以自由地调配资源并启动项目。而他们提出的关于技术性和结构性的问题，实际上是一种担心而已，他们担心失去在组织派别系统中的地位。

他们的担心是合情合理的。如果一个研究部门丧失了独立性，从长远来看，新产品开发的前景就很渺茫。而失去控制的组织就会间接地表达忧虑，从而使得这种情况都很难应对。如果研究部门最终能够直接地表达出这些忧虑、减缓抵触情绪时，就能够与副总裁达成共识并找到解决方案。

并非都是抵触

弗洛伊德曾经说过，当有人问他正在吸的烟是否也是一种阴茎崇拜的表现时，他的回答是："有时候，烟就是烟。"同样地，有时客户提出反对意见并不是一种抵触行为，客户仅仅是不想进行某一项目而已。

如果把部门经理的反对意见都视为带有潜在顾虑的抵触行为，那么咨询顾问会越来越多疑。如果管理者直接说"我不想启动这个项目"，这并不是抵触的表现，因为他们的话里没有谴责咨询顾问的意思，也没有向咨询顾问强加难题。管理者是在为组织负责，他们有权做出选择。如果咨询顾问仍然认为这是一个错误的抉择，就有庸人自扰之嫌了。

咨询顾问是通过咨询活动而不是管理活动获得报酬。如果管理者对你说："我现在所处的位置还不足以启动这个项目。"那么，顾问要感激客户可以坦言相告，因为顾问了解彼此的处境，就不必担心自己当初是否应该采取不同的方式处理问题。这也说明，客户了解整个项目，也认识到项目中存在的风险，并且事实证明项目的风险极大。咨询顾问可能会因为没有启动项目而失望，但是，整个咨询过程却是完美的。

恐惧与希望

尽管有时咨询顾问和客户好像扮演着对手的角色，但是很多情况下，他们的感觉和忧虑是互补的。客户与咨询顾问的恐惧通常是类似的。就希望而言，也是如此。通常情况下，使你感到失望和令你振奋各有 3 种情况，如表 8-1 所示。

表 8-1

客户的担忧	咨询顾问的担忧
无助、无用：我没有能力改变现状，我是受害者	我没有影响力，任何努力都得不到回报
与组织和周围的人们疏远：没有人关注我，我也不在乎他们，我并不属于这里	我与客户有距离感：我们只保持陌生人的关系，永远都无法接近，我只能保持咨询顾问的角色
困惑：我有大量信息，却无法分类或清楚地理清问题	我的信息匮乏，客户不愿意或者不能够向我清楚地表达到底发生了什么事情

无助、疏远和困惑，这些都是潜在的忧虑，如果间接地表达出来，都可能会引起客户的抵触。客户的间接表达同时也会使得咨询顾问有类似的感受。因此，解决这个问题的办法是咨询顾问需要帮助客户直接说出他们的感受。

我们也可以反过来看一下恐惧和抵触的另一面，看看它们对每一位客户的潜能。每一位客户也有可能做到完美，客户越是趋向完美，咨询顾问的工作就会越容易，如表 8-2 所示。

表 8-2

客户的潜能	咨询顾问的潜能
可以选择并有权根据形势采取措施，是一位行动者，而不是受害者	拥有高度影响力，所付出的努力获得明确的报酬
融入实际情况中，感觉自己是组织的一员，正视困难的现实和紧张状态	能够做到真诚和亲密无间，没有做作的行为
选择明确，大量信息被简化	拥有各种信息资料，可以清晰地观察现状

充分挖掘这些潜能是所有咨询活动的目标之一。客户和咨询顾问为他们自己以及各自所处的情形负责。应对抵触的过程可以帮助客户走出无助、疏远和困惑的情景，从而进入一种有所选择、参与实际情况和信息明确的境界。同时，咨询顾问为达到这些目的，也需要完成相应转变，从内心没有影响力、与客户的疏远感以及信息匮乏的状态转变为具有高度影响力，真诚沟通并能够清晰地观察现状。

依赖他人，寻求帮助

大多数组织的氛围都不利于管理者寻求帮助。组织中往往存在着激烈的竞争，向内部或其他咨询顾问寻求帮助往往被视为能力不强。我们的文化也早就表明，尤其在男人的生活中，我们应当能够解决自己的问题，而不必依赖于任何人。作为客户，组织和文化气息背道而驰，并不是一件容易处理的事。在某种意义上，抵触情绪就来自依赖他人和寻求帮助所产生的不舒适感。

还有一种密切相关的感觉使得客户感觉不舒服，即任何努力都无济于事。在聘请咨询顾问之前，经理人已开始绞尽脑汁地处理问题，却收效甚微。这会导致一种默认的观点，即认为问题无法得到解决。整个组织和管理者如此坚持自己的做法和想法，以至于对问题采取听之任之的态度，因而会感到很无助。当咨询顾问遇到这种形式的抵触时，就要对这种可能性加以考察。如果管理者感到非常悲观，认为取得帮助的希望渺茫，这种态度本身就是咨询顾问解决问题的直接障碍。如果管理者没有尝试的热情，就没有哪种技术性的解决方案能够满足要求。管理者无助的感觉通常不是有意识的，咨询顾问的责任就是将其上升到有意识的层次。当管理者开始审视无助感时，希望通常就会出现。

期待得到证实，而非改变

当寻求帮助时，我们既希望得到问题的解决方案，又希望证实我们所做的一切都是完美无缺的。

我的一位同事尼尔·克拉普曾提到需要咨询的客户想要得到的是证实，并非期望有所变化。表面看来，客户向咨询顾问寻求帮助，却告诉咨询顾问他们并不期待某种改变，也并不是想要学习什么。这看起来是不是很荒谬，不太合乎理性呢？然而，**事实就在于，抵触是一种情感过程，而不是理性或者智力的思考结果。**

在情感的世界里，两种相对立的情感可以并存，并且都是真实的。客户可能真诚地希望学习并解决问题。与此同时，他们又希望得到帮助和支持，并且希望有人告诉他们，他们处理问题的能力比所有人都强。客户一方面寻求方法，一方面选择逃避。抵触就是逃避，而在逃避的背后，咨询顾问将找到解决问题的方法。当顾问引导客户表达抵触时，抵触情绪已经慢慢减少。这时，我们的客户已经做好准备，愿意学习并且做出改变，与我们一起合作。完美地处理抵触就是理解客户所处位置的双重本性，将其视为正常现象。

当部门经理所遇到的问题难以解决时，他们常常苦不堪言。部门经理清楚情况有多糟糕，并且已经学会容忍这些难题。管理者可能并不喜欢直面这些难题，但已经学会了如何应对难题。作为咨询顾问，我们提供解决问题的另一思路，并且向客户保证，形势将会越来越好，问题没有那么困难，结果也会有所改善。然而，这种承诺往往使得管理者一头雾水，他们希望问题能够有所变化并得到解决。

对一无所知的恐惧是引发客户抵触的主要原因，因为一无所知是不确定、不可预测的。我们都见到过结婚 10 年的夫妻，似乎在一起的每分每秒都是痛苦难言的，很奇怪为什么他们还是在一起呢？或者这是因为，至少他们知道事情还能变得有多么糟糕，但他们知道，在一起的他们依然能够共渡难关。看来，有所预期使人稍感安慰，分开就会使事情变得无法预料，或许应对不确定性的恐惧要比继续在一起的痛苦更加强烈。同样，组织也看重可预见性。可以想象，客户总希望系统保持可预见性，可是咨询顾问就必须要拥有不断应对这类情况的防御心理。

那些面对严重问题的组织，往往会成为最难应对的客户。他们需要做出重大改变，却是极不容易做出改变的群体。对于绩效低的组织而言，失败带来的压力如此巨大，以至于他们无法再冒更多的风险，取而代之的是，他们只能继续保持令人不满意的绩效表现。在这些极端的情况下，咨询顾问可能无法提供更多的咨询帮助来应对这些抵触行为，只能接受现实了。

魔鬼和天使

在任何组织中，总是会有一类管理者，他们蔑视内部咨询顾问的工作。在为同一组织内的人员举办研讨会时，不管这些人是来自人力资源部、审计部还是工程部，内部咨询顾问总是能从中找出一两个“魔鬼”，他们都是级别较高的管理人员。这些管理者被认为处事顽固、专制独裁并且感觉迟钝，他们是行业中的亚哈船长（Captain Ahabs）㊀。一谈到抵触问题的时候，人们会自然而然想到“魔鬼”。似乎在职业生涯中，我们每个人都会至少有一位令人难以忍受的客户，在咨询活动中，这类客户成为我们所遇挫折的导火线。然而，这些“魔鬼”也有着强大的吸引力，他们是某些咨询顾问希望拥有无限权力并取得成功愿望的化身。

“魔鬼”并不是真实存在的。很多次，在我与某个管理者见面之前，我都听说过他是多么的咄咄逼人并且极其小气。每次开会，我都深感不安，不希望自己成为新的受害者。实际情况是，交流很快就转向“魔鬼”担心的问题。“魔鬼”并不是恨咨询顾问，他们担心的是那些使他们感到为难的人。隐藏在“魔鬼”怒号表面背后的是所有管理者都有的相同担忧，即

㊀ 亚哈船长是美国著名小说家赫尔曼·梅尔维尔的小说《白鲸》的主人公，他既坚毅、刚强、不慕名利，又有着疯狂、自私和刚愎自用等缺点。他的美德令人崇拜，但他的阴暗面则让人恐惧和憎恨。他真实而强大，近乎一个恶魔。——译者注

失去控制和变得脆弱。客户越强势，担忧越明显，也就更加需要帮助。

“天使”也是一种片面的形象。与我合作过的任何一个组织都能够说出一个愿意应接各种需求的管理者。这样的管理者工作出色，管理风格开放，相信他人，敢冒风险，工作踏实而且聪慧过人。然而，组织中也没有真正的“天使”。“天使”很难直接提出拒绝，大多数乐意提供帮助的管理者都有一些保留意见，他们避免正视问题的实质，并且希望保持现状。咨询顾问需要引导他们说出自己保留的观点，这是为了管理者的利益，也是为了咨询顾问本身的利益。

英雄主义

在咨询活动中，咨询顾问容易扮演英雄式的自我形象，这是咨询中需要消除的另一个神秘感。我们自认为可以克服所有障碍。无论客户多么难以相处，问题多么难以处理，或者时间安排有多么紧张，我们认为尽自己最大努力是我们的责任。这类咨询顾问希望自己成为咨询英雄，却更容易导致签署糟糕的合约。英雄主义常常蕴含潜在的问题，如果我们现在接受了这份糟糕的任务，日后很可能只有酸果子吃了。潜在问题的本质在于，一切都是设想，而并未表述出来。而咨询活动的效果，应当在当前项目中有所体现，如果咨询没有任何效果，这一项目就面临质疑。

咨询顾问这种英雄主义的冲动，恰恰是咨询顾问本人对困难项目的抵触。对于易变或者不切实际的合约，咨询顾问要懂得拒绝。如果顾问不能说“不”，那么就说“以后再考虑”；如果这样也说不出口，就说“我只能同意少部分”。英雄们工作也非常努力，人们高估了他们所得的回报。大部分英雄，都是从你正在做的事情中获取报酬，除非他们极为出色。

Flawless Consulting

第9章

应对抵触

人们总是用“克服抵触情绪”这类字眼来形容如何处理抵触问题，就仿佛抵触或戒备是一个讨厌的敌人，需要把它使劲按倒在地上制伏不可。“克服抵触情绪”要求咨询顾问必须足够精明并有逻辑地战胜客户，说服他们。不过实际上咨询顾问是不可能说服客户的抵触情绪的，因为抵触是一种情绪化的过程，在每种抵触情绪下是一种具体的感受，而说服别人改变自己的感受则几乎是不可能的。

帮助客户从抵触情绪中解脱，并继续回到解决具体问题上也是有具体步骤可循的。应对抵触情绪的基本策略是尽量使抵触情绪不爆发出来，就像面对暴风雨一样，你可不能直接上去与它针锋相对。人们的感受会在得到直接的表达渠道后自动地消失或改变，咨询顾问的技巧就在于让客户将自己的体验用语言表达出来，这意味着客户必须诚实可信地表述自己的感受。而让客户表达自己感受的最有效方式是咨询顾问自己做到诚实可信，而这恰恰是咨询顾问在应对抵触时所需要的。

不与抵触情绪针锋相对这一应对之道颇有些像禅宗的思想。如果你直面抵触情绪，妄图征服它，那结果可能只是助长了抵触情绪而已。假如一位客户强烈反对你的方法（且反对已经持续了超过 10 分钟），而此时你却要坚持为你的方法辩护，引经据典并列举以往的经验，这只能让客户感到更为沮丧。此时客户很有可能比之前开始讨论这个问题时更希望找到你的漏洞。选择固执己见无疑是在加剧客户的焦虑，使对方开始考虑究竟为什么你的方法如此重要。帮助客户表达出他内心的焦虑才有助于平息客户内心的抵触风暴，而固执己见只会让风暴持续

存在。

试试下面的这个练习。将你的两个手掌在胸前合十，假设你的右臂是客户的抵触情绪，而你的左臂是对这一抵触情绪的反应。移动你的右臂，用右掌使力挤压左掌，同时也让左掌向右掌使力，如果你保持这个姿势，你的双手就会卡在中间，你的双臂都会感觉到压力，很快你就会觉得有些累。而这就是你用蛮力应对客户抵触情绪的结果，你们因此陷入僵局，气氛愈加紧张，双方精力逐渐被耗尽。

现在像刚才开始一样双手合十，继续移动你的右臂，用右掌使力挤压左手，而这回让你的左手随波逐流，于是你的右手移动到了左侧，在这个过程中，你的右手会在某一点不自觉地停下来。右手会尽可能地移向它能触及的最远处，如果你继续保持这一姿势，你会发现你的右手（即抵触方）会因疲倦而受自身重力影响垂下来。而左手，作为抵触情绪的反应方，纵容抵触一方走到自己能前往的最远处。通过保持交流而不进行对抗，左手能够在毫不紧张且不损耗多少精力的情况下保持自己的姿势。

这就是应对抵触情绪之道：鼓励对焦虑情绪的宣泄，从而使其趋于风平浪静。还记得吗，所谓抵触，就是客户用间接的方式表达自己的保留意见。咨询顾问的目的应当是帮助部门经理终止托辞与抱怨，开始直接陈述自己的保留意见。当客户的焦虑以直接的方式表现出来后，咨询顾问就能明白真正的问题是什么，并能对此做出有效的反应。

应对抵触情绪的 3 个步骤

应对抵触情绪有以下 3 个步骤：

1. 用你自己的观点判断抵触是以什么形式表现的。这里的诀窍在于从部门经理处收集各类暗示信息，然后向你自己解释现在正在发生些什么。

2. 用中性而非指责性的语言陈述抵触的形式。这也被称为“描述抵触情绪”，此处的诀窍在于找到一种中性的语言。

3. 保持沉默。观察部门经理根据你对抵触情绪的陈述的反应。

步骤 1：收集暗示信息

受过专业训练的人，诸如受过计算机科学、工程学或者会计制度熏陶的人往往发现他们很难识别早期的抵触信号。专业训练主要将受培训者的精力集中于事实、图表、数据或其他理性层面，而这往往使人无法将关注集中于对话的情感与人际层面。提升应对抵触情绪的技能要求咨询顾问了解抵触所呈现的形式，而第一步就在于如何简单地认识到正在发生些什么。[⊖]以下是一些收集暗示信息的方法。

比起所闻，更相信所见

关注客户的非语言信息，客户是不是有以下情况：

- 经常从你身边走开？
- 纠结扭曲得像一个打结的麻花？
- 率先当着别人攥紧拳头或者用手指指人？
- 你一说话就摇头？
- 向你鞠躬，好像在臣服于你？

把这些征兆看作客户对于项目的不适，而这些不适很有可能就是抵触情绪的外在表现。

⊖ 这一论述来自我的一位朋友吉尔·戈登，很多年前正是他帮助我从用语言描述抵触情绪的步骤中分离出收集暗示信息的步骤的。

倾听自己

了解你是否正在面对抵触情绪的另一个方法就是将自己的身体当作晴雨表。当你开始觉得与客户交流让你感到不适时，就有可能是抵触情绪正在发生的征兆。而当你感到枯燥烦闷，或者是被人激怒时，这显然是客户抵触情绪的明显证据。因为一个基于实际问题的直接讨论是绝不会让人有烦闷或是被激怒的感觉的。如果你忍不住打哈欠或者要抑制一些自己的负面情绪时，请把它们作为一个线索。你身体的这些反应就像预警设备亮起红灯一样，这些信息要求你将你所面对的抵触情绪用语言描绘出来。

倾听反复出现的问题并做出警示

你正在面对抵触的一个重要线索是，你连续听到客户对一个观点解释了 3 遍，或者你发现自己向客户就一个问题解释了 3 遍。对观点或问题的反复解释就是一种抵触情绪，因为在第一次表述该问题或观点的时候，对方没有办法听进去。一些深层的焦虑往往因对问题的重复而间接地浮出水面。

你肯定听到过一些特定的字眼向你显示客户感到不解：

"你必须明白……"

"让我向你解释一些事情……"

"我想确认一下这个不是什么学术问题……"

这些冒犯人的字眼往往以一些隐隐约约的方式呈现出来，它们显示了客户的沮丧情绪，并好像在指责咨询顾问即将犯下大错。但是无论如何，这种来自客户的表述往往反而救了我们。

你可能听过许多特定的字眼，而其中很多听起来让人不那么舒服。现在就花时间把它们整理成一份清单，并随着你收集抵触情绪信息技能的提高，不断更新这份清单。

步骤 2：描述抵触情绪

当你意识到存在抵触情绪时，接下来要做的就是用中性的日常用语描述这些抵触情绪。描述抵触情绪的诀窍就在于尽可能地激发客户更直接地表述其对所经历事件的保留意见。

以下就是一些具体的抵触情绪与如何用中性的语言描述这些情绪的示例。

实　　例

当抵触情绪以这种形式出现时	用这种陈述描述该抵触情绪
客户正在逃避对问题或解决方法的责任	“你似乎不把自己视为问题的一部分。”
蜂拥到你身边讨论细节问题	“你给我的细节问题比我需要的还多。”
用一句话回答你	“你给了我一个很简短的回答。”
转变话题	“话题又转了。”
装作屈服	“看起来我说什么你都愿意去做，可我不知道你的真实想法是什么。”
沉默	“你很安静啊，可我不知道该怎么解读你的沉默。”
追问解决方法	“现在谈解决方法为时尚早，我还在试着发现……”
攻击性言论	“你确实对我的很多工作充满质疑，似乎什么事情在让你大动肝火。”

最简单的方法是用日常用语来描述抵触情绪。如果你觉得用对亲朋好友或是配偶讲话的方式会更简单一些，那就试着用这样的语言对客户陈述抵触情绪。

下面是一些其他抵触情绪的例子，试着用中性而非冒犯性的语言描述它们。

实　　例

- 质疑你采用的方法。
- 理智地引经据典，把你搞晕。
- 困惑并迷惑不清。
- 缺乏动力，注意力无法集中。

下面是一些描述抵触情绪的例子，你可以采用这样的形式来陈述抵触情绪。

实　　例

方法问题：你问了好多关于调研方法的问题，你是不是对调研结果的可信度心存疑虑呢？

理智型问题：每当我要下定决心该做什么的时候，你总是抱着一大堆理论回来，想用这些长篇大论让我理解正在发生些什么。

困惑问题：你似乎对我们正在讨论的问题感到相当的困惑，你是对问题感到困惑呢，还是只是不知道该怎么去处理问题？

缺乏动力或无法集中注意力：看起来你有些心不在焉，对这个项目提不起精神来。

在大多数情况下，客户们都会以更直接的方式阐述他们对项目的看法；而有时候，即便你设法描述了抵触情绪后，对方还是无动于衷。此时有可能你做什么都不见得会奏效。

找到正确的词汇提示客户

如果对抵触情绪的描述仍起不到作用，一个备选的方法是用语言表述你的讨论感受。遭遇客户抵触并不舒服，而且往往令人沮丧。有时候让你看起来很蠢，并且无关紧要、无足轻重。试着用以下的方式向客户阐述你的的感受：

“我对这次讨论感到非常沮丧。”

“似乎我的评论无关紧要、无足轻重。”

有时客户在听到这些后会停下来，并问你为什么这么想，而这有可能给了你直接讨论问题的机会。

直接说出你的感受通常要比描述客户的抵触情绪风险更大。客户很可能对你的感受毫不关心，会对你说：“看起你确实不怎么好受，那么我们究竟该怎么让这台设备重新恢复工作？”但是说出你自己的感受是诚实可信的做法，并且这一做法有可能激发客户的反应，而这正是你所期望的。

步骤 3：保持沉默，看客户如何反应

在向客户描述了他们的抵触情绪后，我们总是倾向于继续喋喋不休。例如，一位咨询顾问可能会对他那位缺乏动力的客户这么说：

“你似乎对推进该项目缺乏动力，我来和你讲讲我们推进该项目的 4 大原因吧，这样你可能就感觉有所不同了……”

第一句话很不错，是对客户焦虑的中性描述。而接下来的会话尽管会让客户放松下来，但是也很容易让客户不愿意为他们的行为负责任。

继续谈话往往是为了缓解我们面对客户时的紧张气氛，但是我的建议是不要继续谈话，保留这种紧张气氛，仅仅陈述抵触情绪，然后就保持沉默。

不要以个人的方式讨论问题

客户的行为并不是针对你的。我们中的很多人都习惯于分析自己是否做错了什么。在最近的工作中，我询问了一组工程师，让他们列出一个清单，上面写出他们在咨询工作中什么做得很好、什么做得不足。他们很快就列出了8～10条自己的不足，而正面的评价平均起来只有两条，最多的也只不过4条而已。这种自我批评情节在咨询顾问中非常普遍，而全然不顾这些抵触情绪是针对咨询顾问所属单位的。

如果你必须以个人的方式应对客户的反应，通常来说你最好能在晚上6点以后，即在你自己的时间讨论这一问题。你可以花整晚的时间抱怨，叫上你的朋友也无妨，但是请不要在你与客户相处的时候以个人的方式应对抵触情绪。如果你确实工作欠佳，并且客户直接告诉你这一点时，你不得不承认这一点，并设法做出改善。这并不经常发生，而且这也不是客户的抵触情绪，而是咨询顾问的工作失误。

还记得前面所说的吗，客户的戒备心是不能否定的，它们们需要通过正常渠道表达出来；如果压制它们，那么这些情绪

就会在以后以更危险的形式出现。关键是在于你如何应对客户的戒备心。

下面做几点总结：

- 不要以个人的方式应对抵触情绪。尽管语言恶毒，但抵触并不是为了怀疑咨询顾问的胜任能力。
- 戒备心与抵触情绪是你触及某些重要而有价值问题的征兆。实际上它只是在以一种复杂的形式呈现。
- 大多数的问题都是以不怎么讨人喜欢的方式呈现出来的，尽量去发现背后的问题，并用流畅的语言将其表述出来。这样做会让你如释重负，因为你不再需要回答一些虚幻的问题。

应对抵触情绪要比实际收集数据要难，更要比想出个好点子实施项目要难得多。**咨询的核心工作就在于如何应对抵触情绪。**

善意的反应

你所遇到的大多数有关方法与项目的问题，实际上都是客户对自身不愉快与戒备心的宣泄。然而这其中也不乏实质性的问题，在应对实质性的问题时，一定要尽你所能做到最好，这很重要。

一个基本规则是以两次善意应对每一个问题。如果有人质询你总结问题的方法或如何设计调查问卷，那你就应该对每个问题回答两次。如果你第三次被问及类似的问题时，大可将其视为一种抵触情绪，此时你就无须对问题的内容做出回应。相反，你要意识到一而再再而三地询问相同问题的客户只是在向你警告他们不愿意对项目进程负责，而且意味着他们承认这是他们自己的问题。因此，在客户第三次问相同的问题时，表明客户可能不愿意对问题或项目推进负责。

在两次善意的回应之后，就要面对承诺的问题并负起责任。不要将抵触情绪视为单纯的程序或方法问题，在做出两次善意的回复后，就请将这些问题视为抵触情绪吧。

向顽固客户提供咨询

我们时常会碰到有如冤家般的客户，面对这种客户时，即便你按部就班地进行完美咨询，你与客户的进展依然是惨不忍睹。

我们在进行咨询工作或者参与某一项目时都难免遇到这样难缠的客户，可以权且把他们当成一次学习的机会。每当咨询团队从签约会议败北之后，这些客户总是闷闷不乐。他们充满抵触情绪、毫不让步，根本不容商量，甚至在签约会议上当着咨询团队的面说他们的工作一塌糊涂。

为了应对这种令人沮丧，甚至绝望的情形，我们专门列了一个单子以用不同方式向顽固客户提供咨询：

- 不要指望对方同意你的观点、给你情感上的支持，或者受你影响。
- 不要指望你能与客户五五分成、均摊责任。顽固客户会把这些东西一股脑儿抛到你身上。
- 做好争执与挨批评的准备吧。
- 不要询问客户的感受，也不表现你自身的感受。
- 提问是为了让客户理解，而不是为了达成共识。
- 让客户尽量掌握对项目流程的控制权。
- 尽量避免提供详尽的数据或对数据做出解释，在这种情况下正当的理由只会火上浇油。
- 向客户提供支持。

- 不要对客户的个人化举动做出回应。
- 不要过于热衷，尽量避免细节陈述。
- 尽管你希望客户能在这个项目结项后学到些东西，但是你可不能现在就结项。
- 表现得自信些。
- 找几本漫画书来放松一下。
- 记住，顽固客户最担心的事情就是失去控制权。
- 让一切往前走。
- 尽可能地躲开顽固客户。

实际上，这个世界上真正意义上的顽固客户并不多。客户可能只是嘴硬，但是心里软。通常情况下，明确地向顽固客户提供支持或多或少都能软化他们。如果顽固客户一如既往地油盐不进、软硬不吃，那就尽可能地减少你在项目上的投入，千万别指望自己能成为点石成金的英雄。如果非常不幸，顽固客户偏偏是一个你要经常与之打交道的人，甚至就是你的上司的话，那么你只能准备跳槽或者把自己的有限精力放到工作之外了。最后，千万别让自己也变成顽固的人，和顽固客户混久的人有时也会变成顽固的人。

Flawless Consulting

第 10 章

从诊断到调研

当合约明确无误，而咨询顾问也做好应对抵触情绪的准备后，就应将关注对象转向调研阶段。本阶段有两大首要目标：制定一套全新而独立的方法来发掘现有问题；创造一套可以实现客户承诺、体现客户所有权并引导客户采取措施的流程。这意味着调研的目标不仅仅是正确地回答问题，还要提供有效和有力的建议。

对于这部分工作有两种截然不同的观点。传统观点将调研视为一种诊断，就像医学上的诊断一样，在诊断的基础上判断预后状况，并在此基础上开出药方。而这种传统方法也正是大多数客户想要的。他们面对棘手的问题，希望能有解决方法，而对他们来说，咨询顾问要做的就是提供方法。基于这种普遍的预期，这使调研工作被死死地限定在问题导向性上，而且是由咨询顾问负责大部分的调研工作。

近年来，一种不同于传统诊断模式的调研方法异军突起，这种方法主要是以可能性为导向的，而不是传统的问题导向。不同于传统方法将调研的目光聚焦于现有的问题与不足，可能性导向的调研方法将目光投向客户所正在从事的工作，了解客户的优势与天赋是什么，然后寻求在更深层次上利用这些组织资源。因此，这种方法也被称为资产导向法（asset-based approach）或优势导向法（strength-based approach）。

从问题导向型调研转向可能性导向型调研导致了咨询界的剧烈变革或者说转型，这使咨询从解决问题转向以未来的视野推动组织前进。“我们是要解决现有的问题还是要去创造未来？”这正是问题的关键。

正向偏差法（positive deviance）就是一种著名的以未来与财产为导向的方法。该方法是由杰罗·史坦宁与莫妮可·史坦宁首创的。该调研策略主要着眼于寻求系统中的成功案例。他们曾经供职于商业企业，救助贫困村庄以及医院——这些场所中的很多问题往往看起来是不可解决的。不同于传统的专家与研究者，他们只是简单地听取组织当事人的意见，了解组织中有什么地方还能良好运转。当他们了解到某个村庄的孩子要比其他村庄的孩子健康一些时，他们就会问当地的家庭都做了些什么才得到这一与众不同的结果。仅仅是向该村庄的很多居民询问本身就能起到改善儿童健康状况的效果。在医院，该方法也起到了同样作用，疾病与医疗事故显著下降；而在商业领域，他们成功地使企业的销售额与利润飙升。

该领域组织变革的另一个例子是肯定式探询（apprieciative inquiry），这是一种广受支持的调研方法。该方法由大卫•库柏里德（David Cooperrider）首创，该调研方法主要关注组织中的哪些方面是运作良好的、哪些传统和仪式是值得保留的以及组织中的人们对于未来有着怎样的视野与梦想。

尽管我自己的调研方法已经开始向资产导向法与未来导向法调整，但还是有很多人关注仍在采用的问题导向法，因此这足以使我们同时以这两种方式开展我们的咨询工作。此外，在面对具体问题时，直接分析与专业地解决问题才是客户所真正需要的。

人际关系依然是永恒的主题

无论你是采用问题导向型调研方法还是采用未来或者优势导向型调研方法，在签约过程中所强调的那些人际关系都依然是非常重要的，特别是对调研阶段来说。如果我们想让自己提出的问题权责明确，那么调研过程中的人际关系就依然是决定性的，而不管咨询顾问所处的专业领域以及全世界的咨询观点如何变化。

就调研内容来说，收集什么样的调研数据完全取决于你所处的专业领域。系统工作人员关注信息量的要求，而工程师与科学家则关注专业性问题，财务专家关注资金与经济问题，而组织开发人员则更关注资产导向法或问题导向法。

此外，客户的期望与实际对客户有益的工作往往是不一致的，这是所有专业领域与方法都存在的一贯性问题。众所周知，持续性的改善是源于客户将新知内化为组织的一部分，将其完全地融入组织的改善工作，并以此培育组织自身的能力。然而大多数客户却不是这么想的，他们需要的是解答。尽管他们可能在理论上认可高度参与能力的培育，但这并不意味着他们就会践行这些理论。在实际工作中，客户需要的是现成可用的解决方法。

这就像我们在身体不舒服的时候去看医生一样，医生会给我们开出药方，让我们吃药，然后我们继续自己的生活，用化学药品临时抱佛脚。而当医生对我们说，你该改变你的饮食习惯、减轻压力、多做运动，并在某些方面做出一些改变，我们可能就会想：我可不是为了听这些才来看病的。

当部门经理确定其组织运转出现了问题时，他希望能有人来帮忙，用全新的视角审视问题，并提出快捷、经济而不那么痛苦的解决方案。所以难怪客户总是上来就说："这需要多长时间？""这要花多少钱？""给我们一个最不折腾人的解决方案吧。"

如果我们只是按照客户要求，向他们提供他们想要的，那我们就是在冒不能很好地服务客户的风险。而要是我们告诉客户，解决方案不会马上出炉，成本要比他们所想象的高，需要耗费的时间远远要多于他们所愿意付出的，那我们就会冒被客户疏远的风险。当然，其中的一些问题能在签约阶段解决，但是这类问题总是会贯穿咨询工作的每个步骤。就客户来说，他们很难意识到问题的长期解决方法（即采取优势导向法）需要他们重新思考自己的位置，并需要在一定程度上重新安排他们的工作。

这样的重新学习过程耗时且费力。客户可以外包这项工作，或者与组织局外人签约，让他们进行调研与技术性问询，但是要想实施或维系具体的解决方案或拓展一个新方向，他们还是必须亲历而为。这就是为什么我们要用与医疗诊断完全不同的方式服务客户的原因。我们可不是一个给组织看病的医生：把客户组织全身上下查一遍，分析一下他们的症状，开出一套解决方案的药方，然后让他们拿着药方自己回家。更好的方法是将我们的工作定义为一个调研与对话的过程，而不是做诊断、开药方。这与我们看问题或看组织优势或潜在可能性并无关系。

诊断这个术语的局限性在于，诊断的主体应当是一个第三方咨询顾问，他们可以客观地分析形势，精确地列出问题，并提出有用的改正建议。这样的“诊断 – 开药”结构是一个理想的问题解决模式，但是它是建立在这样的假设基础上的：组织性改善过程像安装机器一样，是可以被设计操作的。但在很多情况下，特别是针对一个复杂的人员体系时，这往往是不现实的。

对于严格意义上的技术问题来说，这是可行的，如设备不能正常工作或者软件当机。然而实际上很少有最初被定义为技术性的问题，最后的解决方法仍是纯技术性的。我们经常要面对的是复杂的人员体系，而人员体系的问题是不能用纯技术性的方法解决的。人员体系是复杂的，所需要的是比简单的机械因果律更复杂的解决方法。设备与软件之所以不能正常工作，很大程度上是因为是人在操作它们，是人在维护它们，而且也是人不按照其原有设计功能随意使用它们。问题的解决方案通常要求人们改变自己的思考方式，并要求客户方面采取措施，而这才是真正的挑战。

因此，当我们用“诊断”这个词来描述这一阶段的工作时，我们就是在抱着这样的信条：开药式的工程设计策略可以改进一个活生生的组织。这种理性的姿态低估了真实改进的情感与情绪上的需求。

咨询顾问想要以这样的姿态来进行工作：我们应当扮演向导的职责，带着客户开展调研，通过对话帮助客户发现他们自己的问题，并协助客户启动效果持久且富有成效的项目。这是一种基于未来与对话的思考方式。

本章将介绍调研、参与以及对话的本质，这些活动有助于咨询顾问培育客户能力，并帮助客户持续地解决问题，使这些问题不再成为问题。

采取行动

问题的关键是如何让客户坦然面对调研过程，这要比正确地做出分析重要得多。这意味着你为应对抵触情绪留下了足够的空间。这也要求你在该项工作的各个流程中与客户构建起一种对调研的内部承诺。什么都不做，等到在反馈会议上递交报告时再担心客户是否接受你的建议就太晚了。我们同时也要关注调研过程中的整个组织政治环境与客户的人格特性。

绕过客户的管理风格与组织政治，客观地帮助客户认识到数据是非常重要的。做到这一点的诀窍就在于，像讨论技术问题一样理性地讨论所有质询的组织基础。

首先要明确一点，并不存在什么纯粹的技术问题。作为咨询顾问，我们总是对如何管理业务或使用技术有着各种各样的观点。即便是我们找个承包商为我们自家安装发电机以备不时之需，这么简单的事情背后也有很多问题：需要什么规格的发电机？应当把发电机安装到住宅的什么位置？采用什么技术的发电机才能满足我们的生活与预算要求？谁来维护发电机？优秀的承包商还会问客户以下问题：在家里谁负责启动发电机？对家人需要什么样的保护？稳定持续的电力对家庭有多重要？而且更重要的是，家里人是否对这些问题达成了共识？

后面这些问题其实讨论的是如何处理前面的那些问题，这些问题对“客户”意味着什么，在购买发电机这么简单的事情中，客户的态度是什么？优秀的承包商会认为这些问题比如何购买与安装电源的技术问题更重要。住宅建筑师与家庭承包商常常会说，他们的工作最难的就是如何处理客户的疑问与家庭中的不同意见了。他们很清楚该怎么布置装修与建设家庭住宅，但如何绕过家庭内部政治、满足客户的要求才是问题的难点所在。

一个家庭尚且如此，那对一个组织来说，事情就更为复杂了。事情组织政治是现实存在的，并且影响力巨大，这对项目的调研与实施是一个重大挑战。

调研的目的就在于动员客户采取行动，以改善组织的运作情况。调研的目的不是做研究，而是简单地了解事物的本质。对于研究来说，仅仅是了解就足够了。

强调具体行动与实用性对如何开展调研有深刻的含义。

研究方法	行动方法
关注身边所有会对形势造成影响的因素。	关注受客户控制并能影响形势的因素。
综合并且完整的调研阶段至关重要。	综合性与完整性不是主要问题，这些可以在决定如何实施时再予以考虑。
研究可以由个人完成，被研究的组织并不一定参与研究。	客户的参与对调研的各个阶段都是至关重要的。
强调数据的客观、可靠，尽量消除偏见与直觉。	咨询顾问就是靠自己的偏见与直觉吃饭的，这种偏见与直觉被称为判断，咨询顾问将自己的感受与观点作为可靠数据的补充材料。
研究要严守中立原则，而不管组织是否接受研究结果。	非常关注客户对调研结果的态度。

两种方法的差异很有可能是相互对立的，但问题的关键是咨询顾问的目的是行动，而不是理解问题。为了达成行动的目的，我们必须在技术考虑上关注以下 4 个问题：

1. **尽量保持简单明确，尽量缩小询问的范围，更多地将询问集中在客户下一阶段该做什么以及什么事情在他们的掌握之中。**

2. **使用日常用语**。你所使用的语言不是用来隐藏信息的，而应当是用来传播信息的。

3. **对你和客户间的关系给予高度关注**，包括客户每次判断该如何推进项目时。**设法应对所有的抵触情绪**，即便这些抵触情绪不会对调研结果产生什么影响。

4. **将客户组织的运行情况作为有效的相关信息加以收集，同时也要评估你所服务的组织是被怎样管理的。**

假定你已经具备了专业知识以及调研和分析的能力，而这 4 项能力则关系到你如何在咨询项目中应用你的专业技能。这种行为导向假设客户会轻易接受你的建议，并将你的建议视作与发现专业问题或组织天赋与潜力同等重要。

图 10-1 展示了解决专业性问题与解决如何处理专业性问题在调研流程上的不同之处。在处理可能性导向型和资产导向型问题时也可以套用图 10-1，只用把左侧的分支改为可能性导向型问题即可。

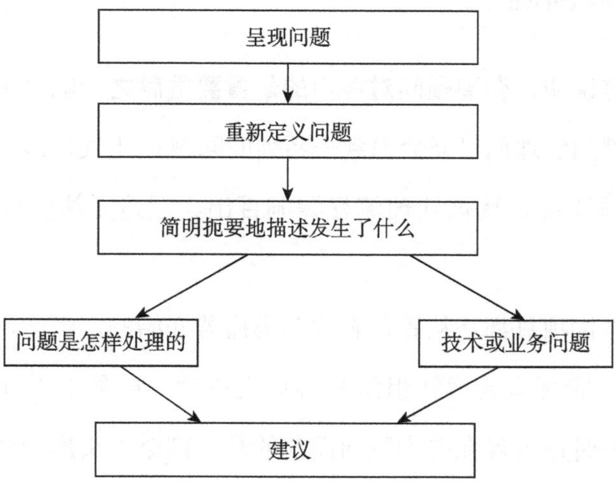

图 10-1 解决问题的调研模型

客户对你说	客户想呈现的问题
你开始……	重新定义问题或问题的原因。
你是想要展示……	现有情况明确而简单呈现。
这个清晰明确的图景是要描述……	客户就专业或业务问题向你求助。
你还描述了……	这个问题是怎么处理的：人们的态度如何，管理者的风格是怎样的，组织政治形势如何，组织的优势是什么，在专业和业务领域组织有着怎样的前景。
这将使……	对于接下来如何处理业务局面与小组的管理问题你有什么建议。

此问题非彼问题

以上内容说明，**咨询顾问对客户的最重要贡献之一就是帮助客户重新定义问题**。部门经理们可能会遇到一系列的问题：士气低落、设备无法正常工作、产量下降、票据处理流程漏洞百出、迟迟无法实现产品线的扩充，等等。

大多数咨询项目都是从管理者的各类痛苦开始的，当然，偶尔也会有些项目是由于管理者希望让组织获得更大成功，或是出于预防措施的考虑，但更多的时候展现在咨询顾问面前的是一副令人头疼的情形。当组织出现问题后，管理者就会开始尝试尽量准确地向自己解释为什么会出现这些问题。当他们能够正确解释问题的原因时，他们往往也能够正确地解决问题。但是，一旦咨询顾问介入，就说明管理者解决问题的尝试并不成功，或者是管理者根本不知道如何解决问题。而管理者之所以无法成功地解决问题，很有可能是因为他们对问题原因的解释并不准确。

我们管客户最初尝试向咨询顾问解释问题原因称为“呈现问题”（presenting problem）。作为咨询顾问，我从来不认为这种未经调研与分析所呈现出来的问题是真正的问题所在。正是因为部门经理最初对问题的定义是不全面的，所以他们才无法成功地解决问题，因此呈现问题反应的并不是实际问题（或者“潜在问题”）。正是如此，我们才会断言，咨询顾问对客户的最重要贡献之一就是帮他们重新定义问题。

下面是以希望重新定义呈现问题的示例：

一家技术企业为如何让新员工为企业服务超过两三年而困扰不已，新员工在入职后往往需要经过一系列培训，并积累一定工作经验后才能成为有价值的员工，但往往新员工们会选择在此刻离职。部门经理向一线管理者询问，为什么这些年轻员工选择离职？一线管理者总结了 3 个原因：

- 薪水不够高，不足以负担在本地的生活成本。
- 员工很难找到公司附近的理想住宅，出租公寓匮乏，房价又太高，新员工必须要工作 10 年才能承担首付。
- 年轻人过于急功近利，公司业务很难满足他们的雄心壮志与归属感。

高层管理者认可了这些原因，于是开展了一次薪水情况调研，并适当调整了新入职员工的福利；公司还在人事部下面创建了一个住房分部，以专职负责帮员工寻找合适的出租公寓，或者与当地的地产商协作，帮员工物色价格合适的本地住房。他们将员工现实的职业生涯需要带入了工作场所。这些解决方案直接针对管理者所提出的“呈现问题”：员工住房问题、不合理的员工福利制度以及员工的企业归属感。

但是一年半后，员工跳槽率并未因此而降低，在某些部门甚至还有愈演愈烈之势。

管理高层于是引入了培训团队作为公司的内部顾问，要求他们协助解决这一问题。培训团队首先走访了一线管理者与新入职员工。从这些访谈中，就员工离职问题，他们发现了与一线管理者所认为的截然不同的原因。员工们反映：

- 当他们刚入职时，他们接受了很多价值观导向的培训项目，向他们灌输公司愿景、使命、企业文化。
- 直到进入公司差不多一年后，他们才接到了具体的职务指派。
- 在工作方面，他们从来没有得到过任何来自一线管理者的反馈，不知道自己的工作干得是好是坏。这让他们很难了解自己职业的发展前景，使他们感觉自己在企业中的前途迷茫，处于非常不稳定的状态。
- 一线管理者的工作压力过大，这使他们几乎没有办法顾及新入职员工。

这次访谈对员工频繁离职这一困扰企业的问题的成因得出了非常不同的见解。在最初的呈现问题中，对于人员流失的解释是薪水过低、住房市场紧张以及员工不现实的发展预期。最初呈现的问题让企业将解决方式集中在员工福利、住房补贴与工作环境改善上，而咨询顾问却找到了完全不同的答案，他们重新定义了问题的原因：新入职员工没有得到足够的支持与关注，也没有被布置什么有意义的工作，直接领导者也没有对他们的工作有任何的反馈。

问题逐渐浮出水面，之所以对问题的认识发生转变，是因为身为客户的一线管理者是问题的直接参与者，没有人对他们负责。所以现在问题的根源从与客户毫无关系（员工离职是因为薪水、住房以及不现实的预期，这都和我们没关系）变成客户负有直接责任（我们应当如何把新员工带入企业，并通过我们的工作培育他们的经验）。

一旦管理层了解了重新定义的问题后，他们就能有效地解决问题。他们开始引入一系列项目，让新员工与一线管理者展开沟通，一线管理者就应当花多长时间与新员工一起工作、新员工应当被指派什么任务以及什么时候能得到一线管理者的反馈等问题向新员工解答。管理层也对此给予了支持，允许一线管理者有更多的时间与新员工沟通。第二年，离职率没有明显的波动，第三年离职率终于开始下降。咨询顾问在这里的作用正是在于其重新定义了客户所呈现的问题，并给了客户一幅关于问题成因的清晰图景。

如何应对管理问题

在行动导向型调研中，组织是如何管理技术与业务问题才是调研询问的关键。

尽管咨询顾问通常对于客户管理风格以及组织政治气候有着清晰的了解，但我们通常都倾向于避免将其作为咨询工作的一部分。我们总是觉得自己是来解决业务问题的，而不应该对组织内部问题指手画脚，这导致我们倾向于将组织内部问题置于调研之外。然而咨询顾问也是凡人，我们不能完全对人际关系问题免俗，我们自己经常会与同事或是朋友讨论类似的问题，应对这类问题的方式总是在会议间歇时间，或者在下班后一起吃饭喝酒的时候，或者在白天吃工作餐的时候。

有时管理问题要比技术问题有意思得多，但是我们中的一些人（特别是获得客户支持的咨询顾问）并不希望卷入个人问题、组织政治和人际关系之中。回避这些问题真是大错特错，因为应对问题的方式将大大影响我们专业技能的发挥，所以这些都是无法避免的，即便当客户同意我们只作为技术性问题的顾问时也是如此。管理与人际因素始终伴随在技术问题与业务问题左右，它将影响到技术与业务问题的解决方式。

表 10-1 展示了一些在特定组织与部门中典型的与技术或业务问题相伴而生的管理问题。

表 10-1 不同领域的技术与业务问题以及与其相关的管理问题

领域	技术或业务问题	相关的管理问题
财务系统	缺乏控制与时间流程，报告不是太多就是太少	充满防卫性的工作环境，不愿意与其他人分享数据与信息，团队间缺少语言沟通
人力资源部门	如何改善员工福利、补贴、招聘以及培训等政策；如何改善组织与培训管理层	每个管理者都是人力资源专家；人力资源部门地位与受重视程度都较低；人力资源专家经常被当作苦力使；管理者害怕人力资源部门参与对其的绩效评估，因此他们不愿意信任人力资源部门，也不愿意让他们参与
市场调研与产品管理	如何定价营销与包装产品；如何收集客户偏好与市场特性的信息	不信任并疏远营销与销售团队；尽力争取控制权；将市场调研工作做成一个黑箱，组织的其他运营部门在私底下都不信任这个黑箱
管理与组织拓展方面的咨询顾问	如何改善组织的态度与生产力；如何构建新的组织框架；如何让员工胜任新的角色与职责	特定的人员与群体在当前组织框架下拥有过大的权力，改变组织框架意味着要调整权力结构的平衡；新的框架总是意味着有人要被提升，而有人要被降职；一个权威型的管理者根本不会顾及员工的感受

如果希望获取其他更多领域的技术或业务问题所伴生的管理问题，请访问网站 www.flawlessconsulting.com。

问题的关键是，每个领域与部门都会面对专业问题与组织问题，而部门经理最初所呈现的问题几乎总是技术问题或业务问题。而组织性问题，又称社会体系问题，包括如何管理技术与业务问题。咨询顾问应当决定是否直接或间接地提出技术与业务问题。

对于内部顾问来说，提出社会体系问题往往要冒更大的风险。你可能曾经听到过客户说他们不欢迎你对他们的个人管理风格或者组织政治指手画脚。但对社会或组织问题不闻不问，只能让你的专业建议任人曲解，或者落实起来大打折扣，因为你所服务的组织在沟通、信任以及管理自身方面有着重重障碍。

完美调研

为了实现完美咨询，咨询顾问必须把提出组织方面问题作为自己日常咨询工作的一部分。至少你的每次评估中都应当有一部分涉及具体问题是如何被管理的。该部分仅需要呈现一幅简单而明确的图景即可，并不需要对其做出具体建议。

对客户管理问题的恐惧一直植根于很多咨询顾问心中。部门经理总是

希望能得到他们工作情况的反馈信息，而在得到这些信息后又感到很纠结。他们的下级肯定不愿意向他们提反馈意见，而你作为咨询顾问，处于一个特殊的立场，可以向部门经理提供这些信息。唯一需要注意的是，要提一些支持性意见，而且不要怪罪部门经理。具体的语言技巧可以参照第 14 章内容。

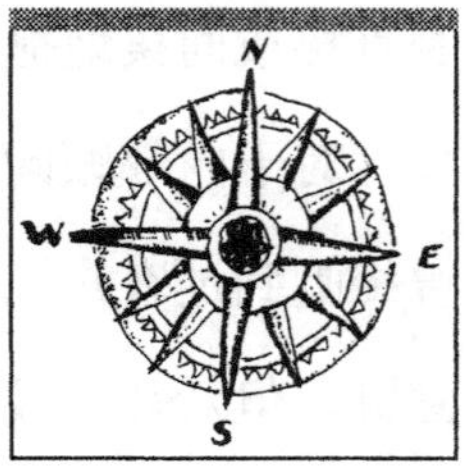

总之，在调研阶段咨询顾问要做以下工作：

- 询问客户个人在造成呈现问题或目标问题中扮演什么角色。
- 询问那些造成呈现问题或目标问题的其他人现在在做什么。
- 让你的客户和你一起解释收集来的数据。
- 认识客户在管理咨询顾问和管理他们自己组织上有什么相似性。
- 将数据压缩至有限的数量。
- 使用能让专业领域外的人也能明白的语言。
- 区分表面问题与实际问题。
- 既要探究和描述技术问题，也要搞清楚并说明白它们背后的管理问题。

Flawless Consulting

第 11 章

整体系统调研

到目前为止，本书还是从第三方咨询顾问以及第三方方法的角度讨论调研的。第三方是指从事数据收集分析以及反馈的咨询顾问，如工程师、IT 专家或者辅助性人员。尽管客户最常使用的就是这类典型的辅助人员，同时我们传统上也是这样看待咨询顾问这一角色的，但是这里也有其他选择。

备选方案是将客户的整个系统以更为直接的方式加入对问题的重新评估中来，让整个系统来描绘组织所需要的未来，列出可供选择的行动方案，并一起决策如何推进项目实施。这是一种第一方或整体系统策略，而这种方法早在 20 多年前就已经问世了。现在已经有很多咨询顾问与辅助人员通过采用整体系统方法，将自己重新定义为收集组织变革策略的召集者。

问题的关键在于，从事调研并提供建议的人与具体做出改变的是一批人，也就是说，从事整体系统策略的人从早期就介入项目流程，并在咨询项目的每一步都采取具体行动。

尽管称其为整体系统，但实际上却容易让人误解，因为所谓整体系统，并不是如字面意义一样整个组织体系都参与其中。通常，咨询顾问召集的是组织中各个部门的代表人，而不是真正动员组织中的每个人都参与其中。但这意味着至少在执行具体建议的人中，有一部分将参与意见的制定，这使得组织的变革工作从第三方咨询趋于自我管理。

另外非常重要的一点是，整体系统方法可以纵观整个体系全局，而不再是管中窥豹，它可以调动差不多组织整体的各个部门人员参与其中，从而要比第三方咨询更为直接也更早介入。第一方或整体系统策略使所有部门一起评估它们的现实问题，并制订规划来加以改善。

每种方法，无论是第三方咨询还是整体系统方法，都有其优势和自身局限性，在本章中我将一一列出。在阅读时请切记一点，**每项咨询的目的**

在于催生行为，而不是如何精确评估问题。

第三方咨询

在最传统的第三方咨询流程中，仅有咨询顾问参与其中，他们研究组织形式，然后给出改善建议。咨询顾问既可以是内部人员，也可以是外部人员。有时，第三方是一些组织内部人员，他们被赋予了提出建议的职权，通常被称为设计组（design team）。这类小组的人数为 10 ～ 50，通常拥有半年左右的时间为特定项目工作，在项目完成后他们会带着管理层授权实施的建议行动回到各自的部门。

尽管设计组相对于传统的仅有咨询顾问人数要多，而且人员来自组织自身，但它所代表的仍是一种第三方策略：无论是几个人还是几组人制定的解决方案，它都是通过第三方的视角来完成的。

采用第三方方法来开展咨询工作是基于这样的原理：咨询顾问与设计组具备特定的专业知识，而且可以置身于具体体系问题之外（即便有时是暂时的）。这样的方法被认为可以保持一定的客观性，并且第三方工作者可以面对系统内部人员所不愿意面对的问题。此外，第三方也可以认识到具体问题周边人员所忽视的一些可能性。将设计组与外部咨询顾问结合使用的方法则具有将本地实施与熟悉问题加入三方工作的优势。人们认为，只要基于充裕的反应与分析时间，由咨询顾问与设计组构成的组合就可以制定出比单独的咨询顾问方法更利于实施的实践建议，因为这样的组合是由熟悉工作的人构成的。

第三方策略的优势是其客观性。第三方能够提供独立的观点，不带有色眼镜地展望未来，而沉浸在组织文化中时间过长的人是不可能用新的方法审视问题的。我们往往都是作为旁观者的时候清醒，而在审视自身时却当局者迷，那么为什么不请第三方来帮助我们呢？第三方同时还拥有管理层授予的权力，并且拥有尽可能做出改善的动力。我们相信，只要管理层支持改变，或者自己也在规划改变，那么我们就已经走在了实现改变的康庄大道上了。

第三方的局限性在于调研与实施二者的分离。第三方需要将自己的建议推销给管理层，然后管理层再命令员工执行，有时候甚至管理层还要再向员工推销一遍咨询建议。推销建议的流程是基于一个有瑕疵的前提：现有问题确实存在正确的解决方法，而管理顾问或设计组知道正确的方法，所以只要设计监管合理，直线组织就能够（并且应该）被说服接受这一正确的方法并能采取行动。

在某些情况下，特别是对严格意义的技术问题来说，是存在正确的解决方法的，并且接受与贯彻这些方法是有利于直线组织的。而在大多数情况下，第三方咨询顾问脑中仅有一个解决问题的雏形。无论是对于管理层问题、雇员承诺问题，还是新技能开发或者新的组织关系培育等复杂问题，采用规范性的工程设计方式与医生开药模式在最好的情况下也只能实现适度的组织变革。而在最坏的情况下，即便第三方的解决方法是正确的，它仍然无法落地执行，即便是得到了来自不称职管理层的支持。

采用整体系统方法

有时那些将会受到组织变化影响的人也能加入调研、建议、决策以及实施流程中。这就是所谓的整体系统方法，在这种方法下，第一方通过自己的行为来实现改变。

整体系统调研的核心是将所有人聚在同一屋檐下，这深化了参与者对组织社区的认知度，并能让员工使用同样的信息以及公用的数据库，共同听取相关人发言，这样就能避免让一小撮人为一大群人制定规划的局限性。

这一方式的最大优点在于，无须向任何人推销一套实践方案，特别是无须向体系中层级较低的员工推销。在以组织内部承诺实现一系列变革为目标时，推销是最糟糕的方法。无论外界给予多大的压力，员工们都会反抗那些强加于他们身上的变革。

整体系统方法并不是那么依赖管理层所赋予的权力，但是它需要整个组织的高度参与。整体系统方法之所以不靠授权推进项目，是因为尽管管理者们也会出席代表会议，但是他们不会在授权方面下太多筹码，而是会把更多的筹码下在集体知识、集体目的以及源于自我决策的承诺。

“整体系统”意味着要将体系中各部门的代表请进一间房子，而不是如字面所说将客户组织中的每个人都纳入讨论中。在这种方式下，至少在执行具体建议的人中，有一部分将在意见的制定过程中发挥重要作用。相对于第三方方法，它能在组织变革中更多地发挥自我管理的作用。如果整体系统真能通过把一些代表聚在屋子里的方式使整个组织都接受他们的意见，从而相当于让所有人参与了会议，那么管理者就不再需要费九牛二虎之力去搭建出席者和缺席者间的桥梁了。

如何选择

整体系统方法的价值在于它能使所有部门参与其中，自己评估自己的现实问题，并计划如何改善。选择咨询策略，就相当于在来自咨询顾问的专业性与中立性的第三方方法和易于使员工做出实施承诺的整体系统方法间进行取舍。以下是一些需要考虑的因素。

第三方

- 中立的观察者，无利害关系的建议。
- 广阔的视野，咨询顾问拥有多组织和多种方法的经验。
- 拥有不隶属于组织的相关领域专家。
- 简单的流程决策，管理者拥有更多的决策控制权。
- 具备外部信用。

整体系统

- 决策流程拥有更可靠的实施承诺。
- 做决定的人正是那些要实施决定内容的人。
- 更丰富的本地资源，参与人员更熟悉组织的情况。
- 建议制定更为现实，因为参与者知道什么是可行的和什么是可以起到作用的。
- 学习过程是在组织内部进行的。

将整体系统调研应用于工作

将很多人聚于一堂，共同评估形势、描述未来以及讨论执行的咨询技术这一方法拥有许多不同的名字。因为它能将几百人囊括在会议之中，因此也被称为大组群方法（large-group methodology）；而关注参与的该方法支持者将其称为高互动方法（high-interaction approach）；又因为它一次将大量的参与者聚在一起，也有人称其为大规模方法（large-scale method）。其实只要能反映整体系统方法的主旨意图，名称本身并不重要。

整体系统流程

参与人员的数量往往受制于与会房间的大小。会议通常会持续两三天。设计组通常由咨询顾问指导，主要对大组群事件（large-group event）进行规划，然而设计组关心流程本身，而不会就如何解决问题提供陈述报告。他们所要处理的主要问题是，会议要邀请谁、会议的主要议题是什么、如何安排物流并分阶段完成工作等具体事项。

整体系统调研方法的独特之处就在于，该方法相信组织中的人们有能力描述自己所面对的问题，并能找到合适的方法应对这些问题。整体系统流程认为，我们并不需要什么外部专家或企业内部专业小组来告诉我们，我们到底是谁、要面对什么问题。如果我们营造一种相互信任的氛围，并能做到彼此坦诚相待，那么我们组织内的各个成员完全有能力实现组织所需的变革。

信任流程

为了使该方法奏效，咨询顾问与客户不得不放弃一些控制权，并开始尝试一条难以预料后果的路径，这与组织以往处理问题的方法截然不同，而且也并不一定能带来各方满意的结果。以下是一些需要遵照的具体条件：

1. **要完全透明。**管理层必须心甘情愿地向设计组的成员开诚布公，告诉他们自己所了解的全部现实情况，包括财务信息、重要目标的进展情况、所有正在发生的问题以及组织要如何实现对其成员的承诺。如果管理层考虑在组织结构或职能部门做调整，那就需要把这些调整拿到桌面上来，而不管公布这些调整会给组织成员带来怎样的焦虑。

2. **管理层以单纯的参加者身份参与流程。**项目会话由设计组或者咨询顾问与规划者主导，会话中的每位管理者只是众人中的一员，其观点应与其他人的看法一致。尽管管理层可能会保留一些否决权，但是行使这些否决权必然会招致“操作会议流程”的指责。此时，管理者如果放下架子，愿意与其他人一样接受组织的诊断建议，将会形成一个良性的会话模式。

3. **整体系统过程中的设计组必须实现完全跨部门。**这意味着所有与系统紧密相关的部门与人员应当加入会话中来，包括辅助人员、各层级的管理者、工作人员，甚至来自其他部门的人。

4. **所有人在推进流程中要忘记自己的身份、权力、头衔以及所属部门。**这是一个公平竞技的场合，大家要对所有工作一视同仁。会话中的每个工作小组都会有代表不同层级与部门的人员出席，参与者们必须愿意跨越社会与组织壁垒。

5. **雇员们要做好大胆发言的准备。**我们会要求雇员将自己的告诫与批评先搁置几天，这并不是意味着他们要永远藏起自己的批评与警告，默不作声，只是因为会话并不是宣泄抱怨和要求回馈的讨论会，会话应当是一项大家彼此协作的创造过程，在此过程中每个人都能提出自己的问题，并得到答复。

6. **如果雇员们选择不出席会话，他们就等于放弃了抱怨与被人倾听的权利。**那么此后他们也就不会提出要参与决策的诉求。只有选择参与，才有权行使自己的正当权利。

7. **在会话过程中，需要强调设计组成员们想要一起创造的未来。**一些讨论会涉及当前的困难与现实，但会话的策略应当是着眼于要创造怎样的未来，而不是如何修正我们今天的问题。

8. **当会话结束时，设计组成员们应当就下一步将采取的措施以及有谁来执行这些措施达成共识。**管理层与雇员们必须乐于促成会话，以提出下一步措施，所有人都必须适当放弃一些控制权。

9. **咨询顾问不再扮演专家角色。**在这一过程中，咨询顾问不再分析数据、提出建议并跟进项目，而着力于指导各方遵循一系列高度参与的步骤，因而不再像以往那样处于项目的中心位置，不再那么可视化，也不再像以往那样支持某一特定的解答。

以上所有的条件都在将组织引向一个平等、自我管理的方向，而这正是该策略的威力所在，但它也有自身的局限性，那就是管理者在最初与参与者们分享权力，但却无法在流程进行时因怀疑与恐惧而收回这些权力。

收益

本章讨论了整体系统与自我评估调研的重要性，并解释了该方法如何改变了咨询顾问的角色。但是也必须指出，整体系统策略是有适用条件的。如果能满足各项条件，整体系统调研方法在构建组织未来的自我管理能力上，是要强于第三方调研方法的。该方法也让咨询顾问扮演一个教育性的角色，它要求咨询顾问具备为他人设计学习以往经验的能力、召集组织他人参与会话的能力，并且需要鼓励参与者质疑他们所面对的现实、预想他们的未来，并教会参与者通过集体互动的方式来正视自身的责任与自由，这与传统的面对面式应对同类问题的方式截然不同。

Flawless Consulting

第 12 章

发掘组织的天赋、能力与可能性

本书在世纪之交推出了第 2 版，当时我在调研步骤上做了更新，加入了第 11 章中的整体系统调研方法。此后，作为调研领域最引人入胜的发展，组织天赋、能力与可能性越来越受到人们的关注。很多人还将这种调研方法作为传统的“问题原因—解决问题”方法的补充与对比。

这种方法有很多不同的名字：财产导向型社区拓展法、正向偏差法、正向心理法、肯定式探寻法、未来探寻法，等等。而所有的这些方法都基于这样的前提：发掘组织历史中可保留的要素（或仍然起作用的要素）与探寻组织想要在未来创造的目标是一种行之有效的调研方法，它可以在所有咨询或变革性流程中构建起组织承诺，并实现组织的可持续发展。

这种视角或世界观可以弥补传统问题解决方法的局限性。因为每当你将某事视为一个问题，你就是在传递这样一种信号：它是不正确的，需要被修正。无论你再怎么小心解释，都很难避免让其他人联想到错在自己，他们必须改正自己的错误。

问题的解决方法总是将我们局限在至今为止都做了什么事，而该方法要求探究问题的历史与成因，考虑如何着手解决与修正问题。这意味着只

要我们明白自己如何从过去走到现在，就能够设法构建出一个更美好的未来。然而在很多情况下，事情往往并不是这么顺利。

问题的解决方法还很容易使咨询顾问误入歧途，成为向客户兜售美好前途的推销员，夸大实现变革的紧迫性。推销行为通常会引起客户的抵触，在为客户带来承诺的同时还会引起客户的戒备。

最后，问题解决导向型方法通常会更为理性而富有逻辑性，这是其优势所在；但过分强调理性，强调自身观点的可靠性通常很难触动人心。

以上这些讨论并不是反对大家使用问题解决导向型方法，只是想表明一点：在特定情况下，聚焦于考虑组织可能性与能力也许更有意义，而这正是本章所要讨论的内容。

当所有方式都行不通时

显而易见，当传统的问题解决方法一错再错、无法解决问题时，我们就应当适时考虑让可能性与优势导向型方法出场了。此时，人们遇到的往往都是些非常棘手的问题，如组织士气长期低落、市场表现糟糕，或者产品质量堪忧。而更广义地来看，无论人们提出多少解决方法、启动多少项目、投入多少资金，对于贫困、犯罪、疾病这些社会问题都鲜有实际作用。

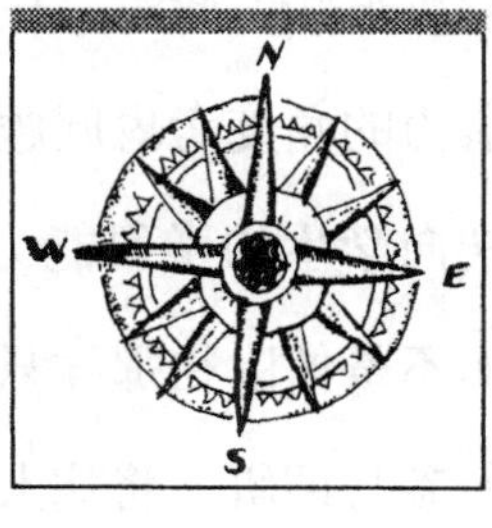

当情况棘手、难以处理时，通常需要对社会体系做出调整才能让问题在未来有所改善。当改善需要依赖文化层面、传统规范以及人们习惯的改变时，专业性的解决方法就显得苍白无力了。以第 18 章将要讨论的教育改革为例。多年来，我们尝试了各种方法来改善公共教育体系，引入了最合理的课程设置，提高教师职称标准，缩小班级规模，引入更有效的领导方法，还引入了同行审查机制。所有这些措施都是合情合理的，都是说得通的，而且在某些地方也确实起到了作用。然而学生厌学的问题依然存在，对教育改革的呼声有增无减。所有这些策略要不就是有所欠缺，要不就是基于特定需求，它们都是在看哪里出了问题，然后考虑怎么能更好地解决问题。

这意味着，要想实现新的突破，就不能将视野局限在专业性的解决方法上，或如何更好地定义与解决问题这一概念上。改善学校运营与学生学习状况需要改变围绕学生的整个社会系统，而这需要调研者改变心态，从更基础的层面改变我们的行事方法。

我还能举出很多问题解决方法无法奏效的领域，如医疗保健领域，这在本章后面会展开讨论。大多数对医疗保健问题的讨论其实针对的都是疾病护理，特别是疾病护理对于患者的可及性与患者需要支付的费用。

再让我们想象一下大众所关注的“处于风险中”的年轻人。那些从幼儿园、12 年学校教育直至大学的正常学校系统退学的孩子们，我们通常认为他们是“问题儿童”，而在组织中我们则将这种类型的员工称为“低绩效员工”或“问题雇员”，并且总是考虑要做什么才能让他们“返回正轨”。

这种语言和对个人或系统缺陷的关注，可能反而使这类问题很难找到解决方法。此时，应当从社会系统以及在社会系统中生活的人们的天赋与潜力的角度考虑问题。以教育体系为例，我们不妨将注意力从教师的表现转向学生的学习能力上。在医疗保健领域，我们不妨直接讨论治疗过程，而不是像以往那样只关注医生的诊断与治疗方法，我们应当全方位地让病人参与调研，将病人家属、社工、实验室检测人员、护士等所有接触病人的人纳入讨论中。

而对于年轻人来说，何不将调查目标从他们“不做什么”转向他们“喜欢做什么”上呢？发掘这些“问题青年”拥有些什么不为人知的天赋，问问他们究竟善于做什么。如果把项目实施目标改为让社区中所有 18 岁的年轻人都了解自己擅长做什么，效果又会如何？

正向偏差法的力量

目前较为普及且最有效的天赋导向型方法有一个拗口的名字：正向偏差法。该方法是由莫妮可·史坦宁与杰里·史坦宁在解决越南农村儿童营养不良问题的过程中发明的。该方法终结了埃及的女性割礼手术，并大大减少了医院中耐甲氧西林金葡萄球菌感染，而这些问题几乎是无法用传统方法解决的。[⊖]

两位史坦宁与其合作伙伴理查德·帕斯卡尔发现，那些针对长期困扰人们的顽固问题的努力往往都收效甚微。无论是教育、研讨会、基金项目，还是什么标准程序与外部干预，所有手段都无法改变诸如越南农村儿童的营养不良与医院的细菌感染等日常问题，它们长期困扰着人们而且根深蒂固。

以下是史坦宁小组的解决方法：

1. 他们希望能找到人们通常思维与实践中的例外情况，并将该过程称为“寻找可观测的例外情况”，认为与其把视野局限在那些固有规则中不成功的常规，不如寻找那些成功的例外情况。他们经常用这样的方式问自

⊖ 该方法在他们二人与理查德·帕斯卡尔合著的作品《正向偏差的力量：解决世界上最棘手的问题》（波士顿：哈佛商学院出版社，2010 年）中有详尽的解释。

己："在这些普遍营养不良的村落里是否存在健康的孩子呢？"在其他的调研小组都在研究那些营养不良的孩子并希望从别处借鉴成功的实践时，他们却认为大家需要认识到这样一个现实：在这些社区中已经有一些人用同样的资源成功地解决了一直困扰着其他人的问题。

2. 他们通过严格的程序邀请当地人参与项目。刚开始，他们尽可能多地邀请那些对特定问题感兴趣的人参加会议。在会议上，向这些参与者展示他们是如何在其他地方处理类似问题的，并接受提问。然后，他们会邀请那些对处理方法感兴趣的人参加第二天的会议，并只与那些参加第二天会议的人一起开展工作。此外，在整个过程中他们对参与者没有任何的要求与指示。

3. 他们开始组织这些志愿者寻找所在社区中的"正向偏差者"，即那些违背常规方法并创出一定成果的人们，而这些"偏差者"往往并不知道自己做了什么才取得了与众不同的效果，因此调研者需要做的是观察他们，而不是直接向他们刨根问底。

在发现了正向偏差的例子后，两位史坦宁终于找到了解决问题的根本方法。他们还意识到这恰恰是其他尝试都招致失败的根本原因："所有（失败）

都发生在人们发现‘解决方法’（或者‘真实情况’）的阶段，在这一阶段之后，人们几乎都是条件反射性地走出去，传播他们的认识，教导别人该如何处理具体问题……我们意识到具体措施之所以会失败，是因为我们总是认为一旦人们‘了解’了什么之后就一定要‘做’些什么。”史坦宁的小组所讨论的是一个我们所熟悉的问题：问题解决与问题导向型方法的局限性。

而史坦宁的策略是依赖社区普通成员自身的教授与学习能力，让他们决定该采用什么方法。村民们在一起创造了可以让全社区人共同分享、论证探讨并相互帮助的机制。在越南农村的项目中，“母亲和照看孩子的人每天都要把他们的孩子带到邻家的住宅里待上几个小时，在这期间与一位专职的健康保育志愿者一起为孩子提供营养加餐”。这一措施能得以实施，完全仰仗村人的智慧与慷慨奉献。这也意味着亲自参与项目要比单纯地观察项目更为有效。

最后要做的是对项目结果做出评估。大多数社会学家认为，评估过程需要有第三方参与才能确保评估的公正客观，但史坦宁小组却要求村民们自己评估该项目的进展情况。他们写道：“每位健康保育志愿者都随身携带一本属于自己的儿童成长记录手册，这样她们就能时常记录自己村落中每个孩子的体重与营养状况了。而在几个月之后，几乎每个志愿者都让自己一个亲戚或邻居的孩子参与到项目中。”

正向偏差法对于咨询的意义

市面上很多正向偏差法培训都是针对咨询工作中的调研步骤的。就如何减少对咨询顾问或辅助人员的依赖是有很多方法的。我们可以在最初的签约过程中就要求人们参与到项目中来，自己寻求解决问题的方法，并要求他们像寻求解决方法一样重视参与过程。也可以说，我们需要一种可以由已经身处项目中的人们自我评估并亲身实施的方法。

另外，我们也可以选择集中精力寻找已经存在于目标社区中的解决方法，即便这些解决方法非常少见，且不为人知。这种方法重视组织成员的天赋与能力，而正如史坦宁所说，这些天赋与能力“乍看之下毫不起眼”。作为咨询顾问与辅助人员，我们可以在签约的过程中决定调研什么，或是让客户组织中的什么人帮我们解释现状。是否采用这种方式的主动权在咨询顾问手中，即便大多数客户都是问题解决导向型的。

同时，天赋型策略几乎都是由外部邀请参与项目开始的。即使拥有来自公司高管或领导层的支持，而且他们也有能力监控整个项目的执行，那最好也从选取对该方法感兴趣的小群体开始，这要比基于战略性考虑而被安插在一群对项目毫无兴趣与责任心的人们中要强。

最后要指出的是，正向偏差法之所以引人入胜，还在于史坦宁向其所服务的复杂领域的承诺。他们将不断地仔细倾听作为实践的手段，他们并不提供直接的解决方法，而只是提供一种理念。在项目中的各个阶段，他们在扮演学习者的同时也扮演老师的角色。

实例

在本章中，我们主要讨论了一种方法论以及身处咨询顾问角色时应有的思考方式以改善具体问题。在本节，我们暂时中断一下，用本章讨论的一系列在具体实践的应用来强调这些方法论的作用。首先，本章所讨论的这一方法论的核心是影响力源自参与，而不是仅仅在一旁担任监护的角色。

参与有 3 个核心要素：

- 成功签署合同的能力，并且要清楚咨询顾问与客户的实际需求是什么。
- 以倾听他人来获取信息与调研的意愿。
- 坚信问题的答案与项目如何实施的决策最终都源自客户。他们向我们寻求解答，而不管我们专业领域的知识水平如何，也不管他们自己需要怎样的专业水平。

为了使以上 3 个咨询核心要素显得简单明确，我这里举一个我的朋友与同事——保罗·乌利希的例子。他是一位胸外科医生，常年将参与和咨询策略应用于自己的工作。之所以选取他的工作作为案例，是因为他所从事的领域我们每个人都会有所接触，即医疗保健领域，而且一直以来，人们都认为参与和咨询策略在该领域是难以应用的。

医疗保健改革的具体措施

恐怕再没有专家会像内科医生那样武断且先知先觉了。在生活中的其他方面，我们往往都有机会把握自己的命运，而一旦我们走进医生的诊疗室，一切就都不是那么回事了。在诊疗室中无论是诊断、开药，还是什么对病人来说最有益，都由医生说了算。于是诊疗室成了一个神圣的场所，在这里我们把自己的生命推上赌桌，而牌却完全掌握在一位医生的手上。

尽管广受社会各界的赞誉，但医疗保健还是被搅进了渴望变革的旋涡。我们都觉得医疗费用昂贵，而且经常就谁在占用这些资源而愤愤不平。有些人认为该行业管束过紧主要是受公司利益驱使，有些人则担心医疗服务的质量与安全性，尤其担心某些检查与用药的监管缺位。

但让人头疼的是，所有这些针对医疗改革的争论，无论是对于成本、管理、安全性还是医疗质量的争论，无一不是在谈论疾病、需求、赤字这些细枝末节的问题，反而没人关心是什么给人们带来健康。我们认为，更好的医疗行业应当是通过改善成本控制、研发化学制剂与医疗技术以及流程等方法实现，于是我们就继续不遗余力地在这些领域加大投入。

在所有这些讨论中，唯一缺失的就是对人际关系改革的认知。医疗改革源自更透明的人际关系，而这些人际关系中，首要的当属医患关系，当然还有所有围绕医患关系的复杂人际网络。我们理所当然地认为医生要处于权威的角色，而病人就应当依赖医生，实际上，主导医疗改革的主要内容都是基于医生的专家角色导向的。

认可医生在医疗保健服务中不可避免的主导作用，并将其视为医疗保健工作中的常态，这样做固然简单，然而，针对医生与患者角色改变的正确改革正在发生。这一改革为我们就如何重新思考合同、开展调研以及进行反馈提供了一个很好的案例，而且就像本书所一直讨论的，这与之前的咨询工作截然不同。

重新审视社会协议

保罗·乌利希就是这样一位对传统医患位置转变的审视者与践行者。他是一位现居堪萨斯州威奇托市的心外科医生，他在给我的一封信中这样写道：

这是一个悖论：心外科医师是靠影响力而不是权威性开展工作的，而据我所知，很少会有比胸外科医师更权威的职业了。但是我们现在正设法使自己的工作不局限于权威性，而是以人际关系、案例与影响力开展我们的工作，这确实是一个挑战。

保罗正在谋求医疗保健领域变革，但是这一变革与管制、成本控制以及标准化毫无关系。他希望通过呼唤医疗保健的真正目的来实现变革：

我们现在的工作源于一个 10 年前的问题，当时我和我的心外科小组的同事在工作时经常听到患者及其家属提出这样一个问题："为什么你们大夫之间不怎么说话呢？"

当然，我们彼此是有交流的，我们每天在手术室和重症监护室以及其他病患区相互协作。我们彼此会给对方留便条、通过扬声器互相传话，会在门厅、休息室或者餐厅即兴交流。当然这些交流都是当医生对患者及其家属或者对小组自身感到沮丧时才会有。

"为什么你们大夫之间不怎么说话呢？"这一深刻而重要的问题困扰着保罗好几年，使他开始关注医疗保健自身的问题。为什么这么多接受过良好训练的人们在一起，致力于提供良好的医疗服务，并在削减成本和提升整体质量与方便患者就医方面卓有成效，最终收获的却是彼此的疏远与灰心沮丧，而不是应有的鼓励与成就感呢？到底是哪里出了问题？于是保罗和他的同事们开始正视"为什么你们大夫之间不怎么说话"这一问题，而这句话也迎来了变革的窗口。

保罗和他的小组决定改变现有的以解决问题为目标的工作方式，而这基本上就是一个小组成员重新商谈社会契约的过程。他们坚信，只要能找到一种使护理人员、患者、患者家属之间更紧密联系的新的合

作方式，那么成本、质量、便于患者就医以及提升患者与护理人员满意度等问题就都可以迎刃而解。这就是社会契约的力量所在。

其中的一项变化是，小组成员每周都要组织对心外科患者护理感兴趣的人员集会，这类会议非常特殊，对很多小组成员来说根本就是闻所未闻。而实际上，在医疗护理领域，大多数实习生都是单独工作的，只是通过图表上的命令相互联系。每周坐下来，就如何改善小组工作开会，对医生们来说并不寻常。保罗所做的实际上就是在围绕患者的整体系统中引入自我管理咨询流程。

改变对话方式，改变文化环境

小组成员与患者及其家属间的关系有了改变，出现了可喜的现象。一位社工与从业护士最先开始支持这一新方法：让患者及其家属积极参与护理小组的工作。有人建议应当让患者家属加入护理小组，与小组成员一起轮流看护病人。他们想要做的是，重新梳理医患间的契约，让患者及其家属一起参与合作。

刚开始，很多护理小组对该方案嗤之以鼻，因为这听起来太不切合实际。护理人员认为，他们与患者家属很难有合适的时间，即便有这样的时间，患者家属也很难听懂护理人员的专业术语。但实际上，医患协同方式却渐渐地被大家所接受，而每天早上的 8：45 则被作为“所有不靠谱时间中相对最靠谱的时间”，于是每日轮流床边护理开始在护理人员与患者家属间开展起来。

下面再次引用一段保罗的原话：

把医患结合在一起的方法的结果是颠覆性的，我们的工作变得更为轻松了，尽管在最初我们谁也没有意识到这一点。起初，大家觉得很困惑，而且感到压力重重。我想那时候我们可能还不太习惯就彼此的所想所做开诚布公。而我们现在要做到这一点，并公开向他人寻求建议，特别是要当着患者及其家属的面。在以前，我们都认为自己在他们的眼中应当是完美无缺的。

但实际情况却是：开诚布公才是正确的。我们越是毫无保留地向病人展示我们的不确定与焦虑，病人反而越信任我们，并更乐于与我们合作。起初这看起来很矛盾，但在成功了这么久后我已经明白，这么做是合情合理的。我想这样做才恰恰是正确的。经历了长时间的试验，我们认识到了表现自己真实的一面对于护理工作的实际价值与力量。

我想说明的是，即便是在医患互助活动中表现最优秀的护理人员，在最初也是毫无准备的，对我们将要经历什么、将会从患者那里了解到什么完全一无所知，更不要说意识到这些经历和知识将会给我们带来多么大的改变了。长久以来，我们都以为自己深谙何为以患者为中心，而我就是一位非常以患者为中心的医生，但事实证明我们都错了。

这就像剥洋葱一样，我们一步步接近问题的实质。我们必须就此做出转变，如首要问题就是，我们彼此承诺要用日常语言而不是专业术语与患者交流，并且要直接与患者及其家属进行沟通，而不是彼此自说自话。而且我可以预见，通过这种交流我们很快会发现，我们以前那些自以为是的想法其实根本就不是以患者为中心。我们的眼界越来越宽。

我们很快就领教了这么做的威力，过去我们一直活在自己期望的世界里，认为我们自己间的互动就是以患者为中心的价值体现。我们并没有站在病人的角度，尊重他们内心真正的诉求。这些经历给我们以警醒，在我们惊异之余，不由反省自己以往的不足。而且有一点是明确的，一旦你意识到了这一点，它就将永远地改变你。

我们的目标发生了转变，那就是帮助每个人在其有生之年生活完整且充满意义。这与我们以前所接受的目标截然不同。想象一下，如果整个医疗保健行业的目标都转变成这样之后的效果吧，我们的目标是让患者有生之年生活完整而有意义，而不再是单纯地与疾病抗争。认识到这点并不容易，但是对我自己来说，这一愿景让我满怀信心。

是我的患者给了我这样的愿景，我们所要做的就是尽可能地聆听他们，并从他们那里学习。

在保罗和他的医护小组开始用与以往截然不同的方式（即将患者与其家属带入整个护理工作中）开展工作后，他们的工作实现了长足的进展。病人在手术后痊愈的速度加快了，死亡率与并发症发生率下降了一半。而无论是患者还是护理者，都从这一过程中发现了新的人生意义。一位患者这样说："很多事情你最初可能会觉得很难，但这确实是一次非凡的体验。"另一位患者总结道："你们像对待平常人一样对待我们，这使整个过程完全改观。"

他们所做的只不过是调整了一下医患间的社会契约，让自己从冷冰冰的专家角色转向合作者与咨询顾问的角色。而这一切是从护理专家对彼此间的社会契约调整开始的：他们承诺彼此在特定的时间在同一房间会面，启动了一个自我管理的调研步骤。他们开始对彼此感兴趣，并逐渐发现了彼此所面对的问题。不久这些调整就带来了回报：随着人们每周开始举行小组会议，这些曾经一起在相同环境下工作了很多年的同事，开始以全新的方式认识彼此。死板的岗位有了鲜活的面孔，而每个面孔的背后在不久后都有了真实的名字与感人的故事。

他们突然意识到，他们的孩子在同一所学校上学，而且彼此之间有很多共同的兴趣。护理小组间的互动方式发生了改变，向着更为紧密联系的方式发展。小组成员间的理解加深了，也对彼此更为宽容了。大家开始以新的方式认可彼此，开始更为信赖对方的能力与实力。工作变得更为轻松而充满成就感。

而接下来的转变发生在包括医师在内的护理人员、患者及其家属之间。保罗和他的小组成功设置了一种沟通框架，使护理过程中的各方都能平等地了解各自的需求、疑问以及呈现彼此的问题。他们把沟通变成了一个标准的咨询步骤、一个专家与客户间的合伙机制。

成功所带来的挑战

接下来保罗所发起的试验也富有成效。在一段时间后，小组成员开始讨论他们的体验。保罗和他的小组因此获得了护理安全奖（Eisenberg

Patient Safety Award)。该奖项是联合委员会与全国质量论坛颁发给医疗护理者的最高奖项。说到这里，想必你一定认为事情到此告一段落，但其实故事还远没有结束。下面我们再看一段保罗的话：

在获得护理安全奖之后，我被邀请到多家医院，很高兴能为他们展示我们的成功经验。我通常会跟进这些医院的项目，并发现一些可供改善的目标。而在整个过程中，我发现说话最多的往往都是医生。他们的行事方法与我们截然不同，要不就是对患者的要求做出反应，要不就是经常在交流过程中自说自话。患者往往是他们讨论的对象，而不是他们倾谈的对象。而在这些单方面的会话进行时，患者的家属往往都不在场。而且大家都显得很不耐烦，这样的会话过程实在让大家都不太自在，这并不是我们所开创的那种方法。他们虽然让多方都参加进来了，但方式显然是错的，起不到任何效果。

在获奖之后，也有人建议我写文章告诉大家我们到底做了些什么。但是每当我看自己写的东西时，我突然发现我们其实并不清楚自己到底实现了些什么。在文章中我往往会提到很多工作技术方面的细节，却完全遗漏了那些曾发生过的改变，如我们工作过程中的相互关系以及我们与患者的关系。我在文章中解释了我们是如何改变共事方式的。

而大多数人，包括我们自己，在当时都认为我们的成就是技术性的，而不是源于相互关系的改善。正因为如此，每当人们试图仿效我们时，他们往往难以获得成功，那些偶尔成功的案例只是碰巧而已。我是在经历了多年的大量研究后才真正意识到这一点的。

故事本应到此结束，但是我们的讨论还没结束，这里的问题实际上是咨询与变革路径这一本质的矛盾。在获得了显而易见的成功与全国范围的认知后，保罗自己却丢了饭碗。毕竟这无助于其外科医生工作生涯的发展，但是他的团队的这一新发现对传统医患关系提出了质疑。但是现有体系拒绝承认是参与的理念带来了如此不同的结果，这样的抵触情绪源于对控制的评价远高于实际结果。这毫不奇怪，而处理这种反应正是签约、调研以及反馈工作所需要做的。

现在我们可以结束这个故事了，保罗说自己失眠了一周，然后意识到问题的关键在于改变文化环境的困难性，就像其他真正的创新者一样，保罗坚持不懈地学习并耐心地寻找可以将问题向前推进的方法。而今，他因在患者安全领域与医疗护理小组的建设工作而被全世界所熟知。推广这一参与式的护理方法现在已经成了他的核心工作，现在，他的工作已经引起医疗护理领域的激烈争论，而来源于文化环境的阻力依然强大。

医疗护理与咨询工作的本质

为了将保罗的经验在本书中与读者分享，我邀请保罗对本书与他工作间的联系进行了评论。他首先强调，真正的转变在于将在诊断过程中发现的问题转向让人们想象并创造可能性上。而保罗所期望的新的医疗护理世界就在于如何成就人们的可能性上，今天的他已不再将精力放在诊断与处理问题上了。

就本书的更新内容方面，保罗认为在以下几个方面我所做的与他的工作紧密相关：

- “相关性源于倾听与待人真实可靠，而不是知识获取。”

- “真正的改革……将源于改善我们与服务供应者的关系。”
- “我们需要做到真实可靠，而且直指敏感核心问题。”
- “是对话、互动、质疑与承诺在推进项目的进程。”
- “这些听起来都很容易，但是能做到的人并不多。”

保罗还对自己的工作做了总结，他认为经过这么多年，有以下几点依然正确：

- 小组与个人的关系至关重要。
- 我们的目的是建立一个机制，使我们的工作环境更利于人际沟通。
- 了解我们自身和保持诚实可靠是关键。
- 我们必须将视野转向对我们与他人沟通的感受上。

最后，作为总结，保罗说，随着医疗护理小组工作的推进，他们对护理工作的理解也在不断改变：

我的同人对医疗与护理了解得越多，就越清晰地认识到改变医疗护理文化环境的重要性。如果你希望构建一个更为健康良好的医疗护理体系，就必须将人们带入该体系中，并询问他们究竟是什么在起作用、为什么是这样的。你需要为人们提供特定的时间来会面和做出反应，他们对自身卓越建议的分享将大大推进项目的改善。为反馈性的对话创造更多的机会，为人们提供一起重新思考他们信仰与期望的空间，这将是真正改革的起点。

此刻我逐渐明白，医疗护理是一个动词，而不是一个名词。人们会聚一堂的最终目的是护理工作，而最有效的手段是参与和合作性创造。从本质上讲，医疗护理与健康是源自于关系的改善，而科学是服务于人际关系的。实现这一目标的方法并不难，这些做法不同于我们的传统方法，但是注定会获得更大的成效。

Flawless Consulting

第13章

获取概念

到目前为止，我们已经介绍了几种可供选择的调研方法，接下来我们就可以通过所掌握的概念为客户列出问题，或记录下问题的可能性。请记住，你可以选择关注问题或者关注组织成员，具体如何选择则取决于你自己以及咨询工作的开展场合。同时，你还要考虑如何进行调研：是通过第三方进行，还是构建一个系统性的自我评估体系？此时，咨询顾问与客户的偏好将再一次起决定作用。有关可能性和系统性方法的选择将在下面的"注解"中列出。在这些情况下，这一阶段的内容主要包括：

1. 从 3 个不同的分析层次收集信息：理解现有问题；其他人是如何造成这些问题的；客户自身是如何引发这些问题的。

注：假设该阶段只提出可能性而非解决问题。咨询顾问需要明确有助于讨论可能性的组织问题。

2. 在需要执行的项目组织中，评估组织氛围和管理风气。

3. 设法改善客户不愿与顾问分享信息或者不愿全力参与的抵触行为。

4. 选择正确的调研流程，这样的架构可以在问题和可能性处理上明确权责；实际上，调研流程本身就能改变一个组织。

5. 将需要了解的问题控制在一个合理的数量内。

6. 用语言描述、用命令贯彻并用含义明确那些引领变革的新兴方式。

获取概念的步骤

无论你想获取何种信息，是信息流、设备设计、人员态度还是难以处理的长期问题，抑或是社会文化自身的信息，无论你分析哪一方面的问题，各类调研都存在一些共通的步骤，了解这些步骤对调研是很有好处的。不管这是一个为期 6 个月的项目，还是一个只持续 6 分钟的小调查，每当你把所收集的信息形成整体概念时，你都要经历这些步骤。

步骤1：重新决定推进项目。咨询顾问与客户共同决定开展调研。通常这需要服务于管理者的几个人一起参与做出决定，而管理者有权决定是否开展一项新的项目。推进项目的动机应当是基于对组织改善的需要，不能仅仅为了调研而开展调研。

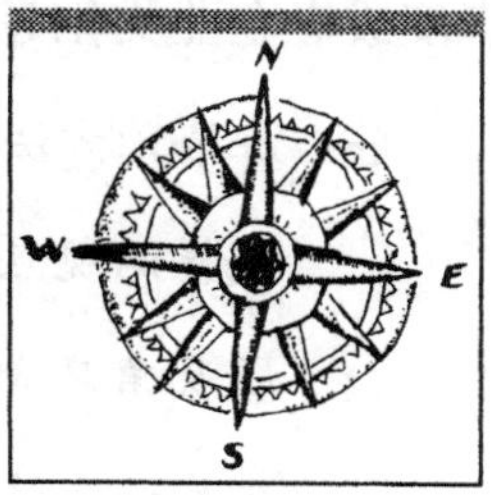

步骤2：选择调研策略。在这一步中，咨询顾问需要决定采用可能性导向型方法还是问题导向型方法，也就是要了解选择哪一个方法更有效。同时，咨询顾问还要决定是引入第三方介入调研，还是自己亲力亲为推进调研。在第11章中，我们已经讨论了设计自助式调研的具体细节。

步骤3：识别问题表象。几乎所有的调研都是从与管理者的对话开始的，这些管理者往往对组织问题忧心忡忡。

管理者对问题的初始描述被称为“问题表象”，这通常是阐述组织中的其他人的行为是如何引发问题的。问题表象通常只是实际问题的表面症状。调研的真正目的在于深化与发掘管理者的最初陈述。识别问题表象是开展调研的第一步。

注：如果咨询顾问采取积极或选择性的态度，就需要关注内外部环境对新可能性的诉求。若能得到答案，那么可以造成根本性转变或引发全新见解的问题是什么？

步骤4：决定参与者。在这一步中，需要决定何种层级的组织参与调研活动。显然，参与层级越多，获得的调研结果就越丰富。同时，在这一步中还要决定各层级需要多少组织或个人参与，要决定具体需要哪些人参与，他们分别来自哪些部门。究竟需要询问的是顾客、供应商、辅助工作者，还是其他什么人？注意，提问会引导人们对所问问题产生相应反馈的预期，被提问者会对管理咨询的调研结果要求反馈。

步骤 5：选取调研角度。调研围绕提问展开，咨询顾问需要根据自身的标准与项目的具体情况选择有限的问题。比如，财务人员会选择与财务资料和财务控制相关的问题，而人力资源部门则会对社保基金、员工工作态度或者企业文化等问题感兴趣。

注：在咨询方法中，问题将以“谁的工作出色”或者“谁克服了困难”这样的观点或具体情况为中心展开。在任何咨询活动中，所提问题及角度都要有一定限度，最好少于20个问题，收集过多的资料反而会适得其反。

步骤 6：选择询问方式。无论你选取什么调研策略，信息收集方法都取决于你所需要询问的范围与目的。你所选择的方法必须要符合项目的时间要求、符合管理层的意愿与动机。询问方法通常有以下几种：

- **访谈。**包括个人或小组访谈，也包括结构性与非结构性访谈。

- **调查**。需要更多时间提前准备，适用于较大的群体，但对于咨询顾问来说，分析庞大的数据存在一定难度。
- **文献分析**。收集现有的数据、调研报告以及访谈资料。这种方式的好处在于只占用咨询顾问自己的时间，而且也显得客观公正。
- **直接观察**。咨询顾问设身处地地参与所调研组织的重要事件与会议，观察组织重大事件的进展。这时所获取的信息是身为观察者的咨询顾问个人所有的体验，如果咨询顾问相信自己的洞察力，这是一个非常好的信息来源。
- **个人体验**。咨询顾问应当意识到，自己就像受调查组织中的其他人一样，也是在受客户管理的。观察客户如何对待咨询顾问也是获取组织信息的一个有效途径。在一次项目执行的过程中，咨询顾问能获取多少信息？受到了组织怎样的影响？压力有多大？这些具体的客户管理风格信息是十分宝贵的，因为它们是真实有效的。
- **整体系统与自我调研**。在讨论问题的角度时，无论采用问题导向型方法还是可能性导向型方法进行调研，咨询顾问将执行建议的客户召集起来至关重要。此时，比起顾问的身份，你更像是在扮演一位培训导师。这部分请参阅第11章。

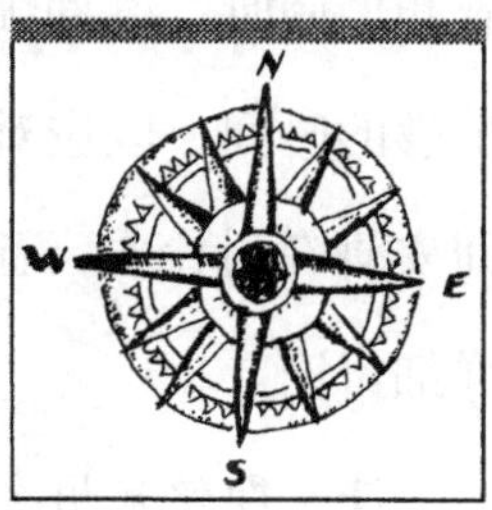

步骤7：收集信息与观察。这是咨询顾问必须做的功课，分发调研问卷、开展访谈、召开座谈会、分析各类报告、召集相关人员，咨询顾问必须不断地收集信息，直到发现结果让人感觉似曾相识为止。当你对这项工作感觉到厌倦时，你就能意识到这一点了。但是请牢记一点：调研过程本身就是在向调研对象提供信息，向受访者询问其所见所闻本身就是一种形式的项目参与，因此咨询顾问必须适应这种复杂的重复性工作。

步骤 8：过滤信息。无论如何，咨询顾问都要需要将所收集的受访者记录、观察和调研结果减少到可控制的范围内。因为调研分析的目的在于集中有限的力量发现问题，而不是试图阐述组织的整体情况。

步骤 9：总结概念。咨询顾问需要采用恰当的模式来概括所获取的调研信息。在总结的过程中，应当力求采用有视觉冲击效果的表达方式呈现内容，同时内容也要简明易懂。

步骤 10：从流程中构建含义。现有的信息意味着什么？哪些信息是重要的？为什么？调研结论的解决方法与备选方案是什么？

步骤 11：主持反馈会议。在这一步中，咨询顾问需要向客户汇报所获概念以及其对组织可能造成的影响。因此咨询顾问必须考虑：谁应当出席反馈会议？参与调研过程的参与者会对调研结果做何感想？同时，咨询顾问还应确保在反馈会议上留有足够的时间，以应对不可避免的客户抵触问题。因此，应将更多的会议时间安排在讨论上，而不是在观点的陈述上。在第 15 章中将就反馈会议做详细讨论。

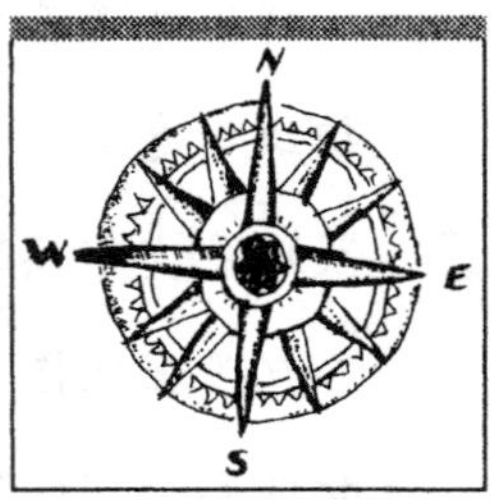

注：即使采用自我评估或整体性的对话方式，概念的陈述也必须清晰易懂并提纲挈领。与传统的第三方评估流程唯一不同的仅仅在于，反馈会议的主持者不同。

步骤 12：提出正式建议。有时正式建议会在反馈会议之前被提出，在这种情况下，正式建议必须被限制在提出调研需求的小组内。在使用自我评估策略时，正式建议来自被调研社区的内部。

步骤 13：制定决策。必须在具体措施的决策制定后，整个流程才算真正完成。

步骤 14：项目实施。这是整个项目取得回报的关键时刻，因此咨询顾问需要在这个阶段多关注，即使是占用自己的时间。在经过一系列的调研后，咨询顾问对项目的问题与可能性有了自己的认识。咨询顾问所拥有的信息对解释项目实施中的各种问题大有帮助。同时，咨询顾问也能向项目参与者提供有效的方式，这将大大提高将决策成功转化为有效变革的概率。

不论项目采取何种技术准则、调研策略，或者是否属于某一特定专业领域，以上步骤的大部分适用于任何项目。对于特定领域的咨询顾问，你肯定知道所需要的技术数据是什么、如何去获取这些数据以及获得数据后如何处理。所以本章剩下的部分将集中讨论你可能不太习惯的方面。你需要在调研过程中重点关注与客户的面对面沟通。

关于偏见

咨询顾问所产生的影响力在很大程度上并不取决于其所采用的方法或专业技能。针对不同的问题，咨询顾问会从不同的角度分析，任何探讨最终都会归结为关于组织管理的核心问题。因此，不必担心你选择的角度正确与否，针对你所熟悉的视角进一步探索才是至关重要的。

当你在选择咨询的角度时，也就是你在预先定义问题的过程。不必担心我们所选的资料存有偏见，特别是作为组织的内部咨询顾问时。如果你已经与组织签约要调查如何化解矛盾，了解人与人之间坦诚的程度以及客户如何计划等问题时，那么对组织的问题，或许你早就心中有数了。

不要认为这是偏见，请视之为洞察力。你对问题的预定义是很重要的，并且它会在如何分配调查时间上提供充分指导。相信我，当你在收集数据时仍然需要注意倾听别人的意见，这样才可以发现一些或许你还未知的问题。一旦问题出现，你务必彻查。关键问题在于，咨询顾问若感觉自己是组织的一部分，就不要将此见解视为偏见，而要将其视为有用的信息。

评估形势如何得到管理

如果你想发展收集社会体制信息和问题如何得到管理的技能，可以从组织生活的各个方面入手了解。你的目的是了解组织如何运转，从而了解组织如何贯彻你的建议。通过关注这些方面，你会对组织有大概的了解。这也是那些接受采访的人所津津乐道的话题，在交谈中你也会自得其乐。

请从以下这些方面提问：

1. **目标**。与你交流的群体或个人的目标是什么？你需要考量目标的清晰程度和一致性。

2. **分组**。与那些需要共同处理问题的群体之间是什么关系？哪些群体是可以提供帮助的？哪些群体存在冲突？是否有群体或个人采取逃避的态度？为什么？

3. **支持**。群体是怎样表现支持的？有些组喜欢用沉默来表示支持，比如他们会说："我觉得你做得很不错，就留给你自由发挥吧。"谁得到了支持？而支持又来自哪里？

4. **评估**。客户是否清楚自己的立场？他们是怎么发现自己的立场的？考查客户立场的标准是什么？要想得到答案，需要达到什么标准呢？

5. **正面的经历**。是什么使得这个组织如此优秀？背后的故事是什么？它的优势和有利条件是什么？客户引以为傲的是什么？客户不想提及的是什么？

6. **地位差异**。哪些是高职位群体？哪些是低职位群体？这种差异是如何表现出来的？这种差异对要解决的问题有何影响？人们对某一特定解决方案或可能性的态度如何？

7. **权威和权力**。在这种情况下，谁拥有更大或更小的权力？致力于解决问题的客户如何对待这种权力大小的差异，是公开或是谨慎？客户对权威的态度是什么？他们是公开抵制、过度让步、拥护，还是根本不在乎？

8. **决策制定**。该群体如何制定决策？上司在组织中扮演什么角色？决策过程中是如何对待客户观点的？

9. **个人行为准则**。下面这些行为的准则是什么呢？如带头行动、提出需求、表达不同意见、寻求帮助、通过提问题进行陈述、应对烦恼、敢于表达疑虑或不确定和公开对抗差异。

10. **管理信息**。资源发现、进度检测、进展评估和问题判断是如何进行的？

11. **领导风格**。正式与非正式领导者是什么风格？他们对当前形势各有什么影响？

12. **冲突**。冲突是如何得到控制的？是直面冲突，还是缓和、妥协、强制、忽视或是抑制？

13. **控制**。这种形势是由一人或多人所控制的吗？各自会有什么影响？他们是属于试图解决问题的群体的一部分，还是由于在组织中束之高阁而显得遥不可及？

14. **对待项目的态度和参与程度**。考查客户对问题的态度以及他们对于你的参与有何看法，可以提出以下问题：

- 你觉得我来参与这件事会有帮助吗？

- 为什么你觉得组织需要找一位像我这样的人的帮助？你觉得我的帮助对组织有必要吗？
- 我想大概了解组织的情况，你觉得我应该提出哪些问题？
- 有哪些曾经提出的想法还没有得到足够的支持？

15. **多样性。**差异是如何得到处理的？来自世界各地、文化各异和不同种族的人的交互是什么样的？如何评估这些人？这些人拥有什么职位？他们是否可以说“不”？对于意外的容忍程度如何？陌生人将受到何种待遇？

16. **再进一步。**如果对方站在你的角度，他们会给出什么样的建议？从你的角度出发，客户会给出什么建议？人们在当前问题或可能性上取得实质性进展的希望有多大？客户认为接受你的意见后会遇到什么障碍？

当然，这些问题不可能通通派上用场。碰到任何情形，你可以大概了解一下这些问题，与之相关的问题就会自然而然地显示出来。随意询问两三个问题，都会给你带来与其余许多问题相关的信息。你也可以假设如果组织采纳你提出来的建议，也就会将其运用到组织管理当中。在咨询工作中有效地运用这些问题，你将会了解自己的进度，其中部分答案将会为你的反馈会谈报告提供一些清晰的概念。

此外，尽管客户未曾向你问过这些问题，在你的咨询工作中采用这些信息还是至关重要。这是你能够带给客户的独特贡献之一。如果你希望自己的建议对客户来说有着独一无二的价值，那么你就要敢于提供独特的信息。每个管理者并不是都清楚地了解有关组织如何运作的准确信息，他们的同僚在组织中具有特定的既定利益，因此没有人能够被视作客观公正的。而你不同，正因为你不受既得利益的限制，所以你是处理敏感问题的最佳人选。

咨询面谈

咨询的最佳方法是面谈，这个方法适用范围广泛并且效果不错。尽管有关面谈方法论的文章很多，但是面谈仍获得了特殊的关注，因为其具有人际互动的本质特性以及对客户组织产生的效果，人际关系也就在此时被建立起来了。

将面谈视作共同学习的契机

如果你能够花时间与各个层面的客户交谈，这就意味着届时你对咨询工作的领悟更进了一步，而且你已经对组织产生重大影响。仅是提出问题，就能够促使客户重新反思。你对他们提出的明确问题，重要的是要集中在解决你所面对的难题上。客户也能够从你对调查问题的选择上受益匪浅。

艰难的面谈

如果在面谈中遭遇客户的抵触，你要采取的方法与应对其他阶段的抵触行为一样，比如寻找线索、确定阻力和等候客户的反馈等。如果面谈令你感到一无所获，就要尽你所能地去坦然面对。告知客户你并未得到所需的信息，如果这仍未能提供帮助，那么就在某个时候结束会谈。如果你宁愿中止面谈，而不是继续机械地提问，你将需要与会谈对象建立更多的信任，因为双方都清楚再继续下去也不会取得什么进展。

分析的层次

个人或组织所面临的每个问题都是有层次的，就好像洋葱。每一个问题或情况的描述只能算是提供了一个“近似值”。随着你向着更深层次迈进，也就会愈来愈靠近问题的原因和本质。

对问题的最初陈述，即“问题表象”几乎总是会带来一种徒劳感，这在客户和咨询顾问间都会存在。如果它没有带来这种感受，那么问题很可能已经得到了解决，你也就无须在这件事上再花费功夫。若“问题表象”仅停留在其字面意义上，也就意味着陷入了困境。这通常也同样适用于客户首次描绘禀赋与可能性的情况。事情远非看上去那样简单。本部分将对分析的层次展开论述。我们将本着解决问题的目的，尽量让事情简单化。

第一层

你的任务是同部门经理（也可能是群体或机构）一起，让较深的层次得以明确显现。你所处的角度则有利于你观察到层次的复杂性。

当你与个体一起展开咨询工作时，具体的层次通常以如下形式呈现：

第二层

第 1 层。问题表象多以一种担心的形式，通过“我们没有收到预期效果”“我的组织情况不佳”“体制不起作用”“这个食品集团在某些市场销量停滞”等机构化或者商业化的术语表达出来。

第三层

第 2 层。人们对于其他人如何推动革新需求的看法是该层次的内容：“与（了解）哪些事情有利于整体相比，人们对各自的职业生涯更感兴趣”“两位小组成员抢去了所有的话”“人们并不了解体制”“外部世界需要一些新变化”。

第3层。这一层次是关于个人对自身在当前形势中所起作用的认知。个体可能采取某种有意的行为，或者可能对局势根本不予关注。

这一描述是必不可少的，因为它进一步明确了部门经理或参与访问交谈的其他人员的职责。与其用局外人来表述局势，不如把侧重点放在制造问题的人身上。

为了获取每个层次的信息，你所提出的问题都应是直接的：

第1层

- 你遇到了什么样的技术或业务难题？

第2层

- 其他组织中的个体或团体所做的哪些事情引发了问题出现或致使问题到了当前的严重局面？
- 他们如何限制可能性？

第3层

- 你在造成问题严重化中的角色是什么？
- 你控制可能引发问题或者阻碍问题解决的方式是什么样的？
- 你将采取什么方式防止另一种可能性出现？

注（第3层）：你的交谈对象可能会说“我完全不清楚我做的哪件事出了问题。找出它是你的工作”。如果你遇到这种回应，那就要对此持怀疑态度了。人们通常对问题形成过程中自身的行为所起的作用有所认识，只不过他们不情愿承认罢了。

当有人对你说“我不知道在问题发展的过程中自己扮演了何种角色”时，你可以问对方：“假设你知道自己的角色，事情会是怎样的？”有时候这足以促使他们回答第3层的问题。

如果人们确实不把自己看作问题的一部分，这一现象本身就值得注意。为什么他们不这样认为？这些人作为旁观者，或者更严格地说，作为受害者，或许从某个角度体现了该群体的管理方式。在你体会问题如何得到管理时将这点考虑进去。这种无助感，或者说身为局外人的感受，将会在组织如何实施你所提出的建议上产生影响。

这些层次可以构成探索阶段所涉及问题的基础。探索的目标（特别是针对个体的探索）是探求具有启发性以及可操作性的问题表述——任何人都能有所贡献。探索的目标通常并非升级知识或者产生真知灼见，这属于研究的范畴。更确切地说，咨询顾问应当将精力集中在不断发现哪些人有能力承担责任上。

问题的根源在于一个人对问题的责任感与归属感的程度，即人们认为自己是受害者的程度多一些，还是认为有能力做出改变的程度多一些。发现更深层次的问题实际上就是寻找可获得的闲置资源，进而借以解决问题或进行创新。

> 浏览分析的层次练习以及在小型组织中的议题讨论，请访问网站 www.flawlessconsulting.com。

你的经验也是一种资料

有关探索的最后一项意见与你自身的经历息息相关。客户控制顾问的方式和他控制其他人与资源的方式是一样的。要想理解客户的管理风格，你只需要观察对方对待你的方式。你是否感到被控制、被聆听？是否得到支持？对方对你是表示尊重还是轻视？客户的决策是合作性的还是单向的？客户是否对意见持开放态度？

你对客户的观察以及与之相处的经历都是有效的材料。在项目初期，多留意客户如何控制你，这将会在你判断如何探索技术或业务问题时提供更多的指引。

你可以访问网站 www.flawlessconsulting.com，以获取清单 5 的电子版。

清单 5：布置调研会议

以下计划指引涵盖了数据收集阶段的相关事项，它们将有助于你面对未来可能存在的阻力。

1. 提出问题是一种主动学习的机会。将会面作为应对阻力的契机，从而激发兴趣并做出承诺。

2. 你收到的回应将会为将来在项目实施中体现你的专业性提供有用的数据。请留意客户如何控制与你之间的讨论：

- 参与者对项目的兴趣和热情有多高？
- 客户对哪些方面感到不舒服或存在戒备？
- 在哪些问题上客户乐于学习和变通？
- 评估某个行动的难易程度时，客户在什么地方会不切实际？

3. 你对表象问题或（问题的）可能性有什么心得体会？基于经验，你觉得自己的分析层次能提供什么？

- 第 1 层：客户有可能遇到哪些技术或业务问题？
- 第 2 层：客户所在机构的其他人员对问题有什么影响？这些人是谁？其他的潜在影响者是谁？
- 第 3 层 ：客户做什么会导致问题的出现或（无意识地）使问题得不

到解决？客户做什么会阻碍可能性？

4. 机构的哪些传统、历史和文化与这个项目息息相关？在客户眼中谁是“魔鬼”，谁是“天使”？阻碍问题解决的部分原因是把传统当作真理，你要找出这些潜在的盲区。

5. 在会谈中向客户提供帮助，不要担心你与客户的看法相左。

- 在会谈中你能向客户提供何种帮助，如给出初步建议、给予鼓励与保证、正视困难、描述知悉的类似情况、感谢客户对自己直言不讳？
- 你在会谈中如何应对客户，如你是否获得了满意的资料？客户有没有问太多问题且过度主导会谈？客户是否忽略了会谈的要点或回答问题过于简要？会谈是否经常被打断？客户是否经常顾左右而言他？客户对该项目是否有信心？是否淡化了问题的严重性以及潜在影响？一般而言，咨询顾问们是否面对过消极的态度？

6. 哪些非语言信息可供查找？在会谈中什么可以体现项目中客户的投入以及顾问的参与度？

7. 关于机构如何运行，你希望收集到什么样的资料？

你可以访问网站 www.flawlessconsulting.com，以获取清单 6 的电子版。

清单 6：对咨询面谈的回顾

你的记录中包括了咨询面谈的内容。下面的问题是关于面谈流程的，需要你在会谈结束后作答，同时它也是一份有关探索理念的报告。

1. 客户如何应对讨论？

客户掌控比例 咨询顾问掌控比例

100% 100%

|____|

客户对项目无热情度 客户对项目的热情非常高

|____|

2. 什么是技术性难题？可能性是什么？

3. 其他人对问题有哪些影响？

4. 客户做什么会引发问题或阻碍问题的解决？客户的什么做法会阻碍可能性的实现？

5. 你能识别出项目中哪些是传统、历史、“魔鬼”还有“天使”吗？项目中有没有被客户遗漏的盲点？

6. 你做出了哪些支持性的表述？

7. 你做出了哪些与客户看法相左的表述？

8. 你注意到了何种非语言信息？

Flawless
Consulting

第 14 章

准备反馈会议

所有的部门经理都想知道：对组织的问题与可能性他们能做些什么，也就是说他们渴望建议。而在咨询顾问努力去寻求完美的建议时，反而有可能使对方的抵触情绪失去控制。简单而明确地呈现组织现有问题与可能性的图景，这是客户自己就能做的，他们完全可以像咨询顾问一样提出很多建议。客户之所以到组织之外寻求帮助，就是因为他们身在此山中，对于整体图景的把握有限。

清晰的图景就足够了

咨询顾问的首要任务是呈现调研所发现的全新图景。咨询顾问 70% 的工作都集中在这上面，请相信我。

所谓的处理调研发现，就是指把精力集中在那些能调动你的专业知识的领域，并以此发现造成问题的根源或者组织潜能的来源。咨询顾问应当自主安排精力分配方向，而不是静候他人差遣。相信自己，并将精力集中在你所认为的最重要的领域，这恐怕就是咨询顾问能为客户提供的最有价值的信息了。请重视你所选择的审查对象，并在该对象上施加你的影响吧。

浓缩数据信息

咨询顾问收集的信息往往比实际需要多得多，此时最令人烦躁的就是如何在咨询项目与正在处理的客户关系中分享这些信息。每当你向客户询问完所有问题并拿到所需要的信息后，即调研完成后，你就要认真思考这个严肃的问题了。

也许你会设计一套合理而有逻辑的流程去分拣你的数据，对信息进行归类，但是哪些信息更为重要则必须由你自己决断。请相信你的直觉，别简单地将它们视为偏见。如果你是一位内部咨询顾问的话，你往往会更熟悉组织的结构、在其中工作的人，还有这些人员是如何工作的，请善加利用这些信息。

当我们在一堆堆的数据面前想要判断哪些数据最重要的时候，我有时会一次将所有报告、笔记以及会议纪要通读一遍，然后放下这些内容，找一张白纸，逐一列出自己觉得重要的事务（通常会有四五项内容）。这就是我判断报告以及如何组织报告的重要依据。

我深信，那些我能深刻记忆的东西就是最重要的事。既然每个人都只能吸收非常有限的信息，所以对我来说至关重要的问题，对客户来说也一样。让这些从背景中提炼出来的信息成为你报告附录的一部分，但请不要草草地将你发现的所有信息胡乱地列出来。

在选择该向客户呈现什么信息时，我坚持以下几项原则：

- 客户重视控制胜于变革。
- 这些内容对组织的重要性是显而易见的吗？
- 对客户组织中需要具体实施项目的地方有所承诺。
- 眼下客户组织中有什么明显优势，或者有什么领域正在明显地扩张呢？

该做和不该做的事

随着你离呈现图景与建议的时间越来越近，你就需要决定哪些该说、应该怎么说，以下是一些相关建议。

不要与客户串通一气

如果站在客户个人立场上提供支持会降低组织解决问题或意识到自身潜力的话，千万别这么做。如果确实存在一些客户觉得不方便并希望回避的敏感问题，请不要和客户串通一气，同时回避这些问题。

咨询顾问通常会在以下两种情况下与客户串通一气，而这其实都会损害咨询顾问自身的利益。

第一种情况是在现有问题面前替客户辩解，而这只会将客户排除在问题的掌控之外。我们抱怨高层领导，责怪经济形势不景气、市场竞争太激烈，或是组织中其他部门不给力。这些理由都有助于为客户推卸责任，并暂时减轻他们的痛苦，但代价是使人们觉得自己根本无力做出改变。不要试图帮助客户逃避责任，你可以指出其他角色在此问题中所起到的作用，但谈话必须集中在客户的问题上。

第二种与客户串通一气的情况是对困难的人际关系轻描淡写。客户也许确实与下属部门或上级领导有过节，并说这些对现有问题影响有限。如果你听到了这些问题，请务必将它们呈现在报告中。如果书面呈现这些内容会招致周遭人士的责备，就口头汇报这些问题，但千万不要回避这些问题。**帮助部门经理直面糟糕的人际关系对现有问题的影响，这可能是你能为他们做出的最重大贡献之一了。**

不要随意投射

投射意见意味着你将自己的感受强加于他人。如果你对自己的调研结果感到忧心忡忡，那就意味着你认为客户也会对这些问题感到焦虑不安。如果你不希望有人告诉你，你的下属认为你武断独裁，那你就会认为你的客户也不希望听到这些抱怨反馈。但是客户有权利获知你所收集的完整信息，以弄清楚他们所面对的是什么。

你确实需要对自己的感受有所认识，但你依然需要不断测试部门经理所能接受的极限。如果你的反馈信息没造成太大的骚动，就请继续坚持这些信息。你和客户都会越过这些外界的骚动。所以请不要将你的敏感感受投射到客户身上。直话直说，然后再询问客户对你的陈述的感受。当然，语言的使用至关重要，这一点我们会在下面的内容中讨论。

要支持客户的期望

客户与咨询顾问都需要支持。如果你的图景中有需要向客户证实的内容，请强调客户行为中合理的那部分，把这些内容加入报告中。如果你与客户就问题和组织潜能有着相似的观点，请说出来。客户有权利知道他们所做的工作中什么是正确的。

曾有这样一位客户，他觉得自己组织中的所有人都在逃避责任，因为现实状况是特定的，测试流程起不到作用，这直接导致送到顾客手上的是品质极差的原料。而顾客在毫不知情的情况下将这些原料用于最终产品的生产上，结果导致了对方顾客的投诉，最终这位客户不得不召回这批产品。

而这回，我的客户这边出现了重大危机。他试图以测试发现问题所在，但是根本不起作用。而当我们访问组织中对此问题负责的其他人时，很明显，他们不认为解决这一问题是他们的职责所在，所有人都认为应当由具体的调研小组处理这一问题。当我将这些问题汇报给客户的时候，他松了一口气，并承认我们对问题有着相同的看法。而此前他已经反思也许是自己有些过于激动，其他人则恪尽职守。

这是一次确证而有价值的体验。如果你有确定的数据，请务必汇报，尽管大多数客户说他们只想听到有关问题的汇报，但这往往并不是他们的本意。而当你听见客户说他们不希望听到他们已经知道的事情时，请不要随便相信，这其实也并不是他们的本意。即便客户没有要求，也不要吝惜你的支持。

要直面问题

你的数据要能显示出客户需要改进的地方，你是可以识别客户在哪些问题上脆弱不堪并有所防备的。毫不犹豫地指出这些问题，即便这些问题会让客户痛苦不堪。对客户来说，最痛苦的问题莫过于他个人的行事风格。请与客户分享这些信息，但要以尽可能友善并支持的方式汇报。如果你有意回避会带来紧张气氛的信息，那客户要你何用？你的作用就是帮助客户顶着压力迎头而上，直面应该面对的现实困难。这也是在早期要与客户建立紧密关系的重要性，即使对话出现困窘的局面，最终的报告依然会富有成效。

反馈信息时的原则

无论是书面反馈还是口头反馈，有效提供反馈信息最实用的准则就是行为果断。个人行为及个人效力有众多模式，我认为下面几种最清晰、最实用。

果断

人人都有权利，客户和咨询顾问也是如此。行为果断就直接表明你需要什么，也是对在不侵犯他人权利的同时你是如何看待某件事情的说明。果断的反馈就是向客户表明你如何看待问题，而不必暗指客户的管理有多么糟糕或抓不住重点。

强势

强势行为的表现是通过贬低或否定他人的方式表述自己的想法和观点。强势的反馈在说明问题时，会暗指管理者能力不足，处世无情，做事心不在焉或者仍需完善。判断一个表达是否强势的测试方法就是看咨询顾问是否敢于在句子结尾加上一句“你这个笨蛋”，如果这句话在末尾处显得恰到好处，就表明这种表达很强势。

犹豫不决

犹豫的行为就是隐瞒自己的情感和观点，不作表达。如果你以保护管理者和自己为借口，没有向客户提供问题的处理方式及管理者风格问题所产生的影响等信息，这就是犹豫的反馈。如果你忽视当时有关政治形势或者回避一些敏感性的话题，也会容易出现犹豫的行为。

目标：坚定果断并真诚、自信

真诚的行为和果断的行为极为相近，目的都在于果断并真诚地面对客户。强势的行为会产生不必要的抵触，而犹豫的行为只能给你自己和客户帮倒忙。

反馈报告的措辞极为重要，目的在于描述你所发现的一些情况，而不是对其做出评价。你的任务就是清晰而简单地描述现状。反馈信息的评价越多，抵触就越多。因此，咨询顾问最好选择描述性的方式做反馈报告。例如，在整个群体的讨论过程中，80%的话都是老板讲的。这就是一种描述性的陈述。另外一种评价式的反馈表达就是，老板完全控制了整个群体，并没有很好地主持会议。

陈述内容被评价的次数越多，客户的防御心理越强。诸如弱小的、强大的、无能的、优柔寡断的、专横傲慢以及控制等词都是评价性很强的词，咨询顾问应该避免使用这类“判断性词汇”。

此外，咨询顾问还要避免陈词滥调。对于组织中出现的问题，陈述得越具体越好。像“我们在决策方面出了问题”这种一般性的描述则过于模糊，客户并不能判断到底出了什么问题。

在反馈报告中，还要避免长篇大论。咨询顾问可以用一段话来说明解决问题的方案和建议，内容越简练越好。如果问题依然存在，那么就提供两个比较真诚的解答，并提出你遭遇的阻力。你可以说出阻力的情况并等待客户的反应，但是要克制住自己去解释无法说明的问题。

反馈是对“是什么”的描述，而不是对“应该是什么”的描述。讨论“应该是什么”就是说教，听起来咨询顾问好像是审判员或预言家一样。讨论“应该是什么”的唯一时机就是当你和客户协议预测未来或进行定向问题讨论的时候，否则，咨询顾问最好对当前问题做中立、描述性的陈述。我们用表 14-1 简要地回顾一下这个问题。

表　14-1

运用这些语言	避免这些语言
描述性的	判断性的
集中的	全球的
具体的	老套的
简短的	冗长的
简单的	复杂的

反馈会议预演：用法庭上的角色来说明

如果你把咨询项目看作一个寻找最佳决策的过程，那么你会发现咨询顾问和客户所扮演的不同角色与法庭上常见的角色很类似。通常这类角色都是否定角色，只点明什么事情不该做。但是在办公室、会议室以及生产部门提及他们时，他们的角色又失去了作用。尽管我承认每一种角色都有某种吸引力，但是能够为咨询顾问提供服务的少之又少。

作为法官的咨询顾问

你的职责是解释法律条文或者说明公司政策以及在客户越轨时给予提醒。如果客户犯错，作为法官的咨询顾问需要在下一次的管理者绩效评估时决定如何惩罚。因为法官在我们之上，一般情况下，很少有人自愿与他们接近。面对法官，唯一感觉舒适的人就是其他法官（有时也称之为高层管理者）。

作为陪审团的咨询顾问

陪审团决定有罪还是无罪。作为陪审团的咨询顾问，他们自己有责任最终决定客户是对是错。这个立场是相当微妙的。

作为起诉人的咨询顾问

起诉人的作用是向陪审团提供证据。有些咨询顾问举行反馈会议的方式就好像他们要参加一次审判一样。他们收集的统计资料无可辩驳，整体陈述安排得天衣无缝。这样做会让人感觉成功是出自咨询顾问之手，而并非顾问与客户的共同努力所为。

作为被告的咨询顾问

有时我们参加反馈会议时，感觉自己好像是在接受审判一样。我们准备资料以防万一，重复演练演讲报告，甚至还会备份一份演讲资料以应对意外事件。一旦有客户提出质疑，我们会做出详细解释，并承诺继续搜索更多资料。然而，往往我们自己都意识到，这不过是在浪费时间而已。

咨询顾问不是被告，如果客户对待你的方式就好像对待被告一样，这恰恰是客户抵触的表现，反映了客户对项目的担忧。

作为目击者的咨询顾问

这是咨询顾问首选的角色。目击者对审议结果没有既得利益，以提供准确信息为目的。目击者对所观察到的一切提供清晰具体的描述，反馈会议中需要涵盖顾问的观察结果的目的就在于此。因此，咨询顾问要做一个公正的目击者。

对客户来说，能够成为公正的目击者，而不必为维护企业利益承担责任，这是一种极大的奢望。很多内部咨询顾问不得不时而承担警务人员的工作，时而担任法官的工作。而这种情况会大大阻碍咨询顾问与客户之间信任关系的建立。出现这种困境时，没有什么特殊的解决办法，咨询顾问的最佳选择就是向客户清楚地说明。在不同情况下，咨询顾问扮演的角色不同，或者与组织保持一致，或者仅仅做一个友好、朴实、热情的顾问。然而，作为有权承担一些监管责任的内部组织顾问，咨询顾问要三思。拥有权力的吸引力在于，咨询顾问可以随时直接接触组织中的某些人。然而，拥有权力的代价也很高，在我看来，尽管你披着法官的长袍，也无益于你与潜在客户之间信任感的改善。关于这一点，大部分内部咨询顾问并不赞同我的看法，所以仅供参考。

支持与质询

在提供反馈信息时，你所做的事情有两件：支持组织活动和面对质询。如果咨询顾问把反馈过程仅仅看作面对质询，这就加剧了二者之间的紧张关系，并降低了采取行动的可能性。因此，表达你对组织的支持与引起人们对问题的关注一样，都是至关重要的。得到支持的人更加有勇气承担责任。

支持与面对质询并不是相互排斥的。对客户而言，尽管反馈会议是应客户要求而安排的，但是探讨未来趋势和变化是相当痛苦的。当客户委托他人调研时，就避免不了最终面对质询，但是客户仍然需要得到支持。通常情况下，组织抵触越多，需要的支持就越大，而顾问提供支持的难度也因此增大。例如，咨询顾问与有很强控制欲和专制风格的管理者共同处理问题时，从表面来看，管理者似乎有强烈的控制倾向，不关心个人，也不在乎组织中其他成员；同时也有可能表现得似乎没有什么问题，似乎他们的难题可以通过程序化的方式解决。

从表面来看，管理风格十分专制，实际上是管理者担心失去控制的表现：一是担心失去对自己的控制，或者担心自己失口说了会后悔的话；二是担心如果真的承认错误去面对或解决问题，他们会失去对组织的控制。管理者担心组织会比他们预期的更加民主或者更加混乱。从某种意义上讲，抵触的背后恰恰是担心失控，就这一点而言，最好的应对办法就是支持管理者。

如果客户感到紧张不安，他们需要的是支持，而不是面对质询。即使在表面看来他们有控制倾向，但是咨询顾问仍要支持客户，让客户意识到，他们能够控制整个过程，不会被强迫去做他们不愿意做的事情。客户不会失去对组织的控制，也不会失去他们认为进行管理所需要的权力。

支持与面对质询几乎可以同时出现。支持性的陈述通常是简单地认可你听到的客户的话，支持客户并不是要求你向客户承诺同意，只是意味着你已经听过了他们说的话；质询性陈述说明你与客户所看情形有所不同。你的反馈材料中应当包含这两种类型的陈述。

Flawless Consulting

第 15 章

管理反馈会议

任何时候，通过反馈会议，咨询顾问都可以向客户清晰、简单地说明当前形势并提出建议。咨询顾问总是希望能够引发客户思考，这可以是关于决策、进一步调研或学习活动的想法。对于客户和咨询顾问来说，反馈会议是令人高度紧张的关键时刻，同时又是激动人心、充满乐趣的讨论。如果反馈会议举办成功，接下来就是启动项目阶段，这也是我喜欢的一个部分。

反馈会议的令人兴奋之处在于，它预示着我们要针对问题采取进一步的行动，也就是说，咨询顾问与客户共同投入的努力终于开花结果。反馈会议的主要工作就是落实具体行动，尽管会议的大量时间都花在认识探讨问题上，但是会议的核心仍然是讨论行动方案。安排反馈会议，不仅仅是分享数据，更是一个安排计划的好时机。从这一点来看，反馈会议并不是咨询的终结，而恰恰是对问题解决和现状改变的执行阶段的开始。这一章我们将讨论在采取行动初期如何组织和管理会议。

完美的会议管理需要注意到这一阶段的业务活动：

1. **重点突出。**用简单明确的语言，安排准确、具体并有针对性的会议。

2. **提供个人思考和组织信息。**会议中要涵盖处理问题的简要信息。

3. **管理会议。**组织并维持会议的举办，引导会议朝着解决问题的方向发展。

4. **聚焦会议全程。**为了最大化技术专长的使用，咨询顾问必须注意观察会议全程，并且在发现客户抵触时就立即处理。

5. **不要将问题个人化。**这一点需要特别注意，因为在咨询的这个阶段，最有可能出现客户抵触局面。咨询顾问一定要记住这条黄金铁律：下班后你可以完全按照自己的方式处理任何事情，但是在工作时间，你的任务是专注于客户的内部问题，直面客户抵触的现实。

在管理反馈会议这一阶段，咨询顾问要做到完美咨询，就要表现出真诚，随时根据会议的进度向客户说明你的感受。

如何演示反馈信息

演示资料应当集中于问题的几个核心方面。大多数演示不能成功的原因在于其内容的冗长和复杂。当花费大量时间分析资料时，咨询顾问很容易沉浸于真正的事实和数字之中，我们可能会发现与事实相悖的矛盾点、历史趋势和比较关系等，那些形状各异的曲线和图表都值得我们讨论一个多小时。我的建议是，咨询顾问尽管去分析这些有趣的资料，但仅仅把它当作你的小秘密吧。你所做的演讲越短就会越精彩，过于冗长和复杂的演讲只能引发关于方法论问题的讨论和解释。

安排演示报告，仅有 4 种结构类别：

- 分析技术性或业务性问题；
- 分析客户正在处理的问题或预见问题；
- 分析如何管理问题；
- 提出建议。

当咨询顾问决定如何演示资料时，需要记住以下几点：

- 调研的目的是发现问题，反馈问题应该在可控范围之内。大多数反馈会议使得组织负担过重，所以你最好将问题减少到 10 个或更少。

• 反馈的目的是希望组织采取行动。虽然整个过程被称作调研，但是咨询顾问并不是研究员。

反馈报告没有必要涉及所有问题，也不必是完整的。通常，咨询顾问设计出一个模式，提议管理者或组织根据这个模式参与分析会非常有用。

和与个人合作一样，与组织合作的最终结果也要求它对自己的事情负起责任。

安排会议结构

会议的目的不仅仅是咨询顾问演示反馈资料，同时你还希望了解客户对反馈信息和所提建议的反应。如果你希望客户能够根据你的研究结果有所行动，就要实施以下几个步骤。

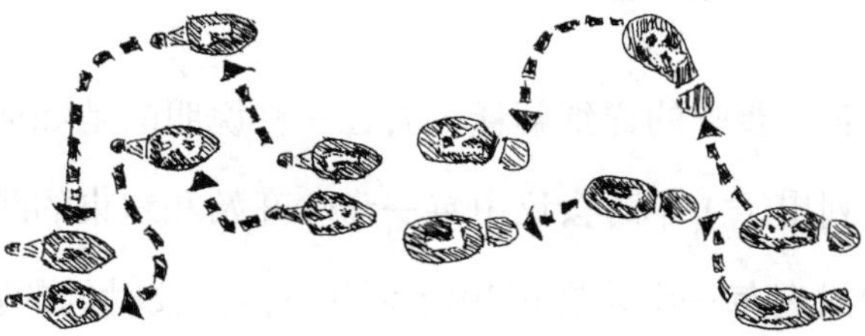

首先，控制会议流程。咨询顾问是控制流程的最佳人选，因为客户可能会忙于抵触，并且在会议过程中容易依赖你。而由你来控制会议流程，客户也可以以此为范例，从中学习如何管理会议。

会议日程应当遵循图 15-1 所示的顺序，咨询顾问要按部就班地完成每一步工作，不要跳过任何一步。

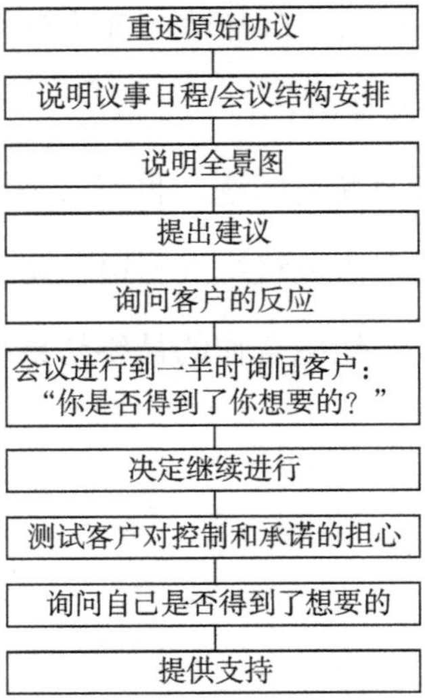

图 15-1　管理会议的步骤

反馈会议：循序渐进

下面是对各个步骤的详细解释。右边一栏说明的是如何为每一步骤分配时间。其中列出了 1 小时会议中每一步骤开始和结束的时间，同时还列出了每一步骤或者每一组步骤所用时间占整体会议时间的百分比。这样，如果咨询顾问计划了一个时长 4 小时的会议，那么在 2 个小时结束时，你需要向客户询问会议进行的如何（第 6 步）。

第 1 步和第 2 步：重述原始协议，说明议事日程 / 会议结构安排

步骤	占整体会议时间百分比	1 小时会议的时间安排
1. 重述原始协议	5%	开始：会议开始
2. 说明议事日程 / 会议结构安排		结束：第 3 分钟

在重述原始协议阶段，描述客户具体需求以及咨询顾问原本对客户需

求所做的承诺。例如："你要我们调查布罗根工厂反应堆出现故障的原因，我们就此做了研究并提出建议。我们没有调查支持反应堆的附加设备。"这样，咨询顾问便向客户重新声明问题并重申了协议的要点。有时，咨询顾问喜欢轻描淡写项目的历史，然而我不这样做，我只希望占用整体会议 5% 的时间将第 1 步和第 2 步表述清楚。

在重述原始协议之后，咨询顾问要向客户说明会议主旨以及你想如何安排反馈会议。记住，虽然你想要控制会议的流程，但是你没有必要向客户宣布，只要按照流程去做就可以了。按照这种方式行事的一个办法就是在会议一开始就宣布："我计划这样安排会议，先向大家演示调研成果，分析问题的现状并提出建议，请你们（客户）提出想法进行讨论。在会议进行到一半的时候，我想暂停下来，听听大家开会的收获。会议的最后 40 分钟，我们将致力于倾听你们针对问题可能会采取的行动。另外，会议休会的时间是……"

第 3 步和第 4 步：说明全景图并提出建议

步骤	占整体会议时间百分比	1 小时会议的时间安排
3. 说明全景图	15%	开始：第 4 分钟
4. 提出建议		结束：第 12 分钟

这两个步骤是交织在一起的。有些人喜欢从标题开始，在每一个调研要点后提出建议；有些人喜欢反馈整体调研信息后再进入建议阶段。由于咨询顾问希望自己提出的建议免于客户抵触，所以安排好反馈会议的阶段是有好处的，客户对全景图的反应和咨询顾问提出建议的反应就被区分开来。如果管理者反应过于激烈，不断地提出问题，你宁可把分析资料作为狙击轰炸式抵触的牺牲品，也要保全自己为客户提出建议的机会。

如果客户急于听取建议，希望跳过听取资料阶段，那么咨询顾问可以将反馈流程放慢，并向客户说明，稍后你将讨论有关建议方案，但是首先你希望了解一下，对于你对形势的评估，客户是否有什么反馈建议呢？关于如何设计会议这一部分，每个组织都有不同的标准，有些是正式的，有些是非正式的。

我反对形式主义。一个正规的演示，尤其是使用演示文稿时，客户和信息之间的距离越来越远。当客户阅读幻灯片时，屏幕上远远的文稿内容看起来好像是具体内容的罗列，而事实上利用这个工具完全有悖最初的目的。我知道这样说，难免让喜欢使用演示文稿的人有些泄气，但是毕竟我们的重点不是激励，因为在反馈会议上，演示一份完美无缺的报告是错误的。

咨询顾问要记住，会议时间过去20%时，你必须完成资料演示并提出相关建议。对时长1个小时的会议来说，这个时间点就是第12分钟，加上你介绍会议的3分钟时间，你只剩下9分钟时间而已。时间的限制迫使你要抓住问题的要点并尽快提出解决方案。

咨询顾问最容易犯的错误就是在整个会议过程中都在报告资料信

息。当你向客户演示调研结果时，你与客户讨论的正是最具吸引力的话题。如果你过于沉浸其中，这个反馈会议将偏离主题，咨询顾问和客户都不会明白会议结束后应该做些什么。这就使你和你的客户如坠五里雾中，不知所以。

咨询顾问同时需要足够的时间来应对客户抵触。事实上，客户对反馈资料的反应如何，这一点对实施建议的影响远远大于资料本身。如果客户对你出色的分析无动于衷，那么根本不会发生什么；如果你极其一般的分析反而引起了客户的关注，他们一定会采取一些措施。所以，咨询顾问要控制好演示的时间，会议的大部分时间要留出来给客户思考。

第 5 步：询问客户的反应

步骤	占整体会议时间百分比	1 小时会议的时间安排
5. 询问客户的反应	30%	开始：第 13 分钟 结束：第 30 分钟

这个步骤是反馈会议的核心。在你离开后，客户对会议的反应决定了组织能够履行多少承诺，并决定你所拥有的专业知识能否得以采用。

咨询顾问能够让客户说出自己的保留意见非常重要。如果在反馈会议中，管理者保留了对数据或某些方法的意见，那么这些看法迟早会在之后某个不合时宜的时间表现出来，或者在制定决策的时刻，或者在你离开之后。

有时为了了解客户的反应，你有必要提出直接、具体的问题。客户常常在没有任何提示的状况下做出反应。如果你发现客户默不作声或者表现得很平静，你有必要问问客户："你对我报告的信息有什么看法吗？"或者"对于这些数据和分析，你有什么顾虑吗？"如果知道报告中的一些数据触动了某些敏感问题，我就会直接这样问客户："我们的报告中涉及关于你是如何管理问题的以及你的上司在其中所扮演的角色，我们这样概括现在的情况，你有什么看法吗？"这样做的目的是，顶着形势的紧张气氛，引导客户将隐含的忧虑表达出来。

在会议中制造一点紧张气氛是很有用的。如果没有张力，那么很可能是因为没有人在乎你提出的问题和建议，这也就意味着没有人有行动的意向；而如果张力太大，客户和咨询顾问会因为压力过大而无法承担起下一步现实计划的责任。你所需要的，是适当的张力。

你要留出整体会议 30% 的时间观察客户反应，这是客户表达自己感受的时间。所以在倾听时，你不要有防御心理。客户的反应并不是针对你个人的，他们只是需要直面行动中的种种痛苦以及你所演示问题。

如果发现自己有抵触心理，你就有成为焦虑受害者的危险，这种焦虑在某种程度上与客户所面对的焦虑一样。你需要注意自己是从什么时候开始出现抵触行为的，一旦发现问题，就应该立即去克服。

另外，咨询顾问要坚持自己对形势的评估，并相信自己提出的建议。你一定有充足的理由认为你所做的评估是有理有据的，那么当你遇到抵触时，一定不要屈服。你要对自己提出的建议有信心，尽管没有必要为之辩护，但是也不要轻易地放弃你的信念。

第 6 步：会议进行到一半时询问客户："你是否得到了你想要的？"

步骤	占整体会议时间百分比	1 小时会议的时间安排
6. 会议进行到一半的时候，询问客户："你是否得到了你想要的？"	10%	开始：第 31 分钟 结束：第 36 分钟

你能做的最有影响力的事情是，在会议进行到一半的时候，询问客户他们是否得到了他们想要的。这样做通常有备无患。我曾经在会议即将结束前的 5 ～ 10 分钟的时候询问管理者会议进行得如何，但这时提问为时已晚。有几次管理者实际上对会议很失望，但是我已经没有时间弥补了。如果管理者希望听到更多的具体建议，或者对一些问题暂时保留了自己的看法，咨询顾问就根本没有时间作答了。如果会议还有一半的时间，你就还有机会思考管理者的需求以进一步处理问题。

在培训其他咨询顾问时，尽管我们一再地强调这一点，他们还是很少在会议进展到一半的时候向客户询问反馈。咨询顾问和客户对工作都过于全神贯注，然而时间像流水一样溜走了。另一方面，咨询顾问也不愿意询问客户对会议的感受，因为他们担心自己无法应对客户的失望。但是，能够提前尝试补救至少比在会议结束后再去调查原因好得多。（如果会议进展并不顺利，后续工作内容将在本章后面叙述。）

第 7 步：决定继续进行

步骤	占整体会议时间百分比	1 小时会议的时间安排
7. 决定继续进行	30%	开始：第 37 分钟 结束：第 54 分钟

会议的目的是达成行动计划。咨询顾问应该在会议中尽早地提问下一步计划，以便参与决策。

如果你一直等到会议接近尾声时才真正讨论如何进展到下一步，你将无法参与其中。如果客户在你不在场的情况下做出决策，那么这个决策很有可能与你研究的困难现实没有多大关联。当你的调研重点是客户如何管理问题以及他们的管理风格，这种情况更加明显。在维护和制造问题时，客户都是当局者迷，有了咨询顾问的参与，问题会变得容易解决。

咨询顾问参与讨论如何解决问题时，需要重点注意以下几点事项：

1. 确保讨论的核心在客户可控制的范围之内。

2. 对于你认为迫切需要解决的问题，要不断让问题浮出水面并提出建议。有必要解决的问题通常也是最敏感的部分，如难以相处的关系、较差的执行者，或是某些政治性因素。作为咨询顾问，你可以在不计较既得利益的情况下重点关注并处理这些敏感问题。

3. 在暴露问题时，提出涉及所有参会人员的观点以保持平衡。你明白组织中不同的人看待问题时观点不一，当客户正在思索如何进行下一步安排时，你要确保决策囊括了各家观点并且考虑到每个人的具体发言。

4. 负责任的管理者应对来自他人（包含咨询顾问）的强制压力时，咨询顾问要维护他们的权利。

有时客户在讨论制定决策时，希望将咨询顾问排除在外。这种情况下，我通常要求在场，因为参与决策制定是顾问在拟定初始合同时提出的要求，他们想要将你排除在外的原因可能是希望保持控制。这其实是另外一种形式的抵触行为。

第 8 ～ 10 步：测试客户对控制和承诺的担心、询问自己是否得到了想要的、提供支持

步骤	占整体会议时间百分比	1 小时会议的时间安排
8. 测试客户对控制和承诺的担心	10%	开始：第 55 分钟
9. 询问自己是否得到了想要的		
10. 提供支持		结束：第 60 分钟

结束反馈会议与结束签约会议的过程是相似的。你希望确保制定的决策能够获得客户的承诺，也可以将这个会议视为与客户共同进入合同下一个阶段的开始。会议的结束应当直接、完整。

以下是具体的步骤：

咨询顾问向客户询问："如果我们继续讨论有关问题的解决方案，你对自己拥有的控制权有什么想法？"如果客户显得局促不安，你可能就要讨论一下处理这种不安的方法。

你向客户询问："我们讨论的解决方案真的对你有意义吗？"如果客户的承诺度很低，那么你可能需要在会议上做进一步讨论或者在之后的某个时间再讨论这个问题。

你可能希望持续参与，并希望日后能够得到客户对咨询效果的反馈。你也可能希望客户立即反馈咨询是否实用，或者听听客户反馈给你何种信息才能让你的咨询更加行之有效。你可能期望客户不经意间在你的上司面前表扬你的工作表现，或者希望与客户定下执行项目的合约或者启动一份新的合约项目。如果这些都是你所期待的，现在就是你提出要求的最好时机。

最后一步，提供支持。实施阶段就是客户面临最沉重负担的时候。咨询顾问请为客户提供支持，并告诉他们在会议讨论中，他们表现得非常好。到此，反馈会议就可以圆满结束了。

简要回顾

表 15-1 简要地回顾了管理反馈会议的各个步骤。

按照这些要点组织反馈会议能够确保你考虑到反馈阶段的所有事情。做到这些，就达成了完美咨询的一半要求，另一半要求就是在会议的每个阶段表现真诚。这样做面临的最大压力就是在会议中一定会出现的客户抵触。下面是一些需要注意的事项，它们能够帮助你克服这些障碍。

表 15-1 总结：反馈会议

		60 分钟会议时间	
步骤	占会议时间比重（%）	开始时间	结束时间
1. 重新阐述最初的协议 2. 阐述会议安排	5	开始	第 3 分钟
3. 描述图景 4. 呈现建议	15	第 4 分钟	第 12 分钟
5. 征询客户反馈	30	第 13 分钟	第 30 分钟
6. 会议中途询问客户“你们是否得到了你们想要的”	10	第 31 分钟	第 36 分钟
7. 决策流程	30	第 37 分钟	第 54 分钟

（续）

		60 分钟会议时间	
步骤	占会议时间比重（%）	开始时间	结束时间
8. 测试客户对承诺与控制的焦虑程度 9. 询问自己是否从项目中得到了自己想要的 10. 提供支持	10	第 55 分钟	第 60 分钟

反馈会议中的抵触

反馈会议本身就是客户探索学习的过程。举行反馈会议的关键技巧就是持续专注会议全程各个方面，这一点甚至比讨论调研结果的内容更为重要。在调研阶段发现的很多有关组织运作功能失调的问题都会在会议中有所体现，而意识到这一点就能够帮助你在会议中避免陷入僵局。咨询顾问陷入僵局的形式多种多样：

- 一方面要维护自己所准备的资料，一方面又要确保客户从资料中有所收获。
- 发现自己正在为组织或群体提供下一步计划，而自己本身却不是组织中一员。
- 被指望给出所有答案。
- 需要在不到 3 分钟的时间里对高度复杂的问题提出解决方案。

咨询顾问摆脱大多数困境的方法就是将所发生的事情直接说出来，比如："我担心所收集的材料会被客户觊觎，就不得不谨慎地保护这些资料""我不断地为你的组织思考下一步计划，然而我根本都不能参与进去""我所提到的原则之一就是人们的沉默意味着支持，现在是不是就是这个情况呢？”

你为下一步计划提出建议时遇到抵触是有价值的，这意味着客户正在关注你的行动，你不该片面地认为这是客户拒绝或漠不关心的表现，恰恰相反，这说明你所做的事情对客户来说非常重要。因此，你应该迎难而上，而不是选择逃避。

会议的各种反馈信息都会再次揭示出组织在解决或管理业务上出现的问题。关于难题的讨论可能会返回到对细节问题、推迟行动决策或者否定某一问题的细节讨论，而无论你遇到何种反馈，你都可以认为这是组织在决策时的特有反应。以这种方式理解客户反应，为客户提供支持并观察如何运作是非常重要的。

此外，和其他阶段的咨询活动一样，在讨论有关实施和规划的问题时，你必须相信自己的感觉。如果你对某事感到不自在，如困惑、沮丧或感觉客户心不在焉，或者你感到兴奋、积极或备受客户支持，一定要将这些感觉说出来。客户也可以以此为榜样进行学习并有所感悟。

正如签约阶段一样，反馈会议也涉及情感方面——情感的相互作用。你和客户之间存在着情感的交互，你为客户提供反馈建议，客户倾听他们现在所处的情形。例如：假设你感到困惑不已，不确定或者不知道下一步该如何进行，那么处理这种情形就有两种方法，要么更清楚、更明确地说出来，要么就简单地回答客户，告诉他你很困惑，并不知道下一步应该如何进行。如果在反馈会议中，你说出了自己的感觉，你就很有可能了解存在的问题以及关于责任和承诺问题的核心。

你可以访问网站 www.flawlessconsulting.com，以获取清单 7 的电子版。

清单 7：准备反馈会议

你可以运用下列指导原则帮助你准备会议：

1. 你希望从会议中收获什么？理解、共识、行动还是进一步的工作安排？

2. 设计好会议结构，这样你可以留出同样足够的时间与客户讨论问题并演示反馈结果。

3. 反复斟酌反馈报告的措辞，使其尽可能具有描述性和非评价性。

4. 思考会议中你在哪些地方可能会遇到客户的抵触，并设想什么样的提问能够引导客户直接表达潜在的忧虑。

5. 想想那些与会议结果有利害关系的人中，谁有可能缺席反馈会议？

6. 你如何才能得到客户对反馈会议的意见？

当群体成员水平参差不齐时

当你向一组人员反馈信息并提出建议时，你可能会面临新的挑战。如果这些人从未与你共过事或者彼此合作并不愉快，客户可能会将彼此间的刁难抛给咨询顾问，你要使用的技巧就是巧妙地安排会议，避免客户与咨询顾问直接相对。

你可以采取一些措施应对这些情况。

1. **把群体看作个人的集合。**不要假定他们都有一致的看法，他们彼此相互支持或者他们感觉和想法类似。你可以询问他们希望从会议中得到什么，一定要逐个询问。这样就能体现差异，并迫使群体为可能出现的困难承担责任。如果他们不愿意倾听彼此的意见，就要求他们逐个对他人的讲话进行反馈。这样就可以将问题的重心再次转移给群体，而你要始终支持客户，当他们感觉压力重重或者事情进展不顺时，他们需要的是支持，而非更多的询问。

2. **通常群体中总有人感觉异常焦虑并抵触。**他们强烈地质疑项目本身、你所收集的数据和产生的变革。咨询顾问应对他们的基本原则就是不要对这类抵触人群投入过多精力，因为任何问题都需要双方真诚的反馈。但是你得有点政治敏感度，知道组织中谁拥有权力以及谁的观点将真正影响到群体决策。你的精力应该投入在这类人身上，而不是那些七嘴八舌的质疑者。有时你可以说："好的，我们已经听了鲍勃和约翰的提出的很多问题，其他人感觉如何呢？简（如果她是老板），您对此有何看法吗？"

3. **如果客户很快接受了你的建议，你就要当心。**很多人和团队应对冲突的方式要么被动，要么顺从，而我认为这些行为都很可疑。

你可以访问网站 www.flawlessconsulting.com，以获取清单 8 的电子版。

清单 8：回顾反馈会议

反馈会议结束后，咨询顾问可以自问自答如下问题，这有助于你评价自己从每一次反馈会议中所学到的知识并为下一次会议做好准备。

1. 反馈会议有什么成果？
2. 对最终选择和可能性而言，最终达成的共识是什么？这点共识是如何转变的？
3. 客户抵触的表现形式是什么？
4. 你是如何应对客户抵触的？
    - 认为抵触是针对个人的？
    - 给出更多解释或提供更多信息？
    - 探索客户对控制和脆弱性的潜在顾虑？
5. 你是否在某一问题上陷入了困境？
6. 你注意到了哪些非语言信息？
7. 你认为管理会议方式与管理技术性或业务性问题有什么关联？
8. 这次会议对你和客户之间的关系有何影响？

以会议为榜样

下面是管理反馈会议需要具备的一些重要能力。

- 为客户提供你所收集到的相关资料，即使这并不是你初始任务的一部分。
- 指出潜在问题或难题。
- 提出描述性而非评价性的反馈信息。
- 为客户提供处理目标问题的个人行为信息。
- 认识到客户的批评与抵触并不是直接针对你个人的。
- 要参与那些制订行动计划的会议。
- 控制和安排反馈会议，引发客户行动并做出下一步行动的选择。

当你与管理者共事时，正像你建议管理者与下属工作时要真诚相对一样，你也要同样真诚地做事。在处理问题时，你的良好处事风格正是他人学习的榜样。事实上，让管理者学会如何处理问题最有意义的方法就是让他们身临其境地体会你是怎么做的，这比你费尽口舌的教导或者让他们与下属共同参与所有过程都更有意义。

Flawless Consulting

第16章

实 施

当我写作本书的第一版时，我用了两页的篇幅讨论实施的问题。我已经记不清自己当时是希望尽快完书，还是没有多少内容可说了。然而，这几年来，我越来越认识到，太多的咨询顾问一直在努力做正确的事情，但最终却未见多少成效。如果说咨询顾问签约阶段进展顺利，准确描述当前事实，并且为客户提供反馈信息，也做出了完美的决策，但是最后发现所有的努力付出后还是不能达到想要的结果，那么这一点就太让人沮丧了。

从理论上讲，实施是咨询活动的重点，也是咨询顾问劳动的果实。不幸的是，认识到要做什么（调研阶段的成果）和找到正确的做事方法（实施的重点）是两件完全不同的事。过去，咨询顾问过于关注分析问题与提出解决方案，而对将这些方案转化为实际行动的复杂性关注却非常少。

咨询顾问错误地认为实施本质上就是一个理性的过程，认为有逻辑、循序渐进地解决问题就能实现计划安排。这就好像是我们充斥着各种清单、时间表和电子日历的日常生活一样，只要按照时间表行事，标记的事情就能如期完成。当然，这样有条理地做事原则无可非议，但事情远没有我们想象的那么简单。就个人而言，这就好像是理想和实践之间的距离，越是希望实现理想，我们就越需要付出更多的实践。

参与而非部署

对组织而言，转换思维和运营方式是极为困难的事情。导致实施困难的部分原因就在于，我们常常认为自己可以部署、管理和指导变革。部署计划在很大程度上依赖于清晰的目标、明确的实施步骤以及具体的目标和行动措施。这个计划能够为别人勾勒出实施的蓝图。这就是工作中的结构性思维，它对于解决机械性问题十分有效，但是对现有系统产生的影响就不那么完善了。部署和指导变革并不容易实现，因而变革通常比我们想象的时间更长、更困难。能够理解这一点的人，就能够成功地完成实施工作。咨询顾问如果想要有所作为，在采用整体系统方法时，考虑到这一点也非常重要。

完善结构性思维需要咨询顾问具有社会性构架的思维能力和团体组织技巧。任何实施需要的不仅是有形的转变，如方法或架构，同时也需要一些无形的转变，如人际关系和个人信念或承诺。本章和后续两章将讨论如何处理有关无形转变的方法，集中讨论关于实施的基本层面，也就是如何凝聚所有人共同参与的力量，并规划有效的实施工作。

使众人行动的艺术，可以用术语“参与”来表达。我们这里讨论的实际上是作为部署战略的一种替代或补充的参与方式。提出的步骤就是参与的要素。我提出的建议就是我们所要参与实施的。如果你能找到更好的建议，就要遵循它。

对咨询顾问来说，实施有具体两方面的工作。

第一是咨询顾问数年来专业技能的积累所开发的技术性工作。如果你是金融分析师，你介绍的可能是控制系统问题；如果你是技术支持工程师，你做的工作可能是重新设计软件；如果你是培训经理，你开展的可能是培训项目。

实施的第二个方面的工作是如何对你所规划的业务或技术变革提供支持，这并不是简单的工作。如果开展工作的人还没有做好真正变革的决定，或者只是简单地走走形式，那么真正的实施工作并未开始。真正的变革需要切实的承诺，咨询顾问的部分责任就是要燃起客户的激情。对于那些同处系统之内的人，当准备严肃认真地讨论如何构建内部承诺时，你的角色就是要扫除那些妨碍实施的传统观念。

不开展此项工作的决定

大多数咨询项目的结果都仅仅是形式上的变化，因为人们对实施的思考和设想是完美的，而所体验到的现实结果却和预期相去甚远。对咨询顾问来说，最具有讽刺意味的是，我们在项目之初大肆宣扬，而在项目结束后，我们发现所预期的实施对人们的日常工作和生活并没有任何影响。在很大程度上，我们与这些形式上实施的共同之处在于，我们相信，现实情况可以界定、模仿、说服、驱动并衡量新的行为。咨询顾问尝试实施体系的很多方法实际上就是在抵制实施。

实施的障碍之一就在于我们对管理者的决策深信不疑。出于对领导者的崇拜和个人的坚定信念，我们认为只要上司做出决策，我们就该有所行动。事实上，这种情况很少见，我们没有见过有哪一个人能够独立经营企业，没有哪一个人可以单独制造或提供产品，也没有哪一个将军能够独自作战。

有趣的是，管理者本人比咨询顾问更了解他们自身的局限性。管理者明白，即使是他们已经做出的决策，也有可能得不到实施。虽然好主意层出不穷，但是对工作方法的影响却微乎其微，于是管理者每天都得面对这样的现实。而咨询顾问，他们最难以接受这样的现实情况，每当这时，他们会抱怨管理者对制定的决策和实施建议缺乏勇气、毅力，意志不坚定。

我们始终坚信，领导力和决断力是关键，而这些正是我们需要加强的地方。与统治者的意愿和能力相比，人类系统的变革与被统治者的赞同和支持有着密切的关系，即使在君主政体下也是如此。

部署局限

部署实施的传统设计一般是下面这些情况：

- 陈述愿景；
- 为预期设定标准；
- 明确变革措施。

对每个场合的日常工作而言，这些都是合理的部署。如果咨询顾问部署不力，势必会为实施过程增加障碍，部署工作也就变成了带有强制性的安排，而不再是对未来问题界定和管理的中立方法了。此时，咨询顾问会认为我们应当推出并引导一套全新的运作方法来辅助部署工作。当咨询顾问和管理者把这些自我愿景、标准和衡量方法当作维持控制和预测的主要工具时，他们就是在干涉实施方案。

人们根本没有机会，也没有责任按照自己的设计回答这些问题。我们不是要限制他们的自由，相反，我们需要的是他们的顺从。有了强制执行的制度化准则，实施工作就会相对容易安排。下面列举的是实施过程中遇到的一些主要障碍。

层叠领导力

如果我们认为，不管领导者是作为咨询顾问或培训者的“我们”，还是作为管理者的“他们”，组织所取得的进步都来源于管理者的愿景，那我们就会对现实的变革起阻碍作用。奇怪的是，如果我们能够充分地将信息阐述清楚、激发兴趣，或者及时地说明危机情况并满怀热情地描绘美好的明天，变革就会发生。这样的结果是，人们会愿意交流愿景并讨论变革。

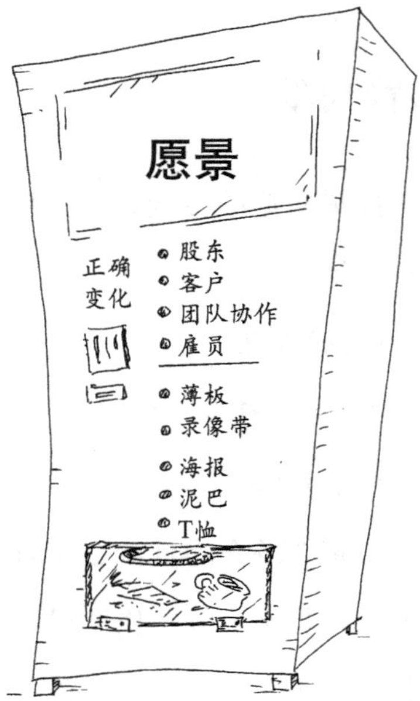

《有权力的经理人》（*The Empowered Manager*）其中一个章节，涉及愿景这一话题，里面提到愿景的力量以及通过设想一个不同的未来而实现转变。这成为该书最受读者欢迎的一章。我的邮箱里收到了成百上千种关于愿景的观点，很多观点是引人注目的，也有很多观点写成卡片大小，方便携带。我将一些观点悬挂在办公室的文化墙上，有一些还有团队管理者的亲笔签名。所有这些都反映了一个共同的主题：组建一个持久的团队要求高层管理者拥有愿景。

这里的“问题”具有双重含义。首先，就层级而言，我们认为高层管理者的愿景是关键。我们都希望知道高层管理者的想法。一旦认识到这一点，我们都能对自己的愿景进行调整，以便与其保持一致，并以此指导我们的工作和生活。作为咨询顾问，我们的每一个项目都是从帮助高层管理者界定并说明问题开始，这就可能需要几天甚至几个月的时间。事实上，大多数情况下都是由一个辅助人员或者咨询顾问提出愿景，再获得管理者的许可。但是最终的愿景往往反映了管理者的思想，并且由管理者最终做出决定。对于那些确定愿景的管理者来说，最好的情况是他们最初设定愿景就是为了自己，并且他们希望通过这一过程去寻求实施的方向。

遗憾的是，这种愿景通常是为他人设定的。我们认为，高层管理者应该决定中层和下层信赖的文化氛围，然而正是这种思维模式，使得愿景丧失了其应有的影响力。即使是处于组织中下层的人希望了解高层管理者的思想，愿景也起不了多大的作用。实际上，即使每个人都希望了解高层的愿景，愿景也发挥不了什么作用。

在大多数情况下，当组织了解高层管理者的愿景时，他们多少都有些失望。原本为鼓舞士气而设立的大型会议事实上却使人筋疲力尽，因为你会发现，你所阅读的400多份愿景声明都大同小异。每个组织都关心客户、重视团队，组织因为股东或社区而存在，并且相信他们所做的事情都是卓越的。如果我们在所有这些愿景声明里抓个阄儿，不管这些声明来自何处，我们可能都会觉得那正是自己所设想的愿景。因而最后，我终于意识到，重要的是设定愿景这一行为，愿景的实质内容并没有什么意义。

其次，我们认为，现在的管理者所设定的愿景能够经受住风雨和黑暗的蹂躏，这也就是我们为什么将其分层的原因。正因为如此，愿景才能够经久不衰。然而，这个观点是错误的。管理者的愿景不仅不是主旨所在，也不是永恒的。每个人都会思考自己到底想要创造什么样的未来，而愿景可以是鲜活、变化的。与其说愿景是一种宣言，不如将其称为一种对白。这是一种重要的交流，也是对想象的一种有意义的延伸，这需要每个细分组织共同协作才会开花结果。一旦愿景被分为不同层次，它就失去了生命力。

具体来说，如果组织本身需要一个更加清晰的愿景，那么无论如何，你要想办法为组织设想一个愿景。当然，千万不要把领导者变革的需求做成视频文件，也不要为了说明高层管理者的愿景而举办一些大型会议。如果在执行方案时，人们对自己所在的群体有所了解，并且有清楚的目标，那么就不要让主管人员宣布。最好的办法是把大家召集到一起，说明自己所在部门的现状，集中大家的智慧来设想未来能够带来什么。现在我们所做的已经远远超出这一点了。

我们需要高标准，业务是重点

客户普遍认为，咨询顾问设定的目标还不够高，这一点在教育行业体现得最为明显，每个州的立法都认为我们可以通过提高绩效水平、提高对学生和老师的要求来改善公共教育情况。几年来，人们一直在努力这样做，但仍然对其结果失望透顶。然而，他们却还是在继续做着这样的事。

当然，认为"问题在于标准低"这一观点并不仅仅出现在教育行业，它已经渗透到我们所有的机构中。之所以有这样的观点，是因为人们不会为自己设定高要求的目标。我们希望有一个外部的代理机构来鼓励他们，并给他们灵感。从本质上而言，这是一个建立在恐怖基础上的战略，那些确定标准的人成为主体，而那些必须达到标准的人成了客体。

标准和绩效是相互联系的，在某种程度上，这一观点是正确的。人们如何应对他人的期待，这一点我们是有所了解的。如果老板希望整个团队表现良好，事实很有可能就是这样的。如果老板预感团队可能会失败，这也可能会成为事实。在上司与下属之间，或者教师与学生之间，期望与标准的设定是不同的。

对别人期望很高，也就是对他们有信心的表现，这是乐观主义，是肯定他人能力的体现，是相互支持和保持联系的表现。设定标准的目的通常在于激发变革，它并不是建立在支持的基础上，而是建立在失望和需求的基础上。

如果因为设定标准很低而断定绩效差，这就是对客户的轻视。我们相信，客户需要我们制定标准的方式来帮助提醒并鼓励。这是一种具有强制性的制度。如果我们没有设定更高的目标，客户就无法更上一层楼。这与战略没有多大联系，因此人们克服所设定的目标，该目标也具有同样的阻力。

关键在于，**设定标准能够增强人们的责任感**。更多时候，人们会遵循设定的标准，人们可能被迫找寻一种达到那些标准的方法。但是，组织却在其他方面苦不堪言。结果是企业文化并没有带来更多责任感，相反，我们看到的是更多的僵化和怠工，人们处事更加警觉，甚至缺少灵活性。

当然，在确定活动的领域和组织对每个部门产出的要求上，上司有着合法的权力。然而，同样作为发动变革和执行某项建议的战略，确定产出和标准设定却有着很大的不同。每个群体都认为他们明白对另一个群体来说什么才是最好的战略，正是因为这个原因导致了整个过程的失败。这也是为什么我们说那些工程技术和部署战略存在缺陷的原因。咨询顾问往往会执着于某些标准。当与客户经理一起努力完成了签约阶段和调研阶段，咨询顾问希望和他们站在同一战线上，于是会很轻易地与客户传统的处事方法达成一致。

客户需要措施

当客户经理期望改变我们圈子之外其他人的行为时，我们需要避免与他们一起草率地规划某事。我们的任务是将注意力集中于在场人员的天赋、能力以及他们对自己行动所采取的措施。如果管理者相信有更高的标准，那么你就让他们自己制定并在一段时间内遵照执行。

在咨询活动中以及从我们与客户经理的关系角度看，这些都是合理的。当我们与管理者一起规划他们下属的变革时，我们理所当然地认为是他们的员工需要做出改变，而非管理者，因此咨询顾问无法转变到更加基本的层面去思考变革是如何发生的以及责任如何出现等问题。反复灌输并不能促进变革或产生责任感，从更加清晰、更高的标准着手实施，这种本能反应常常都是陷阱。

无法衡量也没有关系

咨询顾问对衡量的态度也会妨碍实施，这个问题与上面所提的情况很类似。对是否需要衡量这一点无可争议，问题在于，衡量在多大程度上能够成为核心问题以及应当由谁来进行衡量。当对整个系统进行衡量的时候，我们必须清楚自己的所需，并且能够利用测量标准。

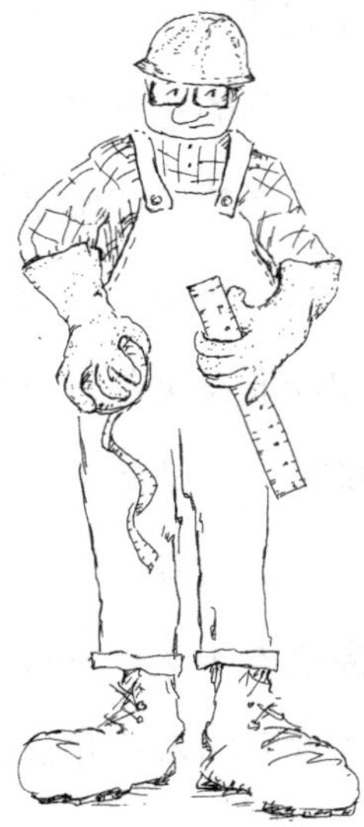

对工作中的量化因素进行度量是非常有意义的，最简单的例子是我们会使用常用会计实务来衡量公测度的合理性。组织中每一部门的经济状况都必须综合达到管理机构的要求，因而我们知道企业的经济可行性。为了评估组织成功与否，我们需要公测度来衡量产品质量和客户服务以及其他更多的度量指标。但是一旦我们邀请经济学家为我们确定一套公测度、衡量我们如何合作、检测我们是通过怎样的程序提高质量，以及从整体上看，有关人类系统是如何运作的这一领域中的所有问题时，我们就开始有点没有主见了。适用于人或工作的量化层面的每一个指标，留给我们更多的是未被测试过的东西，而不是其揭示出来的东西。

“如果我们无法衡量某事，它就不存在”这一观点把人类系统看作一个机械系统。认为“人们仅仅做那些能够被衡量的事情”的观点，是对人类生存条件的一种讽刺。尽管在某些销售条件或者一定的课堂动态环境中，这种说法是正确的，但是我们把衡量的价值摆在了本来不属于它的位置上。当我们把想要创建行为的能力归因于衡量，我们已经陷入了简单的因果关系，并且深信，实施和变革都是可以策划的。对人类来说，现实并不那么精彩。

每个人都希望自己的所作所为得到反馈，然而，反馈信息并不能产生行动。强行衡量工作的量化方面可能会成为行动的障碍。

当把进行评估的人和实际做工作的人区分开来时，我们就削弱了衡量的价值。过去，负责质量控制的人与实际工作的人分开办公，这种做法过于武断，无形中疏远了行为者和质量评估之间的关系。在过去的 10 年间，这种现象已经有所改变，产品质量和工作场合的人际关系都有所改善。

从质量运动中我们可以看出，尽管有很多有用的衡量工具，但是这些工作需要处在所工作之人的控制下，我们也有必要将其看作实施变革的一部分。**很多重要的东西都无法衡量，我们的咨询活动有必要揭示这一点。**

重视参与

所有这些并不意味着我们反对愿景、标准或衡量，这些都是激励组织成员的重要因素。问题仅仅在于，当我们将其用作强迫性控制工作时，我们滥用了这些因素，没有错误时却制造了错误。当它们不能真正地带来变革的时候，我们就更加努力地促使它们起作用，而并不是去寻找其他策略。试图更加努力、施加压力和劝说，对于改变一种社会制度的影响极其有限。即使这些因素发挥了作用，社会制度也会很快发展出自己的免疫系统。

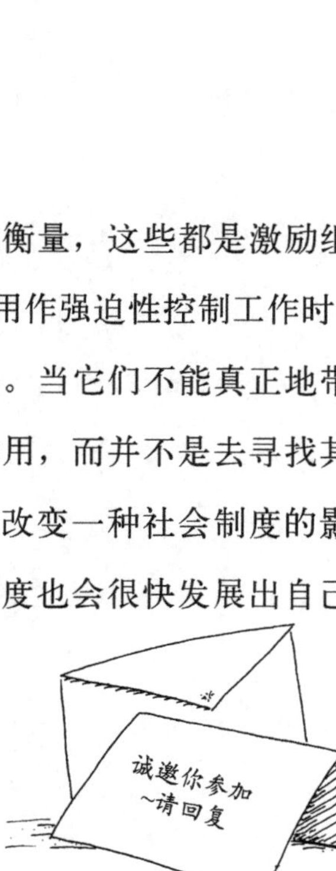

社会制度是一个充满生命力的系统，它不受组织的线性或机械性观念的影响。不管什么时候，只要管理者或咨询顾问把赌注放在定义、引

诱、衡量和标准等因素上时，他们就无意识地强化了我们试图弱化的官僚主义思维模式。这些都是工程师和经济学家的工具、技术和经济战略，既不能构建承诺，也不能承担任何责任，尽管它们的表面价值非常吸引人。

我们低估的是承诺的价值和对话的力量。最近出现的学习型组织、全面质量管理和团队工作的转型就是向着参与的方向发展的。但是也有个别例外并没有得到充分的重视。下面两章我们将讨论实施过程中的承诺，并介绍一些具体的案例，使人们的参与方式能够提升持久变革的可能性。

Flawless Consulting

第 17 章

参与途径

咨询的卓越之处在于，顾问在执行阶段能够培养并提高客户对参与价值的认知。参与的重要性与咨询顾问的推荐没有重大关联。在客户系统中，如果没有顾问与客户之间的不同交互，关键的技术内容和重要决策无法实施。如果交互总是一成不变，任何标准、衡量和奖励的作用都是微乎其微的。在执行决策的过程中，咨询顾问可以帮助领导者提高他人的参与程度。这些技巧与签约和调研阶段建立承诺的原则一样，简述如下：

签约阶段的基础包括以下几点：

- 深入理解问题。
- 明确阐述需求。
- 探究对控制和脆弱性的关注。
- 提供支持。

调研阶段则重点强调以下几点：

- 把每一次交互式沟通当作学习。
- 为了解决问题，客户做出了哪些努力？
- 对现实情况进行清晰的阐述，而非臆断。

在执行阶段处理客户问题时，咨询顾问需要保持同样的精神并且按照如下方式执行：

- 安排聚会，以巩固客户的参与程度。
- 在演说和参与之间平衡。
- 积极响应客户公开表达的疑虑和揭露的问题。
- 公开选择。
- 启动新的对话。
- 选择支持团体活动的地点。

会议即信息

实施变革的最终结果是各个层级的人员是否为变革或组织的成功负责。就是这个问题，仅此而已。

我们可以直接告诉客户，会议的基本目的就是希望能够给客户更多选择和参与的机会。然而如果会议并非如之前所说，那就是个失败的承诺。客户会根据咨询顾问的个性、说话的语气以及组织会议的结构等来判定顾问实施战略的可信性。

这就意味着，如果我们希望进行更大的变革活动，就要重视每一次咨询活动。“不积跬步，无以至千里。”例如，如果你正在为电话呼叫中心举行一次会议来探讨一系列可行的措施，那么所列举的措施就一定要体现参与的重要原则，即咨询顾问要允许客户公开选择并公开处理疑难问题。

促进参与的 8 大途径

参与的途径看起来再简单不过了，然而这真的是说起来容易，做起来难。不管人们在走进房间时有何感想或带有何种预期，咨询顾问都可以参照下文能够促进人们参与的 8 大途径。咨询顾问可以依循这些方法达到完美咨询。总体来说，当咨询顾问在这个阶段需要处理情感问题或维系客户关系时，这些方法是非常实用的。

以透明的目标与可操作的方式开展对话

在任何一个对话开始之前，咨询顾问需要收集并描述这一步骤所涉及的关键点，界定变革的重点，了解组织需要咨询顾问提供哪些帮助，并为部署这一步骤提出一些建议。

大多数人对所需的信息都非常熟悉，关键在于，咨询顾问如何将整个事情表述清楚，如何清晰地说出问题的缺陷和不足。咨询顾问不要以使客户免受焦虑为借口而刻意隐瞒一些坏消息。客户的焦虑是正常的，咨询顾问最好能够公开处理这些问题。我想提醒的一点是，咨询顾问要尽量确保内容短小精悍，并发自内心地为客户提供建议。

如果经理人或者重要的投资人没有参与整个会议，他们就没有必要鼓励或者说教。让一位主管在会议开始时露面并做出承诺，而后却离开现场的行为是很荒谬的。这种行为冠冕堂皇，并不会产生很好的效果。这样做给人以高高在上的感觉，会议的重要性备受质疑。

重新协商参与预期

咨询顾问可以根据目标、战略、方法和措施等实施管理，他们咨询的课程或演讲的新战略以及负责的项目数不胜数，咨询顾问真是让我们大开眼界，佩服不已。我曾见过管理者或咨询顾问能够站在一个地方滔滔不绝地讲述愿景、定义各种条款、勾画未来全景图等。通过会议结构安排，咨询顾问展示着对未来的规划。然而，为了达到目的，顾问们只能墨守成规，并没有创出什么新的模式。顾问们认为，举办会议就是当客户对内容阐述有所困惑或焦虑时，大声地重复一遍即可。然而，即使重复的声音再大，咨询顾问就能解答客户的困惑了吗？

与会者都希望能够有所收获，并习惯性地认为会议过程会被安排得轻松愉快、妙趣横生。客户要经常填写一些评估会议的调查问卷，上面罗列的问题无非是：咨询顾问是否有所准备？目标是否清晰？视觉化呈现的方式如何？你曾填写过多少类似的评估表来评估会议？诸如此类。会议的领导者常常会说："我们举办会议的成功与否，取决于在座各位的参与。"然而，情况真是如此吗？领导们只是说说而已，客户也从未放在心上，能够认真填表的人也只是少数。

曾在一个酒吧看表演，那里的演艺人员在开场时大声地说道："我们是南郡俱乐部，欢迎各位观众的到来。"我想酒吧的人一定是深刻地理解到了台上的主持人与台下观众之间的关系。这样的说法就是在向我们这群观众声明：作为观众，你们要加入表演中来。

你可能觉得演说与参与之间的简单平衡被过度强调了，然而，请相信我，这里所包含的意义远比我们想象的深远。事实上，更多情况下，我们都把主要精力放在了演说上面，而把参与抛诸脑后。

领导者与参与者之间的被动协议要尽早重新协商，这一点极为重要。根据以往的处理经验，我可以保证，事情总是会发生变化的。会议室里众说纷纭，有些人慷慨陈词，有些人宁愿窃窃私语也不愿意直接与发言人对话。在处理这些问题时，最好的办法是列出需要跟踪的事件并概括出更多细节问题。

> 更多关于重新协商参与预期的问题，请访问网站 www.flawlessconsulting.com。

重新布置会场

如何布置会议场地以及如何安排座椅位置，方方面面都在传达我们的意图。如果我们计划请参与者围成一个圆，这时要考虑如果确实有必要，那么就采用一个圆桌。咨询顾问有必要从一开始就让参与者了解平等参与的重要性。你可能会对安排会议场地这件微不足道的小事提出质疑，然而，这些细节的特殊安排实际上传达的是我们的愿景和文化。我们在此讨论这个问题，是把它当作参与的方式，也可以称之为转换的方式或文化变革。如果能够把会议安排这个环节做好，我们也可以改变整个机构。

这里的重点是，会议安排没有统一的标准。安排房间没有什么对与错之分。是否安排桌子、围成圆圈、四方形还是排列座椅、集中的还是分散的，还是按照组织的功能型、矩阵式或区域型安排、领导坐在前排、站在讲台后、登台还是围坐成圆形，这些都是可以的。

关键是所有人都致力于为手头的任务调节合适的结构。一旦我们意识到每个人都可以为共同的目标做出调整，并且致力于为更大的组织服务，那么你会发现众人同心，其利断金。我们不必再遵从经济学家和工程师的原则，相反，我们都是组织的构建者、设计者和创造者。我们选择为组织负责，但并不受组织约束。

关于我们会见场所和有关重新布置空间的基本原则，请访问网站 www.flawlessconsulting.com。

创建一个公开质疑的平台

客户言论自由和集会的权利是会议最本质的保障。对于整个组织而言，客户在会议内外所表述的意见是大不相同的。咨询顾问的部分工作就是引导组织内集会权利并倡导言论自由。也就是说，咨询顾问要创建一个可以让群众公开表达质疑的平台，群众在会议之外发表的意见与会议之内发表的意见一样重要，甚至前者更为重要。因为往往是那些会议之外发表的意见预见了失败和不确定性的真相。

创建一个这样的平台，对任何变革或者努力改进的尝试，都有助于帮助客户恢复信念。为了创造一个不同的未来，咨询顾问只能通过公开表达言论、思想、疑虑，保留意见和过去的不同见解来实现。如果我们不能让客户自由地表达意见，听之任之就没有任何意义了。

在组织中，人们表达疑虑，也会说出事实真相，只不过人们都是私下里在茶余饭后时才讨论这些内容的。如果真实的交谈都是私下沟通的，那么公开的讨论只会给人失望的结果，尤其是一个大型组织的会议。如果所有真实的讨论都是小组私下讨论的结果，那么咨询顾问想要在大型组织内部树立客户信念就很困难了。

公开场合的讨论和冲突会导致权利与义务的重新分配。会议中所有参与者听到各种不同的观点后会产生政治权利的倾斜，这一点在大型组织中尤为常见。如果我们认为权利的重新分配对义务的转变极为重要，当公开讨论转变时，权利转变就会开始。如果改变组织文化和实施变革的第一步是物质与精神的转变，那么咨询顾问要帮助协调这种转变的发生。

有关人们疑虑和保留意见的关键对话都需要公开。如果客户的疑虑，甚至是犬儒主义不能公开表达，那么咨询顾问就无法自由提出内部承诺。客户的一些疑虑能够为改善咨询服务提供指导，有些则不然。咨询顾问都希望解答客户所有的疑虑。当你建造大桥或者制作一架飞机时，你必须要清楚制作过程中可能会发生的每一个问题。当然，人并非万能，有些疑虑是无法得到解决的。然而，在创建积极参与的过程中，咨询顾问的终极目的是让客户公开地参与、公开地表达疑虑，而并不是为了解决什么问题。在制订计划时，我们不能忽略所有的疑虑，但是我们需要认可客户的疑虑。对于犬儒主义，我们大可公开地接受，不必为此感到挫败。事实上，组织中大部分异类只是找个平台公开表达想法和意见，比起那些寡言少语的客户，这样做更加可以建立彼此的承诺，而这样做的效果也比任何引人注目的演讲或财务激励计划更有力。

我们的每次会谈都要本着开放和互惠的原则，不要打着“团队建设”或者“大型组织互动”的旗帜。即使我们在实施一项高科技或者以业务为导向的变革，也要留出公开表达意见的平台。每一次技术或业务变革都会动摇人类体系，致使关系变化、影响转移，甚至使范畴受到威胁。此时，对话是重新找到新的稳定体系的唯一途径，任何管理方式都不能消除疑虑，因为这是管理者的工作，已经没有人信任他们。

我们大量的会议都浪费在消除客户疑虑、平息客户心情，通过讲故事的方式进入另外一个对话。这些方式都是失败的。客户所想的问题是了解故事的真正意图。如果演讲者没有提及任何疑虑或不确定性，没有谈论已经发生问题的失败原因等，那么客户还是不能明了演讲者的意图。

人们如果没有直接参与到讨论之中，也不会了解故事的全部。如果管理者常常努力通过去兜售一份战略、平息或设置一些问题去鼓舞人心或赢得支持，那么人们对管理的信任度也会下降。人们不是不相信管理正确，而是不相信管理者会说出事实真相。

在大多数情形下，在公开场合很难听到事实真相。战略实施的成功与否取决于对话质量的优劣。如果是在较为公开的场合，那么对话就极有影响力。变革往往发生在言论自由和集会权利的交叉点，这不仅对民主大有好处，而且也将言论转变为事实存在。

> 创建公开表达事实和疑虑平台的更多实践内容，请访问网站www.flawlessconsulting.com。

我们想共同创建什么

没有哪个问题比这个问题更有意义了。无论从哪个角度来看，再也没有比这个更难回答的问题了。现实的责任是以问题为核心，主要有两个方面：一个是有关创造的问题，一个是有关共同合作的问题。

1. 创造？“我们想创造吗？”对这个问题的回答极为关键。如果回答是肯定的，那些已经交给咨询顾问的事情就不是眼下要做的事情，重要的是明确我们未来将要做的事情，并最终为之负责。当我们决定要创造的时候，就情愿加入组织、定义它的未来，并以这个方式对抗文化和我们自己习惯的方式。也许这就是为什么当我们要求人们说出他们的愿景时，最初的尝试都是略显无趣的。如果问题是“我们想创造什么”，这就要求所给的回答对组织而言是独一无二的。我们要做的工作则是：要求每个小组构建出与自己职能相适合的独特的未来。这是我们面对人们自由处理问题的另一个方式。即使最初你几乎得不到什么反馈，也要引导客户思考他们想要创造的是什么。

2. 合作？问题的第二部分是："我们是否愿意共同创造？"这个问题同样很难回答。我们也许习惯于独自创造，而实质上，当你提出"我们能够共同创造出个人无法独自创造的东西"时，你就是在寻求另一个层次的合作。在大多数情况下，当我们问各小组他们能够共同创造出什么的时候，他们就会列出一系列合作性的活动，每个群体都能够独立完成这些活动。

共同创造需要我们跨越界限，或者是超越地域的限制。大多数变革和实施的步骤都有这样的要求，并且很难深入贯彻下去。往往我们不得不先参与大型组织的活动，而推后参与自己的组织安排的活动。

> 关于"我们希望共同创造些什么"的具体程序和方法，请访问网站 www.flawlessconsulting.com。

引发新的交流

行动的变化以交流的变化为先导。[⊖]传统的交流引导的是传统的行动方式。若要引发新的交流，咨询顾问面临的挑战则是他们要提出一个与所面临的任务相关但是又从未讨论过的问题。抓住传统的话题、界定问题或解释答案的老一套方法不放，那只是一种寻求安稳和保持控制的方法。

传统的对话方式使得我们能够控制局面，然而，我们希望人们能够处于一种自然的状态下，这样咨询顾问就知道对话已经上升了一个层次。这样的对话一定会使你为后面的所见所闻而惊讶，也会让你在处理问题时更加乐观。

⊖ 乔尔·亨宁是我的良师益友，是他教会我如何通过改变对话方式来改变组织文化。

关于更多如何开展传统对话的费用和展开新的交流活动的内容，请访问网站 www.flawlessconsulting.com。

传统对话的实际成本是对话所引发的犬儒主义。问题并不是因为客户所提出的问题没有得到解答，实际情况是咨询顾问的陈词滥调耗费了太多精力。传统对话演变成为一个避难所，那只是顾问寻求的安全港而已。

如果改变对话方式，我们期待每一次共同努力，顾问都有能力改变客户的体验。同时，文化也如此变革。如果这样多次实践，我们学到的更多、挑战的更多，进步得就越快。客户的任何变化，惊讶或是不安，都在我们的控制范围之内。客户只是希望按照我们的设计去参与实践。

选择承诺和责任

做出承诺和承担责任，都是在提升自己的能力。在当今这个社会，信心不足，我们不相信还会有人选择自愿承担责任。我们认为责任必须要合法化或者我们必须“管理责任”，或者利用激励计划来换得责任的自愿承担。这些低信心战略本身就产生一种负累，因此我们必须不断地给予支持。现有的做法造成一种循环：管理和立法越多，所产生的抵触和漏洞就越多，因而就会产生新一轮的管理和立法。工厂和更大的文化团体都会经历这样的问题。

另外一种选择就是，我们相信在某种特定的情况下，比如在危机状况下，人们是愿意承担责任的。这些人通常设定更高的指标，关注大型组织的福利问题，并对自己的能力心中有数。出现这类情况时，组织的规章制度应暂时终止，把地位和自我利益搁置一边，此时的责任和目的更为重要。咨询顾问所面临的挑战则是在没有危机的情况下也要找到共同愿景。

有两种情况可以采用高度承诺的实施战略：一是我们需要首先向同级的人负责，其次才是向上级负责；二是我们必须在不进行协商和交易的情况下做出承诺。

对同级负责

同级之间有一种上司永远无法体会的影响力。一方面，我们从小就有应对上司的实践经验。从我们的孩提时代，我们就感到父母对我们的管束；而当我们初为人父时，才意识到事实并非如此。父母发出命令，维护秩序，但是归根结底，何时打扫他们的房间或收拾餐具，仍然是孩子们自己做决定。我们努力去做管理工作，甚至有时操控比我们权力大的人员，久而久之，我们也变得越来越聪明。我们学会如何管理自己的父母、老师，甚至是我们的上司。就这样，我们如愿以偿，并且不需要付出任何代价。当上司对我们不满时，为了防止他们对我们失望，我们已经学会了去说“谢谢您反馈的信息”，而我们本身并没有做出多大的改变。

但是，与我们同级的人不太可能忍受这种控制。在日常的工作中如影随形，经常与我们接触，因而控制起来就更加困难了。对同级的人负责是一种要求苛刻的建议，这就是原因之一。此外，在日常的工作中，我们和同级的人保持相互依赖的关系，不同于对上级。当我们表现良好时，同级的人工作就会有所减轻；当我们工作情况不佳时，就会给他们带来更大的麻烦。他们不得不弥补工作中的不足，并且在工作中容忍我们的错误。对于同级的人来说，无论是谁做出绩效评估，在职能上，我们需要对同级负责。

当我们关注团队、团队建设和团队薪酬计划时，我们就已经认识到这种相互依赖性了。下一步就是在同级成员之间展开有关承诺和后果方面的问题。我们始终坚信的原则是承担责任应当是一种自愿行为，这样做在同级之间很有影响力。

同级成员之间承担责任还意味着，同级成员有责任向组织提出有关福利的问题。这并不仅仅是上司的职能，同级成员有必要告诉我们，为了不辜负部门和更大组织的期望，我们所做的承诺是否足够。这种考虑组织整体系统的利益要求，对同级成员之间相互倾听承诺的影响与对他们做出承诺的影响一样大。

纯粹的承诺

通过使全体成员达成一致的方式来完成实施的第二个因素是，考察一下承诺和诺言到底真正意味着什么。我们深深植根于一种可协商的文化氛围中，我们喜欢讨价还价，并且在我们的关系中内含着平等交换的概念。本书前面所讨论的有关合约的观点就说明了这一点。但是我想区别一下满足协议要求与做出感情或个人的承诺两者之间有什么不同。

个人承诺意味着我们同意去做某些不受他人反应左右的事情。这也是“诺言”一词表述如此恰当的原因。如果我们在其他人做出反应的情况下做出承诺，这事实上就不是真正的承诺，而是合约或者是达成交易的另外一种表现形式。这种有假设条件的协议，如有一方未能履行，那么协议就可以取消。通过这一咨询过程，我们一直在寻求绕过我们身边表面和大范围内的变革所需要的内部承诺。承诺，就是对做某事立下的诺言或保证。从词典的解释来看，它们并没有提到做出保证的人一定会得到任何东西，词典里关于承诺的解释，仅限于可以做出的选择。

当我们讨论有关高层管理者需要做出怎样的改革，其他部门和人员如何阻碍变革的实施或者系统和实践都无法支持变革等这些问题。如果我们内心里做出承诺，那么所有这些讨论都没有意义，因为做出承诺意味着，组织成为需要我们自己创造的组织，通过做出承诺这一行为，我们找到自由。现在是我们自己主动前进，并且自由地选择与别人合作。对我们自己和组织来说，有些情况已经发生变化了。

阻碍和失望仍将存在，但是它们带来的将不再是犬儒主义，因为我们并不是在别人行为的基础上做出选择。如果出现信心增强或丧失信心的情况，并不会表现在别人身上，而在于我们自己。

> 更多有关人们愿意采取进一步行动的活动内容，请访问网站www.flawlessconsulting.com。

重视天赋

对每次会议进行总结是非常有必要的，要对与会者的努力和关心表示认可。结束会议的一个很好的方法就是，集中讨论每一位参与者为会议召开所做出的贡献和努力。当今社会，很多人会先看你的缺点和不足，对你的优点和天赋却视而不见。这种情况非常普遍，人们开始相信这样做就是正确的。然而事实并非如此，大多数人在关注缺点的同时，也会注意到我们所取得的进步。

如果负面反馈如此有用，我们本应该把迄今为止收到的负面反馈收集到一起，但我们不会这样做。关注客户的缺点和不足，只会引起自我怀疑，使得我们更容易控制他人。这也是为什么负面反馈更能够吸引人的主要原因。我们所担心的是，如果每个人都真正了解他们的优点和价值，整个组织就不那么容易控制了。这些人有可能利用自己的自由意志处理问题，或者保持现状，变得令人难以忍受。如果他们保持现状，那还有什么需求呢？作为员工，他们已经习以为常地关注自己的缺点。

作为成年人，我们能够从关注缺点和不足中学到经验。对处理问题的天赋、自我宽容和自我价值的肯定，我们常常感到局促不安，甚至视而不见。尽管在谈论到有关天赋的问题时，我们变得羞怯，浑身不自在，但是发挥优点时，我们的动作却很快。我们要讨论的就是如何能做到这样，这对个人来说是这样，对组织而言同样如此。

关于通过认可天赋和价值的形式结束会议的更多内容，请访问网站www.flawlessconsulting.com。

重点

这些原理和技巧既是一种方法论，也是对更普遍的可能性的一种比喻。每一种结构和活动都体现着含义更深的意图，并且通过这种方式，具有比暂时的影响更加丰富的意义。实施活动并不是展现在我们面前的一条一般性、清晰流畅的大道。实施过程要比签约和调研阶段更复杂，因为每一种具体情况都更为特殊。实施的计划是更为自然的，而非循规蹈矩的。我所描述的结构与其说是一系列需要遵循的步骤，不如说是一种活动列表或是一个行动的起点，其中每一种实践活动都是说明如何把承诺看作实施过程核心问题的实例。我们都希望有一种更加简单的方法，恨不得决策之后紧接着就能够开展行动，并能够看清所采取的纠正性行动，并对其进行评价。把思想直接植入现实的组织系统中，这种理性解决问题式的概念，现实生活中并不存在。

基于情感、感受、直觉、信任和期望，人们选择承担决策。在这种情况下，就会引发变革。当个人全程按照步骤要求做出调整和支持建议与决策的决定时，就会引发一些更为具体的变革，如组织重组、采用新的信息系统、组织削减成本等。支持变革的决定不仅仅建立在逻辑和理性的基础上，作为咨询顾问，我们有必要帮助客户处理情绪和态度的问题。这也是这本书阐述的咨询的核心问题。

同样，基于周围关系的深度和性质，人们也会选择承担决策。正是因为如此，**实施中建立真正承诺的核心战略是设计新的方法吸引人与人之间建立联系。这一点比决策的清晰度和公正性更加重要。**当组织中成员齐心合力向着共同的目标努力时，就能够达到很好的效果。正确的选择极为重要。

领导力行为并没有成员行为那么重要。对于已经习惯于家长制的管理氛围，我们很难接受这一现实：我们一直固执地相信领导者可以引导他人行动，而实际上，就领导的追随者而言，领导者已经不能引发他们的行动；就客户而言，咨询顾问也无法引发他们的行动。

无论是多么成功或多么有必要的变革，如果对于个人选择和团队合作没有广泛与深度的认知，任何变革都起不到作用。这就是真正的责任感，一个人愿意对组织主动施以积极的关心，把组织的利益放在第一位考虑。这是一种个人选择，当人们感到彼此依赖并且对流程产生一定影响时，这种个人选择更容易发生。

这本书自始至终都在讨论咨询顾问与客户之间的责任与任务的相互作用。表达需求、处理抵触行为、签约会议导引的技巧都基于责任。能够与你的客户进行高度的互动，就是在实施阶段充分行使责任心。

如果你的目标是建立内部承诺，最好的方法是建立起公共连接，创造可以开启新对话的空间，并最终为人们提供可以实施的机会。我们所提供的机会是关键的，直接影响到我们所承诺给客户的未来。**有效的实施大多数情况时下会引发权力的重新分配，这比重新考虑安排工作流程中的细节等问题要微妙得多。**一个决策规则图表并不会引发权力的转移，但却会产生约束。

权力的重新分配不仅仅取决于我们如何决策，也需要看我们如何安排。这恰恰是这些结构的重点所在。

你可以访问网站 www.flawlessconsulting.com，以获取清单 9 和清单 10 的电子版。

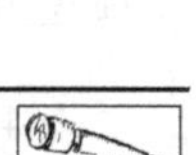

清单 9：准备实施

下面是在实施阶段或咨询的任意过程中，有关团体合作中参与途径的一些提示。

1. 在每次团体会议中，你如何适当减少演说而更多地强调参与呢？

2. 你如何有计划地安排客户发表意见和想法的空间呢？你将如何提高公开性并讲述事实呢？

3. 你如何帮助客户详细说明选择的机会？面对组织的各个层级，你如何为真正地选择开放机会？关于事情会如何变化的讨论，你会具体做怎样的时间安排？

4. 你如何帮助人们避免陈词滥调的对话，并开始探讨更多关于建议变革会产生的希望和疑虑？

5. 对每一次事件安排，你如何让自己设计的场地发挥更大作用？

清单 10：评估实施项目

在任何会议结束之后，用下列这些问题来评估自己所学到的经验教训，并且为下一次会议做好充分准备。

1. 会议是在浪费精力还是激发了参会者的活力？

2. 会议与你的预期一致还是有所不同？

3. 人们是如何选择参与到环节中的？他们参与的积极性如何？你观察到哪些类型的潜在风险？

4. 如果重新布置会场，会有什么不同吗？

5. 会议中客户表达了哪些疑虑，是否有所保留？你是如何处理这类讨论的？你是急于达成协议还是在尽力探求解决方案？你认为是否有可能拖延组织的决策制定？会议中是否有客户为自己辩解？

6. 组织对希望能够共同创造的问题是如何决策的？

7. 人们如何开始新的对话？你是如何协调并提供帮助的？客户从中学到

了什么？

8. 客户愿意做出什么承诺？客户是否满意？

9. 会议结束后，你会做出哪些安排来确保每一位参与者的努力和贡献都得到认可？

10. 通过会议，你与客户之间的关系受到了什么影响？

Flawless Consulting

第 18 章

扮演咨询顾问角色的老师

沃德·梅利亚德是一位高中老师，他正在尝试以一种与以往不同的教学方式为学生提供全新的学习体验。而他这种对新的教学方法的尝试，在某种程度上正是受到本书的启发。他认为，既然要给学生的学习体验带来颠覆性的改变，那么在教师的传统工作就应该采用更为极端而显著的改变，包括绩效评估、课程设置、教学结果等方面。他认为有必要重新审视自己，并重新考虑学生和老师之间的“契约”的本质是什么。通过大量使用本书中所列举的术语，他一改传统教育领域的做法，而是从咨询顾问的角度考虑学习这一问题。

这次教学变革之旅并不仅仅局限于与学生重新缔约上，他大胆地采纳了本书中的很多实践方法。他采用了调研与问询方法，以重新评估学生们的“绩效”问题；他将学生们的很多复杂举动视为某种形式的“客户抵触”，而不是像很多老师那样把这称为叛逆与学习障碍；课堂教学日程安排不再是针对学生的不足，而是针对其天赋；他还将很多整体系统方法引入课堂讨论中；对每次课堂讨论的重视程度提升到了普通课程的高度，同时他还重新安排了教室的座位。

下面要展示的就是沃德的故事，主要是源于沃德原话的整理，但这些内容和本书非常契合。当然，沃德从来没有将自己称为咨询顾问，但他确实在教育市场上点燃了一把复兴之火，在该领域中，很多传统的方法已经不能适用于大多数孩子了。最后，在采用了多项“完美咨询”理念后，沃德成功地提高了教学水平，而这些并没有造成任何追加投入。

沃德的故事

简而言之，沃德的故事所揭示的正是对客户诚实可信的深度承诺与缔约以及我们所讨论过的调研流程是如何带来超乎预期的结果。他的故事讲述的可不是怎么增加课余补习时间，而是在我们教育自己孩子方式上的一次深层次转变。

和医疗保健改革一样，对于教育改革的争论也是漫长而无果的。争论一直都停留在班级规模、教师表现、各式各样的课程设置问题以及如何测评学生的学习成绩等问题的层面上。我们整个国家尝试了多种多样的教育创新，如特许经营学校、公立学校中的私营部门、引入质量改善方法、社区高度参与、雇用退役军人参与监管学校。也许你对其中的很多方法并不了解，不过没关系，因为总体上说，它们对年轻人的学习状况没起到什么改善作用。

本章将要讲述的是沃德的激进教育改革。他将咨询方法，即本书的主要内容，融入了课堂教育。他的做法为渴望实现教育变革的人们提供了必要的线索。

在一封沃德写给我的信中，他讲述了自己对改进流程的想法，并解释了他是如何保障咨询性学习的。下面引用一段他信中的内容：

如果希望对教育进行改革，我们所要面对的核心问题就是对教学与学习的思维转换。通常一提到老师，我们脑海里闪现的就是那些拥有知识的人，那些能向他人传授知识的人。同样地，提到学生，我们所能想到的就是那些不具备知识且需要获取知识的人。

于是我们有了主动传授知识的老师和被动接受知识的学生，信息单方向地从老师流向学生。

在这样的背景下，教师被放上了讲台，并在下面布置了一群听众。教师通常有固定的教学目标：明确的教学要点、一系列的教学活动、固定的教学内容与需要达成的教学结果。我们希望学生理解，并记住教学内容。

包括特定的数据，并以这些内容的掌握程度来评估教学效果。因此教学改善通常意味着通过更好的教学工具与方法，让学生记住更多的东西，以通过教学评估。

学生激励的假设

沃德所描述的教学设置是通过教师之手对学生加以激励，这是一个挑战。学生评级是一项主要的激励工具，该项工具可以加强对日渐复杂且注意力下降的学生听众的控制。评级是由学生的绩效与学习目标完成情况而将学生自上而下按等级划分。这项指标能用于评估学生申请大学，按照传统的剧情发展，这将决定学生是否能在将来获得好工作，并获得理想的收入。这一模式的公式很简单：好的评级等于好的学习表现，这是成功升学的保障，而升入理想大学又是获取财富的关键，而这将决定学生将来的社会安全感与所拥有的福利。

尽管激励理论合情合理，但遗憾的是，该方法只对少数学生有效。而一旦这套方法难以奏效，就会被认为是学生、家长或者教育者的失败。为什么这项方法只对少数学生有效呢？下面是沃德对这个问题的看法：

能用来管束今天青少年的手段太少了，他们手头宽裕、活动范围广，而且所面对的诱惑也更多：性、毒品、娱乐活动以及各类亚文化消遣活动，他们有足够的自由去体验这一切。而这与他们是身处市中心、幽静小镇还是偏远的郊区并没有任何关系。

年轻人还拥有强大的社交能力，他们可以互发短信、网上交友，运用即时聊天工具，使用像 Facebook、Myspace 和 Twitter 这样的社交网络平台。青少年们越来越有组织、越来越独立，拥有创造性与资源。他们享有自己的文化与道德准则。也许你会以为他们会利用周末和放学时间在学校组织社交活动，但实际上大多数社交活动的组织是通过手机完成的，每天24小时从不间断。

这一趋势所造成的结果就是，教师们没有意识到他们缺乏一种能确保基本教学工作开展并有效激励学生的模式。现有教育体系的方法就是以分数评级，为每一级别设置分数下限。这样做的结果就是让教师与学生之间形成一种基于对教师恐惧的权力关系。于是教师手中所残留的权威工具就是评级、威胁以及羞辱不上进的学生了。这一切都是基于一种将教育视为物质性成功的价值体系上。

现实

这样做的结果就是成绩代替学习成了主导教学的目的，而为了实现这一目标，按照沃德的原话，教师成了演艺人员、可怕而严厉的人、监管者和怪人，或者他们开始降低作为教师的预期，尽量避免冲突，并向评级制度举手投降，强调评分而忽视学习。沃德继续说道：

教师通过分数来判定学生未来的方式是要付出高昂代价的，在这种背景下，分数等于学生的表现，也意味着学生未来是否成功。而其代价就是学生与教师的人性化缺失，学生失去了学习知识的乐趣，而教师也无法得到身为教育者的享受。到了最后，双方都筋疲力尽，教师同情彼此的境遇，彼此一遍一遍地抱怨：学生都是一群无药可救的病人。

当然也会有例外的老师，但是大多数老师都把精力耗费在如何让现有思路行得通上，很多教师都曾有过这样的体验，最终只是把问题归到某个人身上，当然这个人有时就是教师自己。

此时沃德开始寻求的是对于课堂教学思考方式的转变。例如，他开始思考如果把教师的角色从“知者”转向“学习者”效果是否会不同。于是问题就变成了：“我能从学生身上学习到什么以改善课堂学习环境呢？如果我不再把自己看作一位老师，而是一位需要学习的咨询顾问呢？”

沃德说它受到本书第 1 章中对咨询的定义的启发：“在大多数情况下，咨询工作是指你对自己不隶属的组织施加的影响。”他注意到：“我们作为老师不应有这样的幻想，以为在教学中我们与学生属于同一个系统，而在这个系统中我们的计划与课程安排总是达不到预期的效果。我们都知道，年轻人的文化是一个与我们截然不同的系统，这个系统有其自己的组织、原则、意图、语言、娱乐和目标。”

站在咨询顾问的角度上

沃德于是想要成为他学生的咨询顾问：他不再试图控制他的学生，并在一定程度上让他们保留隐私，并从他们所不情愿的那些“有益事物”的压力中解脱出来。他将这些“有益事物”看作某种源自成人世界的“殖民主义”：

这里所说的“殖民主义”和历史上的大多数殖民活动非常相似，和真正意义上的土地殖民开拓没什么关系。在殖民者眼中，被殖民者的世界一无是处，缺乏系统，毫无优势可言。

每当我们在“教育”学生时，我们所想到的都是他们未来有可能具备的实用价值，而对他们现在拥有什么才能毫不关心。我们脑中想的都是那些对他们来说的“有益事物”，就像那些渴望将土著带出无知境地的传教士一样，毁灭当地文化、掠夺当地资源，以主导文化之名奴役驱使土著。

如果我们愿意承认自己并不是学生社会系统的一部分时，我们就能考虑如何在他们的学习方面充当出色的咨询顾问。放弃那种认为教师应当是学习活动的驱使者与制造者的看法吧。这使我们能从“我该如何教学生”的问题中解脱出来，同时也能让我们对学生们所处的文化环境抱有一颗好奇之心。

人性化与提倡天赋的教学环境

沃德所要做的第一件事就是为这些理念构建一个全新的教学环境。新教学环境的核心思想是将班级视为由一群具有独立人格的人所组成的组织，其每个成员都有高超的天赋与能力，而不再像以前那样把他们看成一群无能且充满需求的学生。尽管在教学中会面对各式各样的现实挑战，如有的学生存在阅读障碍，有的学生过于活跃无法集中精力，但是必须明确一点：学生们是在学习的一个个活生生的人，而不是像沃德所提到的、别人所定义的“同质化的病人”。

即便当他们不愿意学习、旷课，或者对我们成年人所提供的知识不闻不问，只要我们把重塑他们内在的人性放在优先考虑的位置，我们就能发现那些对于学生来说真正重要的事情。我们会发现，只要给学生一个发现自我的机会，他们就会找到一条属于自己的通向未来之路，而这条路径是老师和学生自己在之前都无法想象的。

在这样的教学环境下，沃德将自己视为一位咨询顾问，他再也不能像以往一样直接走进教室告诉学生该做些什么了。他需要先试试水，了解一下学生们的环境。沃德说道：

> 教师们现在要做的就是本书所提到的调研工作。问询、访问、设置路线图，了解组织中的动态活动，发现学生如何自己“应对学习问题”成了接下来要做的事。我询问了学生们各自的意愿、目标以及所面对的挑战。现在我们需要运用我们的知识与专业性，先去了解我们能在现有系统中做些什么，才有可能很好地服务于该系统。

如沃德所说，咨询型的教师充分运用了每个咨询顾问应具备的 3 项技能：专业知识、人际方法与咨询技巧。即便从咨询的角度上，我们也不能否认教师的专业性。大多数的教师是拥有专业知识的（他们所教授的学科），同时他们大多都掌握基本的人际方法。在这个案例中，他们所要关注的是如何提升自己的咨询技巧。

重新协商签订社会协议

分享型项目与业务目标对于教学中的每个人都是需要学习的新事物。教师所要面对的咨询工作的首要挑战是：具体的学习行为发生在哪里？这就涉及咨询中的签约问题。很多学生在课堂上学习可以被理解为作为咨询项目的学习在最初的签约中就有问题。

实际上，对于传统的教学工作来说，往往是不存在签约阶段的，在这样的过程中，互动交流是不存在的。之所以如此是有很多现实原因的。其中最重要的一点原因在于大多数学生来上学并不是基于自愿选择。从事非自愿选择的活动，责任与热情自然难以承担与呈现。

建立起与学生间的信任

在签约过程中，权力还是在老师的手上，而学生的反应只能是顺从，这在最初就创建了一种教师缺乏学生信任的环境。通常那些举止最为怪异、行事最为出格、与教师联系最不紧密的学生反而是最具有影响力的。

在这一顺从和叛逆主导的文化中，对于那些真正渴望学习的学生来说，他们反而要付出更大的代价。令人失望的现实是，真正在意学习的学生在他们所处的社交领域中是要付出高昂的社交代价的。他们被其他学生贴标签，甚至遭受排斥。主导的组织使对学习的期望保持在较低水平上。面对这一问题，沃德这样说：

我希望他们之间能有一种正确的关系，我应当如何就这种期望与他们签约呢？这是属于咨询范畴的问题。重新消弭传统教学方式所带来的创伤需要时间，而我花费了半个学期的时间才使状况有所缓解。这个过程需要调适每个组群，与他们创造一种平等的社交体系，而这一社交体系是以学习为核心的。

咨询顾问构建信任

接下来的意图是在课堂上为学生开展咨询工作，以重建他们彼此的信任。而此时教师扮演的应当是处于调研状态的第三方的角色。在这一过程中，既不存在专家也不存在仲裁者。下面就是沃德所体验的一种有效形式：

一个孩子因为班上学生的负面评论而备感伤心。当我察觉到这一点时，我暂停了授课，并征求她的意见，是否将现在发生的事情作为一次学习经历。她犹豫不决地说“可以”。于是我问她对这些评论有何感想，她说自己很难受，感觉受到了伤害。这让她不敢继续说话，觉得大家不太喜欢她。在这个过程中，我要求所有指责女学生的人只能聆听，不能为自己的行为辩解。而在他们聆听的过程中，整个班级发生了某种转变，双方最终握手言和，通过这样的形式我们重新将人性化的文化带回了课堂。

有所保留的信任与关系

如果教师选择充当学生间关系的咨询顾问的话，如沃德所说，他所面对的最大挑战就是如何构建课堂环境中的安全感。

问题是，既然老师是不受欢迎的，那我又该如何融入他们的群体呢？此时我宁愿为了与学生构建融洽的关系而牺牲一些授课时间。那么我与学生间的“合约”又是如何签订的呢？

首先，我需要对学生们的生活有兴趣。如果我发现有位学生没带书时，我就要做出选择。我可以像以往一样把他看作一名没有遵照指示的学生，这样下去也许同样的事情连续发生了4次，对方在我眼中依然是一个“没带书的学生”。而除此之外，我还可以采用另外一种方式，当我看到某位学生没带书时，我就会想他的身后可能存在一个有待说出来的故事。

玛格丽特就是一个明显的例子，于是我就把她叫过来，问出了什么事。她告诉我她的父母离婚了，不知道该把她判给谁抚养，最终她与父亲住在一起。但是这对父女相处得并不好。一次，她一怒之下离开了父亲家，而把自己的课本落在了父亲家，当时已经不太可能让她回父亲家把书要回来了。

我知道了情况，就释然了，不再因此而责罚她。

这是一种非常重要的方式，教师有权力选择做学生的咨询顾问，而不是家长。关注学生的问题，而不是一味认为错在他们。沃德继续说道：

问题的关键是，一旦我们选择扮演咨询顾问的角色，我们就能找到一种让学生从自己的经验中学习的方法。从这些学习中他们能获得一些特别的知识。如果我们只局限于课堂上的内容与布置作业、引入阅读材料，那么学生或者客户就永远不会理解主动参与的效果，也不会拥有参与学习过程的体验。

咨询顾问的角度使教师们明白一点，很多学生并不是自己选择来学习的。而这种选择的缺失使教学过程中经常会有来自学生的抵触情绪。举例来说，学生们喜欢说："能告诉我有什么最省力的方法记住这些东西吗？"学生们之所以表现得顺从并看起来很在乎学习，是因为他们认为顺从有助于他们拿到更高的评分。表现得顺从屡试不爽，因为教师们也像其他人一样，会受到正面的肯定与利益驱使的影响。

沃德接下来着手的工作是在班级构建的前期，与学生们重新"签约"。这并不容易。

如果他们并不是通过自由选择来到这里，那么我们又该如何向他们强调自由，并让他们拥有责任感呢？

如果我们将自己视为咨询顾问，并在课堂中构建出一种分享权力，并强调学习的价值优于成绩的话，就有可能营造出这样一种氛围。举例来说，与其在学生入学前安排一学期的学习计划，不如在开学后先花点时间与学生们一起讨论签约的问题。

沃德开始与学生们就这些主题坦诚交流，以营造出这样一种转变：从"我怎么才能向学生展示权威"转向"我怎么才能从学生身上获得权威"。这样的交流实际上打开了教师与学生间的信任之门。当他在花时间询问该怎么做才能与以往不同时，他惊讶地发现学生们在对学习漠不关心的外表下，竟然还隐藏着热爱学习的一面。

新的合约

下面是一些与学生间新"合约"的内容。

坦诚相向而不是有所保留

沃德不断地询问自己，如果对学生说出真话需要付出怎样的代价：

如果我问有多少人回家看了布置给他们的作业时，我会得到怎样的答案呢？如果有六成的学生压根儿没有看，那我还愿意听到回答吗？当你的学生将告诉你一些注定不想听到的东西时，你应如何应对呢？是对其进行批评还是表现出好奇呢？我们难道要用一些微妙的方法教他们撒谎吗？当我们得知他们根本对学习不用心时，我们是告诉他们应该用心呢，还是考虑他们为什么会不用心呢？在传统的课堂教学中，学生们自然而然地会学会如何欺骗老师。

失败是一种选择，天赋才是关键

在沃德的课堂中，一项重要的规则是，可以容忍失败。抵触情绪也是可容忍的，一切都顺其自然。学生不管怎样都行，因为这些恰恰反映的是学生们的本性。沃德回忆起《完美咨询》中的内容，书中指出，抵触情绪是重要事件发生的征兆，而不是一个需要征服或解决的问题。

承诺不对学生出格的行为做出惩罚显著地改变了课堂环境。教室里不再有对学生的主观判断，而只有对学生选择了什么的关注。沃德告诉学生："如果你累了，在上课时打个小盹也无妨。如果你完成了作业，就出去干点别的什么。如果我们在做小组的作业，而你做的那部分似乎没什么帮助，那你就可以放下这项工作，去做些有帮助的事。"

这些做法基于这样一个现实：成功的学习源自随机的发掘。如果我们的根本目标是学习，而不是教学，那就应该允许每个人失败。如果学生能够不考虑结果按照自己的喜好选择尝试全新的方法，那在他们探索的过程中实现成功的学习体验就是有可能的。既然学习本身是目标，那么"失败"则恰恰是实现这一目标的重要工具。正因为如此，那些正在经历失败的学生恰恰正在通往成功学习之路。按照沃德的话，正是这样的方式将学生们从追求成绩者拉回到正常学习者的角色中。

实践这一理念的一个关键方法在于发掘每个学生的潜力，即便这会造成课程安排的严重调整。让我们来看桑迪的例子。

桑迪有阅读障碍，而且对户外活动充满恐惧。如果你让她讲一些有关自己的事情，她就总会老生常谈："我阅读很有问题，而且害怕和外部世界建立联系。"这是她生活中的一个主题，之前她已经接受了很多相关的专业性治疗。

很明显，这个孩子不善阅读，但喜欢面对严峻的挑战，是个聪明的孩子，但是说话和思考慢条斯理，有时专家甚至会称她"慢性子思考者"。

我决定把她视为"深度思考者"，而不是什么"慢性子思考者"。将她的慢性子看作一种天赋，对她学习的要求也是深度优于速度。同时我还发现桑迪很会素描，我意识到我们班上竟然有个小艺术家，于是我不再让她去做那些她并不擅长的事情。她的反应很好，思考富有深度，并表现出艺术才能。

在即将毕业的一年中，对于之前的教学方法是否奏效，桑迪和我都将面临考验：作为毕业前一年的重要活动，为期一周的班级旅行即将开始。当刚开始计划时，我们得知桑迪非常害怕这次旅行。她主动和我谈了旅行的事，并表示不太想参加。她的父母也和我讨论了此事。在经过了一段平等的对话后，我们一起决定通过一定策略解决这一问题。桑迪下定决心，不再受恐惧支配，而一旦出现她所害怕的事情时，她都会自愿地第一个站出来。

通过这件事，我发现了她的另一项天赋：她有着勇敢的一面。尽管内心充满恐惧，但是却决定自己不受恐惧的支配。因此从她身上我们发现失败其实无所谓，说话慢条斯理其实也无所谓。她依然能按照自己的节奏前行，而这并不是一个问题。我们的教学环境给了她足够的时间。尽管别人也许阅读速度更快，或者其他事情会比她做得更好，但她依然是一位有勇气、善于沉思并在我们中间广受认可的素描小艺术家。

直到毕业时，沃德才意识到桑迪的学习是多么的成功。在毕业典礼上，所有学生都需要用3分钟的演讲讲述过去的一年对他们意味着什么。而桑迪的成就却很少有人能猜得到。其中，那次为期一周的旅行占了很大分量，她比以前更充满自信。在演讲结束时，她赢得了观众们的起立鼓掌。

对不能掌握知识的保留

另一个困扰沃德和他的学生们的问题是“不能掌握知识的代价是什么”。“通常情况下这会使学生感到惭愧，让老师备感失望。”沃德如是说。

当某个学生对某一问题一无所知时，我们会感到失望，甚至感到愤怒。我们渴望他们成为我们所希望成为的人。我们其实没有考虑这样的条件：失败与学习其实彼此是朋友。某人犯错和失误对他自己的学习来说是很有价值的。如果我们不认可这一点的话，那么成绩就再次成了教学的关键，而其代价则是学习本身。

如何评估成功

在讨论教育改革的时候，我们都会深入讨论评估的问题，而这一问题可要比评级问题复杂得多。成功的学习和成功的教学并不是一回事，“作为一名教师，”沃德如是说，

“我们可不像销售产品那样销售理念。我们还在向学生推广其自我意识，让他们意识到自己作为社区的一分子，作为一名公民究竟意味着什么。学生们需要在课堂学习中努力找到属于自己的成功的定义。如果我们不能开诚布公地讨论这些问题的话，我们就会陷入僵局，把好学生当作和善的消费者，把坏学生当作‘同质化的病人’。我们过于把学生视为需要

治疗、纠正或者填充知识的个体了。”

如何同时进行仲裁（评级）与咨询（推进）工作

同时扮演教师与咨询顾问的角色充满了矛盾，而调和的方法是将这些问题置于社区讨论中。教师与学生应当以其讨论“签约”，找到一种可以满足整个社会所需要的评级方法，但同时又不能让这种方法影响到大家一起学习的方式。沃德说：

这可以从询问学生们他们想要从课堂上得到什么开始。他们对自己有什么要求？他们自己有什么目标？谈话可以讨论他们想要如何学习、如何工作、如何处理和小组成员间的关系。这是另一个签约步骤。

沃德问学生希望自己作为老师能为他们提供些什么，能为他们的目标提供怎样的支持，通过他的教学经验能为学生们实现什么样的目标。老师应当怎样实现学生们所定义的成功，并如何衡量这些成功呢？这都是非常咨询化的问题，沃德指出：

这一流程可以通过具体的方法实现。我们可以引导学生对于每个项目与所布置作业的成功的定义。何为成功，而且你是怎么意识到成功与否的呢？问题的挑战在于他们过去所被灌输的标准答案。例如，当问到有关课外阅读作业的时候，问他们：“是什么让你读不下去了？你注意到了什么？什么对你来说是挑战？你对哪部分更感兴趣呢？”这些问题无异于在问他们都记住了些什么、阅读书籍的故事线怎么展开的以及作者脑子里在想些什么。

学习方法与教学方法

如果让我们反映学生是如何学习的话，这里有一长串内容，聆听、阅读、见闻、发言以及具体行动。而大多数的学习是通过发言与具体行动实现的。可我们偏偏让学生将大量的时间花在聆听与阅读上。这里引用一句沃德的学生在课堂上的发言："我喜欢小组讨论，因为每当我与同学交流时，我能学到不少东西。而当你们老师讲的时候，我真的听不进去。"

如果我们相信学生能自己学习，那我们就不得不放弃很多传统的教学内容，既然没什么人在听，那老师又何必在那里苦口婆心地讲呢？这也是将教师从授课者向咨询顾问角色转换的一个重要环节。这里的策略是，如果教师能更多地参与学生的活动，并从学生那里收获更多的东西，那学生自然也会从中受益匪浅。如果只是将教学停留在内容上，那学生就会像很多客户一样，永远意识不到自我参与的力量。

华盛顿特区之旅

沃德的课堂教学中的对话与协议之所以引起广泛关注，是由于他将这些整理成了课程。第一年，他关注了一下课堂的核心项目"华盛顿特区之旅"。在这次旅行中，他拜访了很多政府与非政府组织的领袖。沃德提到：

从 1989 年开始，我每年都要开展一次这样的旅行。这次旅行非常成功，此后这样的旅行成了 11 年级和 12 年级学生都要经历的重要活动。

这次旅行之所以取得巨大成功，是因为我很好地安排了本次旅行。然而，我依然觉得我们可以做更多的事情，如果学生对于个人承诺有更深的认识，我们就能让他们更深入地参与到活动中来。而这正是我热衷于在课堂上与学生们分享教师权力的原因所在。我在想，他们是如何定义成功、设定目标、设计自己将来的体验呢？如果我真的成了他们的咨询顾问，而不是单纯地要求他们参与到我的项目中来，情况又会有什么不同呢？我在思索这些举措会带来些什么。

我将《完美咨询》中有关签约的章节奉为实践这一措施的根本原则。如果我以书中的方式开展该项目，那么，像共同赞许、人际感知、需求交换、控制性与脆弱性测试以及定义结果等内容必将成为讨论的主题。

在最初的签约阶段，沃德就开始探索如何从教师向咨询顾问转换，他在这一过程中也有所发现。其中最重要的一点是，如果给学生们机会，他们就能达成设定好的目标，甚至远远超出最初设定的目标。即便很多学生从未参与过华盛顿之旅，他们也能描绘并揭示沃德所了解的可能性与极其重要的问题，而这些正是这历时 20 多年的首都之旅的核心所在。

我没有跟他们讲什么是重要的，也没有跟他们描绘我的展望与视野。因为我发现这些东西已经在他们的脑海里了，我所要做的就是询问并发掘这些内容。如果给他们一个机会进行选择，他们就能比我们更好地选择自己的道路。

坦诚地对待自己的学生十分重要，我直接告诉他们，让学生设计自己的旅程对我来说也是头一遭，我很愿意与他们一起学习。我要求自己能够“从学生身上学习”，这种感受并不舒服，有时候我甚至觉得自己好像要被生吞活剥一样，此刻我不再是专家了。

我的学生们发现有时候我们会陷入僵局，而我却并不知道答案。于是我请来了我的朋友薇薇安·赖特到课堂上帮我解决问题。她是惠普公司一位工作经验丰富的咨询顾问。我甚至打电话给《完美咨询》一书的作者彼得·布洛克，邀请他与我的学生一起开一次电话会议，让学生向他提问。在彼得与薇薇安参与进来之后，学生们感觉好多了，他们对活动流程变得更为清楚。我不再是学习体验的中心了，这让人感到巨大的失落，感觉自身脆弱无力。

而帮我渡过难关的则是从教师到学生以及向咨询顾问角色转换的信念。

在华盛顿之旅后，沃德注意到学生参与活动发生了实质性的改变：

我并不能明确地定义到底发生了什么。在回到学校后，我们将学生聚在一起，让他们讲述在这次旅行中他们都学到了些什么。

在提问与回答阶段之后是自我陈述，而最终的问题是："在这次旅行中，自己为自己选择设计如何体验对你们来说意味着什么？"

问题的反应意义深远，因为他们自己为自己选择，所以即便在他们不知道自己想要什么的时候也能积极地参与到活动中。他们为自己的选择而负责，于是更多的孩子开始在人前自我表述。

不再将老师视为知者与学生学习的仲裁者，不再将老师看作教学项目的生产者与核心，这种转变自己想起来很吓人。但沃德的经验显示，在这种情况下教师和学生都成了学习者。而这正是在这里讨论咨询工作的目的所在。我们放弃了控制权，置自己于脆弱的境地，并表现得相对公平。必须承认，这是一个令人生畏的方法，但是这个方法也创造了彼此间的信任。大多数的老师都能凭直觉和经验察觉到：师生关系是教学与学习过程的关键，而师生关系在于彼此间的信任。如果在课堂上没有一定程度的相互依存的亲密关系，至少我们应当做到彼此适度地信任对方。而如果没有这些，那么学生就将一直是不情愿的学习者，而更深度的学习将难觅其踪。

选择的重要性

当我们将自己的角色从教师转化为学习顾问时，发生在我们身上的一项重大改变就是我们对选择的看法。

在职场中，咨询顾问明白客户是有选择的权利的。而当一位老师认识到即使是被强制要求来上课的学生也有选择权时，这位老师就真正掌握了咨询的技巧。对此沃德是这样说的：

由于我们对自己的学科充满热情，并受命完成特定的使命，于是我们就总会以为我们和学生都没有选择的权利。在时间进度与传授特定知识的压力下，我们总是会动用体制的力量去对学生施加影响，几乎学生周边所有的声音都在说，只要他们不能顺利达到年级要求的成绩，他们就会前途暗淡。

从发展心理学的角度来看，由于心智发育不完善，青少年往往对其行为所产生的后果缺乏认识。这不仅仅是因为在人在 25 岁之前大脑尚未发育完全，恐怕在很大程度上是因为我们过于渴望制造成功的学生，于是长时间将威胁视为可供选择的工具。我们过于强调成绩的重要性，并一直在向学生灌输：如果你的学年成绩不好，你就上不了一所好大学，甚至压根儿上不了大学，那将严重影响你未来的生计。

但悲哀的是，对于营造一个有意义的人生非常重要的学习内容受到了抑制，我们让学生对于一个真正有教养的人所需要具备的品质感到麻木，无论是公民意识、敏锐的洞察力、对创造性的热爱、热情、探索以及惊喜，这些情感都与我们的学生无缘。一切都让位于那虚幻而至高无上的未来生计。

因此本案例中在教室中的变革，其关键就在于选择权，而从一名咨询顾问的角度来说，这是至关重要的。这意味着我们必须决定我们应采用何种价值观以及我们是否应当相信咨询性角色是有效的。对此沃德的经验是：

我们需要意识到我们想要在课堂中保留什么，为人师表的我们需要扪心自问："我在生活中是如何为人的？而当我在和学生们相处时，我又是如何为人的？在学生面前，我是一位可信可亲、人们愿意与之共事的慈爱师长吗？还是说我在学生心目中是一位可怕、孤僻、强调竞争的坏老师呢？"

这些问题恰恰是教育与教学的核心问题，就像我们作为咨询顾问向他人提供建议与支持的核心问题一样。这些品质既是创造成功组织的核心，也是实现无数人渴求的教育改革的根基。

Flawless Consulting

第 19 章

问题的核心

在全书的最后，我们再一次重申：咨询首先是一项与关系相关的行当。无论调研的基础为何、项目所采用的技术是什么，咨询工作的成败都极度依赖于咨询顾问与客户间关系的质量。对咨询顾问们来说，关系就是其专业知识得以传导到客户身上的有效通道。

与客户打交道，并让他们接受我们的专业技能无疑是一门实践艺术，其形式千变万化。通常情况下，咨询顾问会采用对个人或小组间的直接指导。但也可以以小组的形式讨论策略或技术问题，或者也有可能由咨询顾问组织培训课程。而所有的这些我们与客户相处之道都是基于这样的信念：对关系、对学习的信念以及那些最终重新定义我们实践的微妙变化。

对良好或者说完美的咨询实践的探讨贯穿本书始终，在此我想再详细阐述一下其基本概念。每当我在工作中感到困惑不前，不知该如何推进项目进程时，我就会设法使自己回到这些简单概念上，以使自己重获确认与信心。这些理念中的每一条对于头脑与内心都同样重要，实际上发现并维持与这些基本理念的一致，恰恰就是整个问题的关键。咨询顾问是不可能在没有真诚关怀客户的前提下获得成功的，然而真正的挑战是如何将我们对客户的关怀体现在具体的工作实践之中。我们如何关怀客户在很大程度上取决于我们的行为与风格，然而如何处理学习与变革阶段的关键元素是至关重要。

简单来说，我们的工作就是要成为不断学习的建筑师。尽自己全力构建起一套社会系统以激发人们的洞察力，探寻不同的解决方法，并依次带来变革。在这之后，我们需要一些理念方法，以尽可能地创造出激发学习与变革活动的环境。以上这些工作没有一项是能真正做到万无一失的，他们都多多少少地有一些冒险，并都会在一定程度上遭遇来自传统主流文化的抵制。正因如此，这些核心问题反而显得至关重要。

选择学习内容比如何教学更为重要

我们总是在说自己的工作是帮助客户学习，然而在那些最传统的教育与咨询工作中，教学总是要比学习重要。在所有的会议、沟通讨论或者培训中，究竟谁是学习者呢？恐怕答案将总是“那些负责会议的人”。

主流的学习模型都来自我们的教育系统。走进一个普通教室，你几乎看到的都是老师站在讲台上，学生整整齐齐、一排一排地坐在课桌后面。无论是课程表、教学目标，还是学习方法都是由老师决定的。对学习这项工作来说，老师就是主管。而就像我们在前几章中讨论的一样。这种情况恰恰是沃德所一直想要设法逐步改变的。同样，在咨询工作中，咨询顾问希望改变管理者，甚至改变客户。对传统咨询顾问来说，客户的任务就是原封不动地接受他们所提供的服务与建议。

以此模型为基础的教学工作与咨询项目，其能否顺利运作的关键在于该项工作是否可控并可预估。我们需要让教师与咨询顾问成为学习活动的核心，这在一定程度上是一个教育学的问题：我们总是希望为别人提供解决方案，并让他们依此行事。然而并不是只有我们喜欢这种引人注目的教学方式，学习者自己也愿意接受这种教学或咨询方式。如果你要求客户自己去制定课程表、安排学习进度并评估自己的成绩，那你注定会成为一位不招人待见的老师。客户们往往都习惯于被动接受的教学方式，要让他们自己安排如何学习，他们可能会直接跳过这一步，把问题还回咨询顾问手中。

结果就是教师（咨询顾问）与教学的接受者（或客户）一起造成了这样的局面：教师（咨询顾问）继续作为教学活动的核心，而学生（客户）依旧是学习的被动接受者。最终结果就是咨询顾问反而永远是那个学到东西最多的人。在某些场合下，这些问题简直不可避免，例如当我们解释问题或者教导别人时，我们往往会将一些客户并不需要的主题加入教学活动。之所以如此，在一定程度上是因为我们需要对课堂加以控制，以呈现我们认为学生所必须学习或接受的内容。我们总是倾向于在培训中引入大量内容、加入大量的视频内容，并向参与者提供可预见的结果。我们向学生承诺一种正确的学习方式、逐条指出学习重点，然后向学生们宣告，学习的结果是可以通过最初的内容预见到的。对此我们称之为“良好的规划”。

这样做的代价就是人们很难全力以赴地投入学习。就像博弈学习方法的创始人蒂莫西•葛维（Timothy Gallwey）所建议的，在大多数培训与指导过程中，教学内容要大于学习。在以教师为核心的形式中，真正的学习者是做培训的人，而参与者们只不过是加入一场复杂的模仿与吸收过程中来而已。

在线课程、模型教学、教学要点分析与课程规划这些方式往往才是真正意义上的学习。因为真正的学习存在于我们寻找价值的过程中，它是一个理解与创造理念，并将这些理念投入实践的过程。而在填鸭式的教学中，参与者对课程的影响极小。

作为社会冒险的学习

为了给客户或参与者带来价值，我们需要在一定程度上牺牲教学，以尽可能地设计出一套支持学习的系统。从教育的实例中我们看到，这意味着我们要将新奇、探索与未知的与客户间互动关系等元素引入其中。我们需要容忍风险的存在，对未知风险下注，直面各类对立关系，对客户提供有力的支持，并明确我们各自的需求，而这些内容正是形成学习过程的关键。

我们在应对很多理念与程序时，习惯将问题打包放到网上。的确，被动接受的打包式咨询或培训服务会更为迅捷，易于被学习者消化，也更为直观且易于预测结果，因此这类方法会更有销路，所以对咨询顾问们来说是一种非常有效的短期业务策略。但从长期来看，它就像给宿醉者喝的醒酒药一样，只能解决眼前的问题。如果我们把强化控制、预先采取措施交给客户来做的话，恐怕我们是得不到一个高度控制且按照预定计划推演的结论的。

如果确实需要学习与变革，那么我们就需要一种更为缓慢、苛刻并给人带来惊喜的方法。我们所需要的是努力钻研、提问、保持警惕、提高自身能力，而不是一味地做诊断、给出答案、甘于现状，强调自身需求而对人们所具备的能力与自身的不足视而不见。

努力钻研即解决方案

大多数需要咨询顾问解决的长期性问题并没有明确的答案。这意味着，我们必须习惯面对工作环境特性与工作于其中的人性格间的矛盾。回想一下，当你在遇到两个相互对立但却都千真万确的观点时，你该如何应对呢？我们需要强化还是放松控制呢？是应当集中权力，还是要将权力下放呢？人们需要自由吗？还是说一旦给了他们足够的空间，他们就会滥用自己的特权，并各行其是分散集体的力量呢？我们应当总讲真话吗？还是说我们应当尊重组织的尊严而有所保留呢？引入更多新技术与更丰富的信息对人们有所帮助吗？还是说它们会引发更多的培训与激励问题呢？

所有的咨询工作都要面对这些问题，即便是那些专业性很强的咨询领域，这类问题深深根植于我们为了解决问题而构建的体系中。我们总是因为在这些两难问题中选错了方向而酿成大错，有时仅仅为了寻求一种折中的解决方法也会带来问题，因为在对两者进行折中的时候，我们往往会舍弃双方的独特理念。而要获取最优的结果，唯一可行的方式是理解两者背后的真实情况。咨询顾问此时的责任在于设法解释问题两极的实际情况，避免草率地回答，并确保自己在做最后决策前已经深刻认识到问题的复杂性。通过对问题两极的努力钻研，最终调和方法才能应运而生。

举例来说，我们需要控制，但是我们也需要基层的自主权。人们需要自由，但有时候却会滥用自由。更多的先进技术至关重要，但人员的激励与技能才是解决问题的关键。这些两极问题间的紧张关系告诉我们，行动必须基于现实，而且行动是灵活的。如果我们总是能认可这类紧张关系的存在，那我们在某一时点所做出的决策就显得不再重要。无论我们如何选择，我们都要为自己的选择付出代价，那么我们为什么不选择接受并认可这样的现实，把探究问题看作解决问题的路径，并拒绝确定性与速度的诱惑呢？

问题比答案重要

这句话意味着我们要相信并认可问题本身，并意识到我们提问的方式将最终决定我们如何回答这一问题。

当我们提出错误问题的时候，我们就会陷入僵局。最常见的错误问题就是，我们内心深处的工程师总是想要知道我们怎么才能解决问题。这样的问题马上将我们拖向了方法论与技术这些具体的解决方法上。此时，似乎“该做什么”的重要性远远超过了“为什么这么做”和“是否值得这样做”。

“怎么做”这类提问有很多变形，请好好记住它们，并引以为戒：

- **需要多长时间？**似乎需要多少时间比起我们该去向何方重要得多。
- **我应该怎么改变他们？**如果对方注定要改变，那就不需要咨询顾问了。顶层以基层的思维考虑是个问题，基层以顶层的思维行事更要不得，但更糟糕的是折中双方的角度考虑问题，这些做法都会给我们带来很严重的问题。
- **处理这件事需要什么步骤？**人漫长的一生可以分解为一个个细小步骤与计划。PPT 的内容其实不过是虚妄的偶像；满是里程碑的蓝图不过是骗人的大力丸，而更多的纪律约束只不过是治不好病的药方而已。
- **我们怎么测量具体效果呢？**看不见结果的咨询工作没有任何实际意义，而对现实的测量使工作的具体效果得以呈现。哲学家艾伦•瓦茨（Alan Watts）曾说过：有目的的生活就好像去餐馆就餐按菜单点菜。比起如何享受生活，我们反而对如何定义与测量生活更感兴趣。
- **我们该怎样与人沟通？**其实问题的关键在于人们不能理解我们。“交流存在问题”是一项没有实际意义的诊断。这样的诊断无视现实中

> 的冲突，而把问题上升到所谓目的层面。最好的例子就是在华盛顿特区的那群政客，他们的主要工作是处理自己的形象与应对各类新闻。沟通问题往往是对意愿不足、缺乏勇气与承诺等实质问题的简单托词。

其他组织正在做什么或者所作所为产生了哪些影响？我们都希望领先，但同时又不是最好。这样能够发现其他组织所做的有价值的事情：这样做会断送你的希望，问题更普遍的症结是，我们渴望安全，渴望听到它能在某些地方起作用，可之后我们却会说自己所处的情况多么特殊。

这些问题听上去都很不错，因为问这些问题不需要我们真正做什么。这些问题向我们承诺一个富有逻辑并可预测的世界。他们总是把问题抛给别人，并把视野局限在如何改变局外人上。此外，他们还将问题简化到似乎可控的程度，把问题视作技术性的，而忽略其背后的问题与权力的运用。

超越“怎么做”

总是问“怎么做”只会让我们在原地踏步，它们所能告诉我们的无非就是应当更为努力地以已有的方式处理问题。真正能帮助我们并带给我们实现正确变革希望的方法，其答案往往都不是显而易见的。尽管生活体系中的很多问题指向秩序并有一定的黏性，但他们并不是可控的。要想改变某一个生活体系，我们需要询问现有的体系是怎么样的，为什么是这样的？我们至少应当在一定程度上注重问题的深度，而不是速度；保持清醒不急于行动。

如果你想带来思维的变革，你就应当多问“为什么”和“在哪里”这类问题，而不是总是问应当如何做。下面就是一些具体例子。

- **我们现在处理问题方式的核心是什么？**我们的世界往往以财富与规模衡量问题。这就要求我们经常问：我们这样做赚钱吗？会超出预算吗？能带来增长吗？这样做足够吗？这样做有什么好处吗？我们要服务于谁？为了获取真实的信息，我们能承受多大的代价？
- **当我们做出变革后，有哪些事情是需要放弃的？**我们都想实现变革，但是我们是否能承受变革所付出的代价呢？我们总是说要放下包袱轻装前行，但是我们应怎样才能有足够的勇气这么做呢？
- **我们产品与服务的真正价值是什么？**同时还要问这些价值是在谁眼中的呢？我们的承诺是否有效，其带来的副作用有什么？在我们所做的广告与对外所呈现的自身形象中，有哪些是我们自己都深信不疑的呢？
- **在具体工作中对个人究竟意味着什么？**对于我们来说，工作最本质的报酬是什么？我们是心甘情愿地投入工作，还是仅仅为了谋生而从事某项工作？对大多数人来说工作就是工作，从不指望能从中获得更多的东西。
- **如果我们什么都不做会发生些什么？**如果我们只是为了变革而变革，那我们还不如继续按以往的状态行事。
- **哪些能力与优势没有得到充分发挥？**放弃对现存缺陷的找寻吧，发现未被发现的优势是可行的。有时候我们并不清楚我们的组织甚至我们自身的优势何在，在别人眼中我们拥有怎样的优势呢？很多年前，当时我任职于一家咨询公司，一次我问我的客户为什么选择我们，他说因为我们看起来对和他们一起工作不感兴趣，而这一点很吸引他们。我们感到很震惊，我想当时之所以我们在客户眼里如此冷漠，是因为我们缺乏组织，而客户反而觉得这是我们工作完善的表现。

- **我们为下一代留下了些什么？**这往往是那些步入中年的人应当考虑的，但以这样的思路考虑问题对我们也很有帮助。当今的物质文化正在消耗着整个社会的资源，可我们却期待着接下来出现什么科学奇迹来化解这些留给后世的难题。我们会给后世留下怎样的遗产呢？

这都是些非常棘手的问题，回答他们需要信念与耐心。光靠行动是无法解决这些问题的，而在回答有的问题时，我们还不得不多问几个“怎么做”的问题。但是问为什么依然是进行学习与实现变革的关键，从这个角度来说它们也确实很实用。这些问题会出现在讨论变革如何出现的对话中，而参与讨论这类问题的人涉及公司自上而下的各个层级的人员，咨询顾问自己是无法回答这些问题的。

对很多人来说，参与这些抽象的对话可不是件容易的事，尽管我们很多人可能都会私下问自己类似的问题。但无论开展这类讨论有多难，我们的客户都必须公开地应对这些问题，把它们放到台面上来。因为真正的变革可不像列个清单或者表明几个里程碑事件那么显而易见。没有一定深度的诘问，我们的思维将一直墨守成规，难于出现突破，我们便会一直试图通过简单而流行的方法解决眼前的问题。而如果咨询顾问不能发出这些诘问的话，那又有谁能做到呢？

洞察力源于片刻的紧张气氛

评估工作的价值，应对这些令人发狂的问题，并在众多基于不同理念而且水火不容的服务中找到出路，这是异常艰巨的事。本能驱使我们去拥抱简单的问题，按常规方法工作。如果咨询顾问对现有工作的意义提出疑问，并要求客户做出更为深入的反应，那客户往往会责备咨询顾问不切实际，过于以行动为导向。

如果我们把这种紧张关系视为流程的缺陷，我们就会变得随大流，回到那种甘于墨守成规的传统工作方式中。我的很多错误源于我对流程缺陷的忧虑，并最终选择回到常规的计划与时间日程安排的避风港中。一旦我们把具体措施都安排进了日程表，我们就会松口气，感到从紧张中解脱了出来，并因那些我们熟悉的里程碑跃然纸上而会心一笑。这看起来真是一个好消息。

但每当我回顾这些时刻，我会意识到这些工作所带来的改变往往是令人失望的。项目跟进受阻，乐观情绪转眼间烟消云散，即便这些工作确实带来了一些改变，身处组织中的人也完全意识不到。只不过我们能有更多的措施可供实施而已。我设法用方便的传统方法应对问题反而让客户感到失望。如果我能坚持对这些棘手问题的思考，对根本问题做更深入的重新考量，其实是完全可以更好地服务于客户的。

紧张关系的另一个源头很简单，那就是组织中人们相互关系的掣肘。如果这些相互掣肘问题能很简单地解决，那在我们这些咨询顾问来之前客户自己就能解决了。这种紧张关系往往源于组织中的历史积淀与组织成员固守己见，大家都对此心照不宣。那么我们是不是要深入并设法解决这些问题呢？

下面这个例子至今仍萦绕在我的脑海中，我曾经召集过 11 位客户的代理，希望通过他们间的沟通会议改善彼此间的关系。我的出发点很好，会议盛况空前，他们都如约出席了会议。会议进行到一半的时候，他们已经彼此熟悉，并且开始聆听彼此就相互利益的意见，具体措施与相互间的共识开始成形。我当时还计划了一些更为开放性的对话，诸如对于彼此间差异的讨论，还为混合小组沟通安排了很多的时间。

我也感到紧张与压力开始浮现在会议中，会议中间一位与我一起制定会议计划的咨询顾问把我叫到了角落里，讨论下一步该如何开展，我坚持依照原有计划。于是我们把与会者按照自愿的原则分成几组讨论，并要求他们考虑这样的问题，有什么事情是他们各自的组织无能为力，但集合小组成员之力可以完成的。这样的安排合情合理，毕竟这正是把他们召集在一起的原因所在。一个小时很快结束了，在小组报告中，几乎每组成员都在报告小组全体应采取什么措施才能推进项目计划执行。他们并没有做好跨越固有边界的准备，不清楚自己参与这样的会议能有怎样的收益，而且也没意识到应当以一种全新的方式信任彼此。本来希望讨论能加强彼此的合作关系，但尽然有一组转而去讨论他们各自公司间的谈判历史与传统界限了。

我们这里所说的紧张的表面现象是大家渴望贯彻具体规划，这其实是对更深层次沟通的抗拒，他们不愿直面彼此间的隔阂，对他们所处的位置应当有所行动的提醒视而不见。更糟糕的是我与他们“同流合污”，忽视了自己原本应扮演的角色：提供可行而有用的建议。我本希望通过第二天的会议让现状有所改善，但是太晚了，关键的时刻稍纵即逝，参与者渴望变化的动力已经随着第一天的讨论衰竭了。

开启创新之路的大门并不是一件容易的事，会议室内的紧张气氛其实恰恰是开启这扇大门的钥匙。因为紧张气氛揭示了与会者彼此的抵触情绪与质疑的所在。对紧张气氛的深入讨论可以带来对问题的深刻洞察，并使解决问题成为可能。如果我们能将紧张气氛视为解决问题的动力，并朝着这个方向深入探究，那么问题背后的原因自然水落石出。而如果我们想设法控制或回避它，我们就很有可能像我当时一样，白白浪费一天的时间。

当紧张气氛突显时，我们需要正视问题，讨论紧张气氛背后的原因，并让与会者都意识到这一点。此时咨询顾问必须将讨论引向艰难的领域。我们必须要问自己何时才能处于更好的位置以推动项目前行。我们又应当在什么时机来讨论我们的失败、人际与组织间的冲突，以及对彼此的怀疑呢？我们此时真正需要的并不是什么新的结构性意见，此时真正需要的是勇气。通过直面紧张气氛与讨论其背后所隐藏的意义，我们能了解到隐藏在工作背后的情绪因素。

这些正是学习的基础，也是客户需要我们的原因所在。在传统的家长制文化中，人们试图回避各自的感受，而这恰恰是紧张气氛背后的原因。问题的关键在于我们应当理解，自我情绪的表现只向我们揭示了什么是有价值的而已，他并不会是问题的答案或解决方法。如果我们能从争执双方的情绪中看到他们所难以讨论的事实，那么接下来的决策水平就会大为改观。

关注已有能力比关注不足更有意义

关于变革的另一个关键要素是，在对待问题时我们应当关注组织或个人的不足还是关注其蕴含的潜能。我曾经认为咨询顾问的工作主要在于识别问题，所以我把大量精力投入到发现缺点与不足上。在发掘了这么多年的不足后，我逐渐将我的关注点投向发掘组织能力与个人天赋上了。

我们可以从一个更为实用的角度看这个问题，我们确实能从改进不足上获利，但是我们为什么要执著于从边际效益递减领域获利呢？我已经花了大半生的时间去应对不足与缺点，投入巨大，但收效甚微。

长期从事战略咨询的约翰·麦克奈特，因对社区特性的研究与理解而闻名，他曾举过这样一个案例，以说明对不足问题的关注强化了专家的权威，但这种权威的强化是以客户和雇员的利益为代价的。麦克奈特说："（强化对不足问题的关注）使社会的公民，即那些拥有权利与权力的人，成了消费者，即那些有弱点与需求的人。"他认为在将公民转化为消费者的过程中，最大的受益者应当是相关服务的供应商，在我们的例子中就是咨询顾问。

着眼于缺点的另一个问题在于我们应当如何对待人的精神。我们需要不停地提醒彼此在某些地方有缺陷，或者如果怎么做会更好吗？如果你希望通过发现而达成目标，那么还是着眼于优势吧，这会有助于你实现目标。但问题是，我们并不习惯于发现他人的优势，我们不知道该如何听起来不像是恭维地描述对方的优点，而这让我对他人优势羞于启齿。我们对于发现别人的缺点却很在行，所以继续着眼于对方的缺点似乎更简便易行。但是为了发现彼此的优点，或我们所生活的社区的优势，我们必须设法去养成那些我们并不习以为常的好习惯。

最后，如果我们执着于别人的缺点与需求，那么我们就是在做政治投机，一味地向他人体现自己的权威性与权力。有权对双方对话与对方需求下定义的一方注定是掌握主控权的一方。惯于谈论他人的缺点，其实是一种维持自身对谈话内容控制权的手段。我们置

身事外、冷眼旁观、指责他人的缺点。每当我们发现其他人或组织的缺点时，我们就将其置于略低于我们的位置，即便我们声称这样做的目的是帮助对方也于事无补。我们的态度暗示着对方有需要改进的地方，而我们并

没有。于是我们就成了用慈爱眼神关注孩子的父母。

这对咨询顾问来说非常受用，因为这样我们就能很自在地跻身于批判者的行列，受批判者的光环所庇护，远离客户失败的责任。同时这样也能向他人证实客户确实需要我们。这样的姿态固然舒适，但是却鲜有真实的成效。**我们应当做的是呈现各类选择的优势，而不是置身事外，彰显我们身为咨询顾问的优越性。**

我们要对彼此的学习负责

在会议中发生的所有事情是与会的每个人的责任，这听起来是一种偏激的观念。为什么这么说，因为我们都曾有过彼此竞争的历史，竞争简直成了我们赖以生存的空气。当我们第一次在学校参与集体生活时，我们的成功往往建立在其他人失败的基础上。总要有人得差才能有人得优，因为得优的人的成绩是由那些得差的人衬托出来的。要是老师让每个学生都得优，那反而会很有问题。那么如果一个老板认为所有的员工都超常地完成了公司布置的业绩指标，那这家公司会怎么样？好好考虑下吧，老板们！

我在这里并不想讨论竞争的道德问题，而是关注竞争如何影响学习。竞争会让我们与同事间产生隔阂，并导致我们把手中的资源攥得紧紧的，不愿与他人分享。对于个人的雄心壮志来说，这可能确实颇有裨益，但对整个组织来说却绝非好事。如果学习带来更多的风险而不是心照不宣，如果我们与其他人形同陌路，对他们的问题视而不见，不愿意分享我们的观点，那么学习过程就根本不会发生。实际上，在很多文化中，人们都将个人竞争视为成员激励的关键，我们的思想被以一种市场竞争导向的观念加以定义、评估，在这个过程中缺乏对思想本身的关怀。

我总是惊讶于这样的现实，管理者们总嘴上说企业整体很重要，而一转身就投入到构建本部门的竞争力上了。这里对组织最大的挑战在于如何将组织成员融入日常的工作中，组织成员只有在理解了自身与组织中其他人的关系后，才能将自己融入组织整体中。而当组织中的每个人都负有向整体学习的责任时，那么每个人对组织其他人的目标就会有更为深刻的认识。应对这样的挑战需要人与人之间的合作精神以及对彼此间联系的必要认知。尽管应对这类挑战的成就并不明显，但值得我们去尝试，因为这对于确保组织内部的持续性学习意义深远。

如果咨询顾问的目标是促成学习与带来变革，就需要让组织中所有的人对这两项目标负有责任。这种思维方式的转变使我们能更为深入地参与到促成与改进的工作中，并且发现学习源于组织中的所有方向。如果我们浸淫其中的组织环境被竞争的空气所围绕，也许我们很难改变环境，但是至少我们能阻止这种竞争的加剧。

实现文化变革的关键时刻

这是一个非常棘手但是极具潜力的理念。每当我面对客户时，总是听到他们对于明天将会发生什么的忧虑。几乎每次会议结束后，都会有人怀疑他们的合同是否还能继续下去，担心自己是否会乐观如故。每次我们刚开始培训时，就会有人质疑即便有了这些培训，世界也不会因此变得不同。

我的回答是，如果我们真的希望看到变革，就不能干等着任由这样的情形在会议上发生。如果今天一切如故，我们又怎么能指望明天会有所不同呢？在会议的每一刻，我们都应设法一步步地指向变革。这就是为什么我如此关注大家是如何走到一起的关键所在，因为这给予了我们希望，决定了我们未来将一起走向何方。而这指引我们对设计这个关键时刻，即会议本身给予极大的重视。

这一关键时刻同时还指引我们行事。如果我们学会观察当下所发生的事情，它们就会告诉我们什么是有用的、什么是行不通的。从调研方法来说，就是从一粒沙子中观察整个宇宙，通过会议与对话观察整个组织。如果你从中什么也没有发现，“没有”事情真正发生，那么见证生命、行为、对话的缺席，本身就是对你所观察对象的一种描述。如果我们能相信这一刻，我们就能学会反馈的力量。

同样，我们也能对未来有所作为，而不是干等着它的到来。变革需要多长时间？好吧，我们现在对变革的开始做好准备了吗？我们是否真的想将信任、诚实、适当的结构、各部门间的合作以及明确的目标引入组织？现在是时候开始了，我们此刻的行动计划就是下一小时所要采取的行动。关键问题不在于我们在一起说了什么，而是我们在一起做了什么。会议成了刻写未来的里程碑。所以希望实现文化变革的主张都应该在当下表述，否则它就失去了可信度。

如果我们寄希望于通过某些从不出席会议的人实现变革，我们注定会失望。对于那些从未出席会议的人，你又怎么能指望他们帮你实现变革呢？如果他们没有出席会议，那他们就根本不可能参与到变革中来。既然如此，为何我们反而对他们会怎样耿耿于怀呢？为什么我们总是认为其他人才是解决问题的关键呢？为什么经历了这么多年的训练，我们却总是不能把正确的人请进会议室呢？为什么走进会议室的都是无关人等呢？为什么所有接受培训的人都在问其他人怎么没有接受培训。如果我说其他人都接受了培训，他们会说压根儿就没有，如果我说没有，他们就会说，既然人家都没有接受培训，凭什么我就要接受这个培训呢。

如果把此刻作为寻求未来的大门，那我们就要暂时遗忘过去，把我们的怨怼与过失都付之一炬。受气包在会议上可不受欢迎，因为我们都曾经受过伤害。现实是我们几乎没给彼此宽容谅解留下什么空间，我很少见到有人在这类会议上介绍谅解。这可能是我们过于在意他人缺陷的缘故吧。这些缺陷总是在提醒我们，我们身边有很多未完结的历史问题。如果我们不能原谅过去，我们就总会试图去改变它。从此刻开始启动变革，重视会议，视其为预测未来的关键，这恐怕才是治愈伤口，并让我们拥抱乐观主义的不二法门吧。

如果变革如此美妙，那为什么你不先来呢

另一个问题的关键是，变革、转型、希望这些都是施加在自己身上的举措。变革要求我们直面人性问题，而实现变革的关键在于组织内的特定一致性以及参与到我们所设定的更广阔系统下的意愿。当我们将别人视为问题时，我们就在做彼此间的“殖民者”。而且随着我们在组织里爬得越来越高，我们就越发缺乏寻求变革的动力。

每当我们管理一家组织或成功完成某一个项目时，我们就会自然而然地将自己视为“完成品”，机构贪得无厌，雇员对管理层存在诸多不满，身在高位的人居然会相信自己出的刊物。他们开始以为自己无所不知，任何问题都有解决的定式。如果谁能对这些观念无动于衷，他就真正有可能成为教父，即为别人实现公正的人，而不是在自己的圈子里为了实现公正而拼命。

回顾历史上的伟大领袖，你会惊奇地发现，了解自身的极限恰恰是他们的伟大所在。从孔子、释迦牟尼到耶稣，从林肯、甘地到马丁•路德•金，

这些人都深深地打动了他人，仅仅是因为他们向世人呈现了其职位之外更丰富的一面。他们成了正确行使权力的楷模，而他们权力的主要来源就是他们谦卑的人格。

任何试图使我们偏离已有解决方法的权力，都是对权力的滥用。正如致力于融入学校管理者和社区的美国国家教育委员会的主席罗伯特·蔡斯常说的：工会总是第一个冒出来让大家感到惊讶。这一见解我们最好牢记于心，因为它能让我们更值得信赖，并且是针对那些试图将家长式的武断作风强加于我们的变革战略的良方。

但是千万不要认为，思考变革是领袖们的事，其他人只是奉命行事而已。对家长式强硬作风的依赖情绪在员工中间根深蒂固。作为咨询顾问，我曾认为只要我们改变了管理层，其他人就会随之改变。但事实往往并非如此，事实上，是员工塑造了领导。如果我们塑造了一位拥有高度控制权的领导，我们就会认为自己是受命执行，既然下命令的是上级，那问题就不是出在我们这里。其实我们之所以一无所有，往往是因为自身的缘故。我们认为依附他人能获得安全感，而我们的上级也一样，所以我们都会认为需要改变的是其他人。

最终的问题在于信念

这些信念认为，眼下有一场指向学习的运动，它有着自身的动力与目的。世界本身就会发生大量促成变革运动的事件，生活本身也充满了各种变化。因此我们要做的并不是引导、驱使或者指导变革，我们要做的是把自己投入变革之中。咨询顾问与任何客户相比，更像是一个学习者。实际上我们对咨询工作本身的改变要远胜于我们客户的改变，而且事实本该如此。

在全书的最后，我要强调，我们要诚实可信，我们如何管理自己、如何与客户建立联系即我们的方法、我们的营销策略，同时也是我们的劳动成果。实际上，带上公文包，准备好简历与一套概念性的分析框架，这些工作行为与其说必要，不如说是一种职业习惯。其实**我们只要以信念行事，朴实地面对客户就足够了，这才是咨询工作的真正核心。**

在线附录　你可以使用的方便清单

现在你已经读完了本书，对咨询的概念和技巧有了较全面的认识。这些理念与技术为咨询工作所面对的初级事件提供了方法和按步骤处理问题的结构框架，而这些知识能大大提高执行决策的成功率。同时你还浏览了调研阶段的所有备选方法，这些方法都是基于完成客户目标而设计的。

在线附录上的清单将成为有助于你继续学习咨询知识的参考。假设你与潜在客户有约，并希望快速回忆有关签约方面的知识，你可以打开有关签约的页面，并利用上面的内容列出提纲，写出会议上需要涵盖的内容以及需要注意的地方。

www.flawlessconsulting.com 的线上附录包括以下内容：概述、签约、数据收集与调研、反馈、抵触情绪以及实施。每部分的清单都是该步骤业务中所需技能的概要。你可以通过反复阅读这些内容，复习相关知识并理解本书中的内容。你也可以利用这些清单去发掘在该步骤业务上你所不熟悉的知识点，以帮助你继续深入学习与应用这些知识。清单同时也是本书内容主题的索引，如果你想要深入了解这些内容的细节，你也可以直接翻阅本书。同时线上附录中还附有很多不错的图片说明，尽情享用吧。

感谢你认真读完了本书，请自由下载我所提供的线上内容，并且最好让我们知道你是如何应用这些内容的。

延伸阅读

请登录 www.flawlessconsulting.com，获取更多关于咨询流程的阅读材料、工具、更新和相关评论。

Alexander, Christopher. *The Timeless Way of Building.* New York: Oxford University Press, 1979.

Argyris, Chris. *Knowledge for Action: A Guide to Overcoming Barriers to Organizational Change.* San Francisco: Jossey-Bass, 1993.

Argyris, Chris. *Flawed Advice and the Management Trap: How Managers Can Know When They're Getting Good Advice and When They're Not.* New York: Oxford University Press, 2000.

Axelrod, Richard H. *Terms of Engagement: Changing the Way We Change Organizations.* San Francisco: Berrett-Koehler, 2000.

Axelrod, Emily M., and Axelrod, Richard H. *Collaborating for Change: The Conference Model.* San Francisco: Berrett-Koehler, 2000.

Bellman, Geoffrey M. *The Consultant's Calling: Bringing Who You Are to What You Do.* (Rev. ed.) San Francisco: Jossey-Bass, 2001.

Biech, Elaine. *The Business of Consulting: The Basics and Beyond.* (2nd ed.) San Francisco: Jossey-Bass/Pfeiffer, 2007.

Blake, Robert R., and Mouton, Jane S. *Consultation.* (2nd ed.) Reading, Mass.: Addison-Wesley, 1983.

Block, Peter. *The Empowered Manager: Positive Political Skills at Work.* San Francisco: Jossey-Bass, 1991.

Block, Peter. *Stewardship: Choosing Service over Self-Interest.* San Francisco: Berrett-Koehler, 1993.

Briskin, Alan. *The Stirring of Soul in the Workplace.* San Francisco: Berrett-Koehler, 1998.

Brown, Juanita. *The World Café: Shaping Our Futures Through Conversations That Matter.* San Francisco: Berrett-Koehler, 2005.

Bunker, Barbara Benedict, and Alban, Billie T. *Large Group Interventions: Engaging the Whole System for Rapid Change.* San Francisco: Jossey-Bass, 1996.

Bunker, Barbara Benedict, and Alban, Billie T. *The Handbook of Large Group Methods: Creating Systemic Change in Organizations and Communities.* San Francisco: Jossey-Bass, 2006.

Clapp, Neale. *Work Group Norms: Leverage for Organizational Change. Part I: Theory. Part II: Application.* Plainfield, N.J.: Block Petrella Associates, 1979.

Dannemiller, Kathleen, and Dannemiller Tyson Associates. *Whole-Scale Change: Unleashing the Magic in Organizations.* San Francisco: Berrett-Koehler, 2000.

Dannemiller, Kathleen, Dannemiller Tyson Associates, and Badore, Nancy. *Whole-Scale Change Toolkit.* San Francisco: Berrett-Koehler, 2000.

Gallwey, W. Timothy. *The Inner Game of Tennis.* (Rev. ed.) New York: Random House, 1997.

Henning, Joel P. *The Future of Staff Groups: Daring to Distribute Power and Capacity.* San Francisco: Berrett-Koehler, 1997.

Illich, Ivan, and others. *Disabling Professions.* New York: Marion Boyars Publishers, 2010. (Originally published 1977)

Koestenbaum, Peter. *Leadership: The Inner Side of Greatness: A Philosophy for Leaders.* (2nd ed.) San Francisco: Jossey-Bass, 2002.

Maurer, Rick. *Beyond the Wall of Resistance: Why 70% of All Changes Still Fail—and What You Can Do About It.* (Rev. ed.) Austin, Texas: Bard Press, 2010.

McKnight, John. *The Careless Society: Community and Its Counterfeits.* New York: Basic Books, 1995.

McKnight, John, and Block, Peter. *The Abundant Community: Awakening the Power of Families and Neighborhoods.* San Francisco: Berrett-Koehler, 2010.

Oshry, Barry. *Seeing Systems: Unlocking the Mysteries of Organizational Life.* (2nd ed.) San Francisco: Berrett-Koehler, 2007.

Owen, Harrison. *Open Space Technology: A User's Guide.* (3rd ed.) San Francisco: Berrett-Koehler, 2008.

Palmer, Parker J. *The Courage to Teach: Exploring the Inner Landscape of a Teacher's Life.* (10th anniv. ed.) San Francisco: Jossey-Bass, 2007.

Pascale, Richard, Sternin, Jerry, and Sternin, Monique. *The Power of Positive Deviance: How Unlikely Innovators Solve the World's Toughest Problems.* Boston: Harvard Business School Press, 2010.

Schein, Edgar H. *Process Consultation Revisited: Building the Helping Relationship*. Reading, Mass.: Addison-Wesley/Longman, 1998.

Steele, Fritz. *Consulting for Organizational Change*. Amherst: University of Massachusetts Press, 1975.

Walton, Richard E. *Interpersonal Peacemaking: Confrontations and Third-Party Consultation*. Reading, Mass.: Addison-Wesley, 1969.

Weisbord, Marvin. *Discovering Common Ground: How Future Search Conferences Bring People Together to Achieve Breakthrough Innovation, Empowerment, Shared Vision, and Collaborative Action*. San Francisco: Berrett-Koehler, 1992.

Weisbord, Marvin, and Janoff, Sandra. *Future Search: Getting the Whole System in the Room for Vision, Commitment, and Action*. (Rev. ed.) San Francisco: Berrett-Koehler, 2010.

Wheatley, Margaret J., and Kellner-Rogers, Myron. *A Simpler Way*. San Francisco: Berrett-Koehler, 1996.

Whitmore, John. *Coaching for Performance: Growing Human Potential and Purpose—the Principles and Practice of Coaching and Leadership*. (4th rev. ed.) London: Nicholas Brealey, 2009.

作者简介

彼得·布洛克，生于芝加哥，并在美国中西部度过了早年的大部分岁月。大学毕业后，他移居新泽西州，并参与了组织拓展领域的早期开创工作，在埃克森调研与工程公司度过了几年的时间，之后他创立了 Block, Petrella, Weisbord 咨询公司。

进入 20 世纪 80 年代，布洛克建立了设计学习培训公司（Designed Learning），继续以研讨会的形式传播本书中所提及的概念与理论。该公司致力于帮助人们提升其组织的影响力。该公司的最初产品就是本书所介绍的完美咨询理论的研讨会。

布洛克还是 7 本书的作者，包括《富足的社区》（*The Abundant Community*）（与约翰·麦克奈特合著）、《有权力的经理人》《管理工作》（*Stewardship*）、《工作中的自由与责任》（*Freedom and Accountability at Work*）（与彼得·克斯坦鲍姆合著）、《如何回答才是对的》（*The Answer to How Is Yes*）以及《社区：归属感的框架》（*Community: The Structure of Belonging*）。

布洛克于 1998 年迁居俄亥俄州辛辛那提市，并从那以后以辛辛那提市为中心工作。他还曾参与一个名为“小组”的市政预约网络建设工作，此外他还参与了一系列旨在提升社区发掘自身天赋与潜力的项目。